자본 종교

지은이	카를 마르크스
	발터 벤야민
	조르조 아감벤
	아렌트 테오도르 판 레이우언
	프란츠 힌켈라메르트
	울리히 두크로
	우고 아스만
	엔리케 두셀
	성정모
옮긴이	안성헌
엮은이	안성헌
초판발행	2024년 7월 23일
펴낸이	배용하
책임편집	배용하
등록	제2021-000004호
펴낸곳	**도서출판 비공**
	https://bigong.org ｜ 페이스북: 평화책마을비공
등록한곳	충남 논산시 매죽헌로 1176번길 8-54
편집부	전화 041-742-1424 전송 0303-0959-1424
분류	자본주의 비판 ｜ 종교 ｜ 해방신학
ISBN	979-11-93272-11-4 03300

값 15,000원

자본 종교

자본주의의 종교성과 시장 우상 숭배에 관하여

카를 마르크스

발터 벤야민

조르조 아감벤

아렌트 테오도르 판 레이우언

프란츠 힌켈라메르트

울리히 두크로

우고 아스만

엔리케 두셀

성정모

지음

안성헌 엮고 옮김

차 / 례

"그대들은 물속의 물고기, 공중의 새,

땅의 식물과 같은 모든 피조물을 남김없이

제 소유물로 삼으려 합니다.

피조물에도 자유가 필요합니다."

－토마스 뮌처－

("영주들에게 보내는 설교" 中, 1524)

자본 종교

자본주의의 종교성과 시장 우상 숭배에 관하여

역자 서문

　세상을 움직이는 실권자는 윤리도, 도덕도, 명분도, 사랑도, 정의도, 진심도 아니다. 예나 지금이나 실권자는 "돈"이다. 돈 있는 곳에 권력이 있고, 돈의 후광을 입은 권력이면 모든 것을 할 수 있다. 전능한(omnipotent) 구원자는 신도, 과학도, 탁월한 이데올로기도 아니다. "돈"이다. 아직도 돈을 교환 수단 정도로 생각하는 사람이 있다면, 얼른 꿈 깨기 바란다. 돈은 우리 삶 곳곳에 침투한 실질 지배자이며 우리의 근심과 안심의 근원이다. 돈을 제어하고 지배할 수 있는 자유인은 극소수지만, 이 자유인을 제외한 다수는 돈 때문에 전전긍긍한다. 돈 앞에서는 천륜도 의리도 허울 좋은 추상명사이다. 계산과 이익에 맞지 않으면, 쉽게 버리고 끊고 돌아선다. 돈에 지배받는 인간은 그리 고상한 존재가 아니다.

　사실, 사람들에게는 배불리 먹고 돈 걱정 하지 않는 삶이 중요하다. 일각에서 중요한 것처럼 떠드는 정치 체제와 같은 "구조" 문제는 사람들의 1차 관심사가 아니다. 정치 체제가 왕정이든, 독재든, 민주주의든, 사회주의든, 상관없다. 정치 체제의 문제는 말 그대로 정치에 이권이 걸린 자들의 밥그릇 싸움일 뿐, 평범하게 벌어 먹고사는 이들에게 본질적인 문제가 아니다.

　오늘날 "자유민주주의"라는 정치 체제를 채택한 국가들은 경제적으로 빈익빈 부익부를 강화하는 "엘리트" 주도의 "서열" 경제와 공존한다. 자유민주주의의 '자유'는 과연 "누구"의 자유를 말하는가? 모두의 자유인가? 아니면, 자유를 규정하고 범위를 설정하는 특정인의 자유인가? 정치 차원에서 민주주의가 작동한다면, 경제 차원의 양극화를 어떻게 교정해야 하는가? 형식상 정치는 "민"(民)이 주인이라고 떠들지만, 현실에서는 "갑질", 하청, 예속과 같은 노예 상태가 횡행한다. 이 비합리적 공존을 어떻게 받아들여야 하는가? 있는 그대로 수용하고 적응해야 할 문제인가? 격차는 심화하고 도저히 좁힐 수 없는 거리까지 벌어졌다. 절망을 넘어 무망과 체념으로 주저앉는 이들이 늘어난다. 이 와중에 경제의 도덕과 윤리로 오류를 교정할 수 있는가? 아니면, "자본주의 종교"의 "성령의 역사"인 "보이지 않는 손의 자율조정"을 여전히 신뢰해야 하는가? 이 막무가내 경제를 제어할 수 있을 정치의 자율성은 존재하는가? 수많은 질문이 쏟아지지만, 선명한 대답을 제시하기 곤란할 정도로 얽히고설킨 현실이다.

그러나 마지막 질문인 경제 권력에 대한 정치의 자율성이 존재하는가에 대한 대답은 명확하다. "존재하지 않는다." 몇몇 권위주의 국가들을 제외하고, 오늘날 정치적 자율성은 존재하지 않는다. 민주 사회를 표방하는 국가일수록 그 색채는 더 선명하다. 왜냐하면 정치가 경제 수뇌부의 하수인이 된 지 오래이기 때문이다. 정견이 있는 정치인은 찾아보기 어려우며, 설령 있다고 하더라도 그 세계에서 비주류로 밀린다. "정치적 상품성"이 떨어지는 정치인은 매체에 등장할 기회조차 없다. 사실, 돈놀이 경제를 제어할 수 있는 수단은 "정치"이다. 기층에서 솟아오르는 진정한 민주주의만이 이 경제의 광폭 행보를 막을 수 있다. 그러나 지금의 대의 정치는 경제 실권자의 지휘봉에 맞춰 '열중쉬어 차려'를 반복하는 처지이다. 정책은 모두 전문가 관료 집단에서 마련하고, 정치인은 서명만 하면 된다.[1] 얼핏 보면, 서명을 위해 제작된 존재 같다. 정치인은 자기 후견인

---

1) 2차 대전 후에 프랑스 보르도의 부시장으로 재직했던 자끄 엘륄이 공직 6개월을 경험한 뒤 내뱉은 말이다. 엘륄은 "전문가 기술자집단"(Technocrate)에 잠식돼 아무런 자율성을 발휘하지 못하는 정계의 실태를 확인하고 이후로 대의제 투표에 가담하지 않았다. 다음 자료를 참고하라. Jacques Ellul et Patrick Chastenet, *Entretiens. À contre-courant*, Paris, La Table Ronde, 2014 [1994], p. 95~96.

들의 심기를 불편하게 하거나 그들의 금맥(金脈)을 끊는 짓을 할 수 없다.

비단 정치만의 문제이겠는가? 비정부기구, 학계, 예술계, 종교계, 언론계, 어느 한 곳에서도 금권을 제어할 수 있는 실력을 갖춘 분야가 딱히 보이지 않는다. 특히, 필자가 속한 "K개신교"의 재물 사랑은 남다르다. 이 종교 안에 침투한 금전 논리와 욕망의 정당화는 종교의 존재 이유를 철저하게 깔아뭉갰다. 생명의 무게와 삶의 정도(正道)를 무기 삼아, 모든 것을 물질과 수치로 환원시키는 세태에 물질주의 세태에 맞서야할 종교가 오히려 물질주의의 주구(走狗) 노릇을 한다. 예수의 말씀인 '신과 재물을 동시에 섬길 수 없다'(마태 6:24)가 참이라면, "K개신교"는 사실상 예수와 무관한 "유사 종교"에 불과하다.

혹자는 개인의 탁월한 기량으로 막강한 세태와 구조에 저항하는 숨은 인재들을 운운할지 모른다. 인정한다. 지금도 그런 이들이 묵묵하게 버티기에 최악으로 치닫지 않았다고 생각한다. 그러나 시대는 그리 밝지 않아 보인다. 이처럼 노골적으로 "돈 돈" 거리는 시절이 있었나 싶을 정도니, 말이다. 마르크스의 지적처럼, 돈은 사람의 존재 가치를 나타내는 기준이 됐다.[2] 명민한 지성과 성실한 자세를 갖췄음에도 모자란 돈으로 연구를 잇지 못하는 이가 있지만, 멍청하고 아둔해도 넉넉한 돈으로 얼마든 유명 연구자 소리를 들을 수 있는 세상이다. 말만 번지르르한 야바위꾼도 금권의 후원을 받으면 세계적인 미래학자로 추앙받지만, 마땅한 물적 이해관계 없이 그저 권력의 진실을 파헤치고 민중을 괴롭게 하는 근본을 탐색하려는 학자나 언론인은 음모론자 취급을 당하거나 소리소문없이 역사 속에 묻힌다.

사실, 지폐와 이면지의 재질에는 차이가 없다. 똑같이 "종이"이다. 그러나 사람들은 지폐는 함부로 찢지 못하지만, 이면지는 쓰레기통에 구겨 넣는다. 똑같은 재질인데 결과는 왜 다를까? 재질 너머의 비가시적 "가치"가 포함됐기 때

---

2) 본서 2장을 보라.

문이다. 지폐에 담긴 "가치" 때문에, 우리는 함부로 지폐를 찢지 못한다. 돈의 배후에는 일종의 영성이 존재한다. 다시 말해, 물질 그 너머의 어떤 것이 존재한다. 그리고 그 "어떤 것"이 "스스로 있는 자"처럼 굴며 세상을 쥐락펴락하는 실력을 발휘한다. 그 실력 앞에 무수한 숭배자가 부복한다. 우리는 이 현실에서 출발한다. 돈이 실력자인데 자꾸 부정해 본들 해법은 보이지 않는다. 돈의 실력을 인정하고 그 실력을 어떻게 박탈하고 억제할 것인지를 생각해야 해법을 생각해 볼 수 있다. 상대의 돈을 빼앗을 것인가? 새로운 돈을 만들어 기존의 돈을 덮을 것인가? 아예 돈을 거부할 것인가? 돈의 한계를 부과할 것인가? 개인에게 내맡겨야 하는가? 집단에서 해결해야 하는가? 국가와 같은 기구에 실행 전권을 위임해야 하는가? 공동체와 사회의 실행 자치권을 강화해야 하는가? 더욱이 교회 내부로 들어오면, 이 문제는 신학과 영성의 차원으로 확대된다. 하나님과 재물은 양립할 수 있는가? 재물의 한계를 어디로 정해야 하는가? 재물에 대한 욕망을 추동하는 세상은 신앙의 도전인가? 재물은 포교와 확장을 위한 수단으로만 유효한가?

본서는 이러한 문제의식과 질문을 바탕에 깔고 부조리한 경제에 대항할 수 있을 사고를 배양하기 위해 기획됐다. 일차 초점은 "경제" 문제이다. 그러나 특정 기법이나 제도 변화, 정책 변화로 나아가자고 단언하지 않는다. 오히려 여러 사상가의 입을 통해, 역사적 검토, 비판적 성찰, 다양한 경험, 창조적 대안을 접하며 독자 스스로가 비판적으로 사고하고 창조적으로 행동할 수 있는 양분 공급처 역할을 하는 쪽으로 가닥을 잡았다. 독자들은 "종교와 경제" 혹은 "신학과 경제" 문제에 집중된 본문을 읽어가며, 오래전부터 이 주제와 씨름해 온 저자들의 노고를 엿볼 수 있을 것이다. 또 현실의 벽을 극복할 수 있을 실마리를 찾는 독자들도 있을 것이다. 국내 저자들이 아닌 국외 저자들의 글이기에 국내의 현실과 다소 거리가 있을 수 있지만, 단순히 1:1 적용 방식으로 읽지 말고, "세계화 자본주의"라는 거시적 틀에서 어떤 분석과 대응을 전개하는지에 초점을 맞춰 읽는다면 넓은 틀에서 현실에 대한 안목을 키울 수 있을 것이다.

역자가 본문에 소개한 신학자들은 신학을 전공한 독자들에게도 생소할지 모른다. 신학자 자체도 생소할 수 있고, 이들의 연구 주제나 방법도 그럴 수 있다. 나아가 "신학과 철학", "신학과 과학" 등과 같이 기존에 활발하게 연구된 주제와 달리, "신학과 경제"라는 주제 자체가 신학계에 그리 활발하게 논의된 주제가 아니라는 점도 그 생소함을 더할 것이다. 그러나 신학과 경제의 문제는 성서에서 현대 신학에 이르기까지 결코 빠질 수 없는 중요한 주제이며, 특히 오늘날 생태 환경 문제나 정치 문제와 관련해 결코 간과될 수 없는 주제이다. 바라건대, 이 책이 삶의 기초를 이루는 경제에 관한 신학적 탐구에 관심을 일으키는 촉매제가 되고, 경제에 관한 깊은 연구를 통해 "인식론" 강화에 치중하는 신학 지성계의 불균형을 어느 정도 상쇄하는 계기가 될 수 있기를 희망한다.

역자는 총 13개의 자료를 발췌했다. 어떤 자료는 내용 일부를 발췌해 소개했고, 어떤 자료는 글 전체를 소개했다. 그 중에게 국내에 이미 출간된 글도 있다. 국내에 소개된 자료의 경우, 원문을 기준으로 번역하되 모호한 부분은 기존의 국역본과 대조해 문장을 확정했다. 또 문서의 성격을 반영해, 강연 원고면 "구어체"로 번역했다. 모쪼록, 역자의 미숙한 역량이 원저자의 탁월성과 명민함에 폐가 되지 않기를 바란다. 또한 번역과 관련된 오역이나 오류는 모두 역자의 책임이다. 독자들의 적극적인 참여를 기대한다.

2023년 7월 12일

오스트리아 레히

원문 출처

Karl Marx, *Zur Kritik der Hegelschen Rechtsphilosophie*. Einleitung, in MEW 1, Berlin (Deutschland), Dietz Verlag, 1981, p. 378~379.

Karl Marx, "Geld", in *Ökonomischphilosophische Manuskripte aus dem Jahre 1844*, Ergä-nzungsband Schriften bis 1844 Erster Teil, MEW 40, Berlin (Deutschland), Dietz Verlag, 1968, p. 562~567.

Karl Marx, "Die sogennante ursprüngliche Akkumulation", in *Das Kapital I*, MEW 23, Berlin (Deutschland), Dietz Verlag, 1962, p. 741~744.

Walter Benjamin, *Kapitalismus als Religion* (1921), in Rolf Tiedemann und Hermann Schweppenhäuser (Hrsg.), *Gesammelte Schriften*, Bd. VI, Suhrkamp, Frankfurt am Main (Deutschland), 1991, p. 100~103.

Giorgio Agamben, "Il capitalismo come religione", in *Creazione e anarchia. L'opera nell'età della religione capitalista*, Vicenza (Italia), Neri Pozza Editore, 2017, p. 115~132.

Arend Theodoor van Leeuwen, *De Nacht van het Kapitaal.Door het oerwoud vand de economie naar de bronnen van de burgerlijke religie*, Nijmegen (Netherlands), SUN, 1984, p. 13~20.

Franz Hinkelammert, *La fe de Abraham y el ed po occidental*, San Jos (Costa Rica), DEI, 2000 [1991], p. 9~12.

Enrique Dussel, *Filosofía de la liberación*, México, Edición FCE, 2011 [1977], p. 154~164, 165~168.

Hugo Assmann, "O uso de s mbolos bíblicos de Marx", in Hugo Assmann e Franz Hinkelammert, *A idolatria do mercado. Ensaio sobre economia e teologia*, São Paulo (Brasil), Editora Vozes, 1989, p. 388~412.

Sung Jung Mo, *Teologia e economia. Repensando a teologia da libertação e utopias*,

Petrópolis (Brasil), Editora Vozes, 1994, p. 234~242.

Ulrich Duchrow und Franz Hinkelammert, *Leben ist mehr als Kapital. Alternativen zur globalen Diktatur des Eigentums*, Oberursel (Deutschland), Publik-Forum, 2005 [2002], p. 40~54.

Enrique Dussel, "Atei del Dio denaro", in Enrique Dussel, Pietro Barcellona e Roberto Mancini, *L'Eclissi dell'etica*, Ciità di Castello (Italia), L'Altrapagina, 2012, p. 9~37.

Franz Hinkelammert, "La rebelión de los límites, la crisis de la deuda, el vaciamiento de la democracia, el actual genocidio económico-social y el horizonte actual de posibles alternativas", in *Totalitarismo del mercado. El mercado capitalista como ser supremo*, México, Akal, 2018, p. 181~201.

자본주의의 종교성과
시장 우상 숭배에 관한 문서

1장•종교 비판[3]

카를 마르크스

 본문은 마르크스의 유명한 종교 비판을 담은 글이다. 독자들은 본문에서 종교 비판에 관한 유명 문구인 "종교는 민중의 아편"도 발견할 수 있다. 마르크스가 일차 표적으로 삼은 종교는 독일의 "제도 종교"였다. 종교가 국가 공인 제도와 기관이 됨으로써 권력 자장 안에 있을 수밖에 없는 구조를 공격한 셈이다. 따라서 종교에 대한 비판은 이 제도권 종교와 유착 관계인 법률 비판으로, 제도 종교를 정당화하는 이데올로기인 신학에 대한 비판은 정치에 대한 비판으로 속화(俗化)되어야 한다. 하늘을 버리고 땅에 기생한 종교는 기성 정치, 제도, 법, 경제 등을 정당화하고 축복하는 정신적 지주나 조력자 역할에 충실했으며 그 대가로 민중에 대한 영적 지배권을 보장받았다. 그러므로 마르크스는 "하늘" 비판에서 "땅" 비판으로 이동하라고 강조한다. 마르크스의 이러한 시각은 입만 열면 "하늘"을 떠들지만, 실제 삶을 너무도 "땅"과 가까운 현실 개신교의 문제와도 맞닿는다. 오늘날 종교개혁은 영적 각성만으로 불가능하다. 경제 논리에 순응하는 교회의 내부 질서를 도마 위에 올리지 않는 한, 공허한 울림으로 끝날 것이다. 반대로, 오늘날 종교가 된 자본주의 경제 역시 마찬가지이다. 자본주의는 더 이상 경제 체제이기를 포기하고 시장에 대한 신뢰(믿음)와 성령의 기적(보이지 않는 손) 등과 같은 종교적 수사로 연명한다. 지금은 이 경제 종교에 대한 "무신론자들"이 필요한 시대이다. 그 점에서, 마르크스의 종교 비판은 여전히 유효하다.

---

3) 원문 출처는 다음과 같다. Karl Marx, *Zur Kritik der Hegelschen Rechtsphilosophie. Einleitung*, in MEW 1, Berlin (Deutschland), Dietz Verlag, 1981, p. 378~379.

헤겔 법철학 비판

서문

독일에서 '종교 비판'은 사실상 끝났다. 그리고 종교 비판은 모든 비판의 조건이 됐다. 지금까지는 '제단과 화덕을 위한' 하늘의 '찬가'(oratio pro aris et focis)를 논박해 왔다. 그러나 이제는 오류로 점철된 세속의 존재가 비판의 무대에 올라야 한다. 초인을 추구하는 인간은 천상 세계라는 가상현실에 자신을 '투영'해 왔던 모습을 발견했다. 그러나 참된 현실을 추구해야 할 곳에서 선 인간은 더이상 '가짜 모습'(Schein), 즉 '비인간적인 것'을 찾아 헤매지 않을 것이다.

종교를 만든 주인공은 인간이다. **'인간이 종교를 만들지, 종교가 인간을 만들지 않는다.'** 바로 이것이 비종교적 [종교] 비판의 기본 사상이다. 종교는 아직 자신을 정복하지 못했거나 이미 자기 상실에 허덕이는 인간의 자의식이나 감정에지나지 않는다. 그러나 인간은 세계 바깥에 쭈그려 앉은 추상적 존재가 아니다.인간은 곧 '인간의 세계', 국가, 사회이다. 이 국가와 사회가 종교, 곧 '물구나무선 세계의식'을 만든다. 왜냐하면 이러한 국가와 사회 자체가 이미 **물구나무선 세계**이기 때문이다. 종교는 바로 이러한 세계에 대한 일반 의식이며, 백과사전적 요약물이다. 또 종교는 대중에게 익숙한 옷을 입고 이 세계를 다루는 논리이며, 정신주의에 기대 이 세계의 명예를 운운한다. 나아가 종교는 이 세계에 대한 열광주의, 도덕적 재가, 각종 의식과 예배를 통한 보충 수단, 위안과 정당화의 보편 근거이다. 종교는 '인간 본질'의 '기괴한 실현'이다. 왜냐하면 인간의본질은 진정한 현실성을 확보하지 못했기 때문이다. 따라서 종교에 맞선 투쟁은 종교의 정신적 향신료인 '내세'에 맞선 투쟁이다.

'종교'의 비참함에는 현실의 비참함에 대한 '표현'이 담겼다. 또 거기에는 현실의 비참함에 맞서는 '항의'의 목소리도 담겼다. 종교는 곤경에 빠진 피조물의 한숨이며, 심장 없는 세계의 심장, 정신이 사라진 상태에 대한 정신이다. 그러나 종교는 민중의 아편이다.

민중의 '환상'적 행복인 종교에 대한 지양은 곧 민중의 '실제' 행복에 대한 요구이다. 민중의 상황에 대한 환상을 타파하라는 요구는 곧 환상을 필요한 상황을 타파하라는 요구이다. 종교 비판은 종교를 '후광'으로 받드는 '눈물의 골짜기에 대한 비판'의 맹아를 담았다.

비판은 쇠사슬로 장식된 가상의 꽃들을 뽑았다. 왜냐하면 인간이 꿈과 위안 없는 사슬에 묶여 있어서가 아니라 사슬을 떨쳐 버리고 생생한 꽃을 얻기 위해서이다. 종교 비판은 인간을 각성시키는 데, 그 목적은 인간을 미몽에서 일깨우고 사리를 제대로 분별하도록 하며, 자신의 현실을 형성하고, 자기를 중심으로 활동하면서 자신의 실제 빛을 중심으로 활동하도록 하기 위해서이다. 인간이 스스로 활동하지 않는 한, 종교는 단지 인간 주변을 맴도는 환상의 태양일뿐이다.

따라서 **진리의 저 세상**(Jenseits der Wahrheit)을 지운 뒤 **이 세상의 진리**(Wahrheit des Diesseits)를 확립하는 일이 역사의 과제이다. 그리고 이 역사에 대한 봉사가 **철학의 과제**이다. 풀어 말해, 철학은 인간 자신을 소외시킨 '거룩한 [신의] 형상'(die Heiligengestalt)의 가면을 벗긴 뒤, '세속적 형상들'(unheiligen Gestalten) 속에 있는 자기 소외의 가면을 벗기는 일을 자신의 제1과제로 삼아야 한다. 이리하여 **하늘 비판**은 땅 비판으로, 종교 비판은 법 비판으로, 신학 비판은 정치 비판으로 바뀐다.

2장•화폐에 관하여 [4]

카를 마르크스

『경제학 철학 수고』(1844)는 초기 마르크스 사상을 엿볼 수 있는 핵심 저작이다. 최근 서구 학계를 중심으로 정통 마르크스주의의 교조화를 비판하면서 초기 마르크스 사상의 중요성을 재발견하려는 흐름이 대두됐다. 마르크스는 이 책에서 화폐 문제를 정확히 짚는다. 화폐는 모든 것을 가능케 하는 실력자이며 진정한 전능자이다. 화폐는 기적을 행하며 모두를 부자로 만들 수 있다는 환상을 심는다. 이를 화폐의 "추상적 보편성"이라 부를 수 있을 것이다. 마르크스가 진단한 화폐의 이러한 속성은 오늘날 시장에 대한 우상 숭배와 같은 궤적을 그린다. 그리고 시장에 대한 우리의 숭배 의식에서 윤리적 행동이 비롯된다. 이른바 "착취 윤리" 말이다. 화폐에 관한 19세기 학자의 성찰이 오늘날 자본주의 시장 경제에 목매는 현대인의 일상을 고스란히 폭로한다. 이 학자의 신랄한 표현이 지금도 사실적으로 다가온다면, 그만큼 화폐 권력이 여전히 강고하다는 방증일 것이다.

---

4) 원문 출처는 다음과 같다. Karl Marx, "Geld", in *Ökonomischphilosophische Manuskripte aus dem Jahre 1844*, Ergänzungsband Schriften bis 1844 Erster Teil, MEW 40, Berlin (Deutschland), Dietz Verlag, 1968, p. 562~567.

화 폐

　만일 인간의 감각, 열정 등이 인간학에서 말하는 인간 고유성의 규정에 속하거나 인간 존재론의 본질적(자연적) 확정에 해당한다면, 그리고 인간과 마주한 대상을 감지할 수 있다는 사실을 통해서만 이 감각이나 열정 등이 확정된다면, 다음과 같은 내용들이 자명해질 것이다. 1) 인간의 감각이나 열정을 확정하는 양식은 전혀 단일하지 않으며, 같지도 않다. 오히려 그것들을 구분하는 방식이 인간의 존재와 삶의 고유성을 이룬다. 또 인간의 감각이나 열정 등에 있어 대상의 존재 방식이란 대상 각각을 누리는 독특성을 말한다. 2) 감각적 긍정이 자립적 형식 속에 있는 대상을 직접 지양하는(예컨대 먹고, 마시고, 대상을 가공하는 일 등) 일일 경우, 우리는 이를 대상에 대한 긍정이라 말할 수 있다. 3) 인간이 인간답고, 인간의 감각도 인간답다면, 타자가 긍정하는 대상이란 타자만의 방식으로 그 대상을 누릴 수 있음을 이야기한다. 4) 인간적 열정의 존재론적 본질은 발달한 산업을 통해, 즉 '사유 재산'을 매개로 자기 총체성과 인간다움에 이른다. 따라서 인간에 대한 학문 자체가 실천을 통해 확립된 결과물이다. 5) 인간에게 사유 재산—자기 소외를 벗어난—은 생존에 필요한 물건(본질적 대상)의 현존을 의미한다. 인간은 사유 재산을 쓰고 누리는 대상으로 여길 뿐 아니라 확보를 위해 활동해야 할 대상으로 여긴다.

　화폐는 모든 것을 구매할 수 있는 속성과 모든 대상을 전유하려는 속성을 확보한다. 이러한 화폐의 소유는 모든 것 가운데 가장 탁월한 일이다. 화폐는 그러한 대상이다. 화폐 속성의 보편성은 화폐 본질의 전지전능함과 동의어이다. 화폐는 이제 전능한 존재로 그 자리를 이동한다. 화폐는 욕구와 대상, 인간의 삶과 생존 수단 사이의 뚜쟁이이다. 그러나 내 삶의 매개자로서의 [화폐의] 기능은 나를 위하여 [나와] 타인들의 존재를 매개하는 기능이기도 하다. 자아에게 화폐는 곧 타인이다.

> "뭐라 하는가 교수대의 형리여! 그대의 손과 발, 머리와 등 모두 그대가 차지하라. 그러나 내가 생생하게 누리는 모든 것, 그것을 어찌 내 것이 아니라 하겠는가? 내가 말 여섯 필의 돈을 지급할 수 있다면, 그 말의 힘은 내 것이 아니겠는가? 나는 힘차게 뛴다. 나는 잘난 사람이다. 마치 스물네 개의 다리를 가진 사람처럼 말이다." 5

셰익스피어는 『아테네의 티몬』에서 다음과 같이 읊는다.

> "황금? 귀중하고 번쩍번쩍 빛나는 순금? 오, 신들이여! 내 기도가 헛되지 않았구려. 돈만 있으면, 검은색도 흰색으로, 추한 것도 아름다운 것으로, 거짓도 진실로, 비천한 자도 귀족으로, 늙은이도 젊은이로, 겁쟁이도 용사로 만들 수 있다네. 오! 돈이 진짜 신이구려! 왜 아니겠는가? 돈은 사제와 봉사자들을 그 제단에서 멀어지게 한다네. 반쯤 회복된 환자의 베개를 꺼내 없애기도 하지. 이 황색 빛깔 노예는 풀기도 하고 매기도 한다네. 도둑놈에게도 작위와 권세를 준다네. 이 도둑놈들의 소굴이 바로 저 의회지. 돈은 병든 과부에게 청혼자도 데려온다네. 양로원에서 상처로 심하게 곪던 이 과부가 메스꺼운 냄새도 없애고 향수로 회춘하여 청혼자에게 간다네. 저주받을 금속이여. 그대는 인간을 비참한 구렁텅이에 떨어뜨리는 매춘부로다."

---

5) 괴테, 『파우스트』, 메피스토.

셰익스피어는 계속 노래한다.

"그대 달콤한 살인자여, 자식과 아비를 갈라서게 하는 놀라운 능력자여, 히멘의 순결한 침대 위에서 화려하게 빛나는 신성모독이여, 용맹한 신 마르스여, 늘 젊고 싱싱하고 온순하고 사랑받는 매력덩어리여, 빛나는 그대 모습은 디아나의 순결한 무릎 위에 놓인 거룩한 백설(白雪)마저 녹이는 도다. 그대는 눈에 보이는 신이로다. 모순된 일을 모조리 해결하고 서로 입맞추게 하지. 그대는 갖가지 입술로 만방에 이야기하지. 마음에 감동을 주는 보석이여, 반항하는 사람을 노련하게 다룰 줄 알고, 노예의 고삐도 쥐었구나. 그대의 덕스러운 힘이 이들을 혼란에 빠뜨리고 파괴하는구나. 그렇게 사람이 아닌 금수(禽獸)를 세상의 지배로 만드는구나."

셰익스피어는 화폐의 본질을 완벽하게 묘사한다. 괴테의 인용문을 설명함으로써 화폐를 이해하기 위한 여정에 나서자.

화폐 덕에 나는 나다울 수 있다. 화폐가 있어 나는 값도 기꺼이 치를 수 있다. 화폐는 구매하는 힘이다. 이 모습에서 나 자신과 화폐는 한 몸이며, 내가 화폐 소유자라는 사실이 드러난다. 내 힘은 화폐의 힘에 비례한다. 화폐의 속성은 곧 화폐 소유자로서의 내 속성이자 근본적인 힘이다. 따라서 결코 내 개성이 내 존재와 능력을 규정하지 않는다. 나는 못생겼지만, [돈만 있으면] 가장 아름다운 여자를 살 수 있다. 그러므로 나는 못생기지 않았다. 왜냐하면 추한 외모 정도는 화폐로 간단히 무마할 수 있기 때문이다. 나는 다리를 절지만, 화폐는 내게 스물네 개의 다리를 만들어준다. 따라서 나는 더 이상 다리 저는 사람이 아니다. 나는 사악하고, 비열하고, 비양심적이고, 생각 없는 멍청이이지만, 화폐 소유자라는 이유로 얼마든지 숭배 대상이 될 수 있다. 화폐는 최고선이다. 따라서 화폐 소유자도 선하다. 더군다나 화폐로 인해 나는 비겁한 자 취급도 받지 않는다. 오히려 사람들은 나를 존경받을 만한 사람이라고 여긴다. 나는 생각 없는 멍청이에 불과하지만, 화폐는 만물의 실제 정신이다. 화폐를 소유한 사람이 어떻게 정신도 없고, 생각도 없는 멍청이일 수 있겠는가? 더욱이 화폐는 똑똑한 사람들을 살 수 있다. 똑똑한 사람들에 대한 권력을 가진 사람들이 똑똑한 사람들보다 더 똑똑하지 않겠는가? 내가 화폐를 통해 마음에 원하는 모든 것을 가질 수 있다면, 사람으로서는 가질 수 있는 모든 힘을 가진 자가 아니겠는가? 내 화폐는 내 무능력을 능력으로 전환하는 힘 아니겠는가?

화폐는 나를 인간다운 삶과 결합하고, 사회도 나에게 결합하고, 나를 자연과 인간에 결합하는 끈이다. 그렇다면, 화폐야말로 끈 중의 끈 아니겠는가? 화폐는 매기도 하고 풀기도 하는 것 6 아니겠는가? 따라서 화폐는 보편적인 절단 수단 아니겠는가? 화폐는 사회를 결합하는 수단이며, [...] 화학적 힘처럼 분리하는 힘이다. 화폐의 참모습은 분리 화폐에 있다고 해도 무방하리라.

셰익스피어는 화폐의 두드러진 두 가지 고유성을 다음과 같이 강조한다.

1. 화폐는 보이는 신이다. 인간과 자연의 모든 성질을 정반대의 것으로 바꾼다. 사물의 보편적 혼동과 전도이다. 화폐는 불가능한 일들을 친근한 일들로 만든다.

2. 화폐는 보편적인 창녀이며 사람과 국민의 보편적인 뚜쟁이다.

신적 힘을 가진 화폐는 인간과 자연의 모든 성질을 전도하고 혼합하며, 불가능한 일들을 친숙한 일들로 만든다. 이러한 화폐는 인간의 소외된 유적 본질, 남을 소외시키고 자기도 소외되는 유적 본질로서 화폐의 본질에 들어간다. 화

---

6) [역주] 예수가 수제자 베드로에게 건넨 "천국의 열쇠"를 생각하라. 마태복음 16장 1819절을 보라.

폐는 인류의 소외된 힘이다.

내가 인간으로서 할 수 없는 것, 따라서 내 모든 개인적 본질적 힘으로도 할 수 없는 것을 화폐를 통해 할 수 있다. 따라서 화폐는 이 각각의 본질적 힘을 본질적 힘이 아닌 다른 무엇으로, 즉 그 반대의 것들로 만들어 버린다.

수요는 화폐를 갖지 못한 사람에게도 존재한다. 그러나 이 사람의 수요는 표상의 존재일 뿐이다. 나에게나 제삼자에게나 어떤 영향도 끼치지 못하며 어떤 현존도 갖지 못한다. 따라서 그것은 나 자신에게도 비현실적이고 비대상적으로 존재한다. 화폐에 근거한 **유효 수요**와 내 욕구, 내 열정, 내 소원 등에 근거한 **비**㈜**유효 수요** 간의 차이는 **존재**와 **사유**의 구별이며, 내 안에 존재하는 단순 표상과 현실 **대상**으로 내 외부에서 나에 대해 존재하는 표상 간의 구분이다.

여행에 필요한 화폐가 없다면, 여행에 대한 내 욕구도 없다. 다시 말해, 여행에 대한 현실적이고 자기실현적인 욕구가 없다. 연구하려는 사명감에 충만하지만, 연구에 필요한 자금이 없다면, 연구의 사명을 전혀 갖지 못한 존재와 다르지 않다. 다시 말해, 효과적인 사명과 진정한 사명을 갖지 못한 존재일 뿐이다. 반대로, 연구에 대한 사명이 전혀 없어도 의지와 화폐를 가졌다면, 효과적인 사명을 가졌다고 할 수 있다. 화폐는 그 외부에 있는 인간으로서의 인간이나 사회로서의 인간 사회에서 유래하지 않는다. 그러나 보편성을 획득한 화폐는 표상을 현실로, 현실을 단순 표상으로 만드는 수단이자 능력이다. 또 화폐는 현실의 불완전함, 망상, 개별 상상에 존재할 뿐 실제로는 무기력하기 짝없는 개인의 본질적인 힘을 현실의 본질적 힘과 능력으로 바꾼다. 마찬가지로, 화폐는 현실적, 인간적, 자연적, 본질적 힘도 추상적인 표상들로 바꿀 수 있다. 즉, 불완전함으로도, 고뇌에 찬 망상으로도 바꿀 수 있다. 따라서 이러한 규정에서 본다면, 화폐는 개별자들 거꾸로 세우는 일종의 '보편적 전도 현상'이다. 이러한 보편적 전도는 개별자를 그 반대의 것으로 뒤바꾸고 개별 속성에 모순된 속성을 부여한다.

또 화폐는 개인과 연결된 사회적 관계도 뒤엎는다. 즉, 개인과 떼려야 뗄 수 없는 근원적인 유대감마저도 전복한다. 화폐는 성실을 불성실로, 사랑을 미움으로, 미움을 사랑으로, 미덕을 악덕으로, 노예를 주인으로, 주인을 노예로, 아둔함을 총명함으로, 총명함을 아둔함으로 바꾸는 힘이다.

화폐는 현재 존재하며 활동 중인 가치 개념이다. 이 화폐가 만물을 혼란케 하고 갖은 가치들을 전복시킨다. 따라서 화폐는 보편적 혼란이자 거꾸러짐이다. 화폐를 만난 세계는 거꾸러진 세계가 되며 모든 자연적, 인간적 성질들 역시 뒤섞이고 뒤엎어진다.

돈으로 용기를 사는 사람은 그 본질이 비겁하다고 하더라도 용감한 사람이 된다. 화폐는 특정 성질, 특정 사물, 특정한 인간적 본질과 교환되지 않고, 인간적, 자연적, 대상적 세계 전체와 교환된다. 그렇기에 화폐는 속성들을 교환한다. 화폐 소유자의 시각에서 보면, 해당 속성과 모순되는 속성과 대상이라 할지라도, 충분히 뒤바꿀 수 있으니 말이다. 화폐는 불가능한 일을 친숙한 일로 만든다. 아무리 나와 모순 관계에 있는 사람이라도 하더라도, 돈만 있으면 그 사람은 내게 입을 맞추며 경의를 표할 수 있다.

인간을 인간으로, 세계에 대한 인간의 관계를 인간적인 관계로 전제한다면, 우리는 사랑을 오직 사랑과 교환할 수 있고, 신뢰를 오직 신뢰와 교환할 것이다. 만일 그대가 예술을 누리려 하면, 그대가 예술적 소양을 갖춘 인간이어야 한다. 그대가 타인에게 영향력을 행사하고 싶다면, 그대는 타인을 독려하고 고무시키며 영향력을 끼치는 인간이어야 한다. 인간과 자연에 대한 그대의 관계는 그 의지의 대상에 상응해야 한다. 즉, 그대의 현실적, 개인적 삶의 특정한 표출이어야 한다. 만일 그대가 사랑을 하는 데 상대에게 사랑의 회신이 오지 않는다면, 즉 그대의 사랑이 상대의 사랑을 만들지 못한다면, 사랑하는 한 인간이 사랑받는 인간으로서의 표현을 받지 못한다면, 그대의 사랑은 무기력한 것이며 그대는 불행하다.

3장•본원 축적과 원죄[7]

카를 마르크스

마르크스의 『자본론』 1권에 수록된 이 글은 자본 축적의 출발점에 관해 설명한다. 마르크스에 따르면, 자본 축적의 전제는 잉여 가치의 확보이며, 잉여 가치를 확보하기 위해서는 자본주의적 생산이 전제되어야 한다. 자본주의적 생산이 가능해지려면, 상품의 생산자에게 이미 상당한 자본과 노동력이 확보되어야 한다. 그렇다면, 애당초 어떻게 자본과 노동력을 확보할 수 있는가? 애덤 스미스는 이러한 자본주의 생산을 "사전 축적"이라는 용어로 설명했지만, 마르크스는 "본원 축적"이라는 용어로 정리한다. 본원 축적은 자본주의 생산 양식의 결과가 아니라, 그 출발점이다. 즉, 이미 축적된 힘을 바탕으로 상품과 노동력을 활용해 잉여 가치를 꾸준히 증가시킨다. 그렇다면, "본원 축적"의 실체는 무엇인가? 마르크스는 다른 책에서 식민지 노예를 그 예로 들었다. 식민지 노예무역과 원주민 노예 노동이 없었다면, 자본주의의 축적은 불가능했다. 쉽게 말해, 식민지 노예 착취가 없었다면, 서구 중심부 세계의 지금과 같은 번영은 없었다. 그러므로 "본원 축적"은 신학에서 말하는 "원죄"와 같다. 오늘날까지 이어지는 자본주의 생산 양식의 출발에는 폭력과 착취가 있었다. 이는 아무리 씻어도 씻기지 않는 자본주의의 "원죄"이다.

---

7) 원문 출처 다음과 같다. Karl Marx, "Die sogennante ursprüngliche Akkumulation", in *Das Kapital I,* MEW 23, Berlin (Deutschland), Dietz Verlag, 1962, p. 741~744.

본원 축적의 비밀

우리는 화폐가 어떻게 자본이 되는지, 자본이 어떻게 잉여 가치의 원천이 되는지, 잉여 가치가 어떻게 자본을 추가하는지에 대해 확인했다. 그러나 자본 축적의 전체는 잉여 가치이며, 잉여 가치의 전제는 자본주의 생산이다. 또 자본주의 생산은 상품 생산자의 수중에 상당량의 자본과 노동력이 이미 확보됐어야 가능하다. 따라서 이러한 운동은 끝 모를 순환의 굴레를 돌고 도는 것처럼 보인다. '본원 축적'(애덤 스미스가 말한 '사전 축적')을 상정하지 않고서는 이 굴레를 벗어날 수 없을 것이다. '본원 축적'은 자본 축적 이전에 이뤄진 축적이며, 자본주의 생산 양식의 결과가 아닌 출발이다.

정치경제학에서 본원 축적의 역할은 신학에서 원죄의 역할과 비슷하다.[8] 아담이 열매를 먹음과 동시에 죄가 세상에 들어왔다. 본원 축적도 세계 창조 이후 몇 날 동안 벌어진 이야기를 빌어 설명할 수 있다. 아득한 옛날에는 사회가 두 영역으로 나뉘었다는 식의 설명 말이다. 이 사회의 한쪽에는 열심히 일하고 부지런하고 절약이 몸에 밴 특출한 사람들이 있었고, 다른 한쪽에는 게으르고 아침에 번 것을 저녁에 다 쓰거나 저녁에 번 것을 아침에 다 쓰는 몹쓸 불량배가 있었다. 그리고 전자는 부의 부를 축적하게 됐지만, 후자는 머지않아 가죽만 남게 됐다는 식으로 이야기는 흐른다. 그러므로 끝도 없고 쉼도 없는 노동에도 불구하고 항상 자기 몸으로 값을 내야 하는 대다수 사람의 빈곤과 열 손가락으로 일하지 않고도 노동의 열매를 거두는 소수의 부자라는 구도가 형성됐다. 우리는 신학에서 말하는 죄의 역사를 통해, 인간이 조물주에게 어떤 벌을 받았는지

---

8) [역주] "본원 축적의 비밀"을 요약한 표현이다. 폭력, 정복, 노예 매매, 노동 착취 등을 통해 얻은 "자본 축적"은 더 많은 잉여 가치를 얻는 종잣돈이 됐다. 마르크스는 신학적 비유를 통해 이를 "원죄", 즉 아무리 씻으려 해도 씻을 수 없는 죄라는 점을 지적한다. 역자가 굵은 글씨로 문장 전체를 강조했다.

알 수 있다. 곧, 인간은 이마에 땀을 흘려야 밥을 먹을 수 있는 벌을 받았다. 그러나 경제학상의 죄의 역사는 조물주의 명을 벗어난 사람들이 존재했다는 것을 우리에게 보이면서 아쉬운 공백을 메운다. 사람들은 소유를 옹호하기 위해 이 낡고 유치한 이야기를 지겹게 되풀이한다. 예컨대 티에르(Thiers)는 한 때 매우 정신적 깊이가 있었던 프랑스인들에게 담대하게 이 이야기를 반복하며, 정치가로서의 근엄한 태도를 갖고 소유에 대한 옹호를 이야기한다. 소유의 문제가 무대에 등장하면, 이 유치한 이야기의 관점이 전 연령층과 발육 단계에 있는 사람들에게 꼭 맞는 유일한 관점이라고 주장하는 일이 신성한 의무가 된다. 우리는 실제 역사에서 본원 축적에 지대한 역할을 했던 것으로 악명이 높은 요소들을 볼 수 있다. 정복, 노예화, 무장 강도, 폭력 통치 등이 그것이다. 그러나 행복에 겨운 정치경제학 교과서들에서는 언제나 목가적인 분위기가 지배적이었다. 올해는 예외지만, 과거부터 노동과 법 이외에 풍요를 가져올 다른 수단들은 존재하지 않았다. 사람들은 본원 축적의 수단들을 목가적으로 그리고 싶겠지만, 실제 벌어진 일은 전혀 그렇지 않다.

자본가와 임금 노동자의 공식 관계는 순수 상업 관계에 속한다. 자본가는 주인의 역할, 임금 노동자는 하인의 역할을 한다. 노동자는 계약을 통해 자본가에게 복무한다. 자본가를 섬기고 자본가에게 의존하라는 내용을 골자로 한 계약이다. 노동자는 자기 제품에 대한 모든 소유권을 포기한다. 그렇다면 임금 노동자는 왜 시장을 만드는가? 자기의 힘 외에 어떤 것도 소유하지 않았기 때문이다. 힘을 가진 상태로 일하지만, 이 권력에 실체를 부여하는 데 필요한 모든 외부 조건, 노동의 유용한 수행하는 데 필요한 물질과 도구들, 노동력 유지에 필요한 생계 처분 능력, 생산 운동에 대한 노동력의 관습 등, 이 모든 것은 노동자 쪽이 아닌 노동자 반대쪽에 있다. 따라서 자본주의 체제의 밑바닥에는 '생산자와 생산 수단들의 근원적 분리'가 존재한다. 생산자와 생산 수단들의 분리는 자본주의 체제의 구축 이후로 줄곧 점점 확대재생산된다. 그러나 생산자와 생산 수단들의 분리가 자본주의 체제의 토대를 이룬다. 이러한 분리가 없다면, 자본주의는 올곧게 설 수 없다. 따라서 자본주의 세상이 오려면, 생산자들에게서 생산 수단을 적어도 일부분이라도 제거해야 한다. 생산자들이 자기 노동을 실현하기 위해 사용하는 생산 수단, 상품 생산자들이 이미 점유한 생산 수단, 타인의 노동에 투자 목적으로 사용하는 생산 수단을 생산자들에게 아무 예고 없이 사전에 분리해 놔야 한다. 노동을 그 외적 조건들에서 갈라지게 한 '역사 운동'이다. 그러니 "본원" 축적이라는 용어를 사용하는 이유는 이 축적이 부르주아 세계 이전의 역사 시대에 이미 이뤄졌기 때문이다.

자본주의 경제 구조는 봉건주의 경제 질서라는 모태에서 나왔다. 봉건주의의 해체가 자본주의 경제의 구성 요소들을 해방했다.

직접 생산자인 노동자는 토지에 결박되지 않거나 타인에게 종속되지 않은 후에야 비로소 자기 몸을 자유롭게 쓸 수 있다. 또 노동자는 자신이 직접 만든 물건을 시장에 내다 파는 소위 '자유노동 판매자'가 되려면, 동업조합(길드) 체제에서 벗어나야 했다. 동업조합의 지배권, 도제와 직인 사이의 규약, 기술 습득법 등을 동반한 이 체제를 벗어나지 않고는 자유노동자가 될 수 없었다. 따라서 생산자를 임금 노동자로 바꾼 역사의 흐름은 한 편으로는 농노 신분과 동업조합의 위계 서열에서 이들을 해방한 형태로 나타난다. 그러나 다른 한 편, 해방된 이 사람들은 자신의 모든 생산 수단들을 박탈당했고, 과거 봉건제가 제공했던 모든 생존 보장을 빼앗긴 후에야 비로소 판매자가 될 수 있다. 이들을 수탈한 역사는 추측의 문제가 아니다. 그 역사는 피와 불의 문자로 인류의 연대기 곳곳에 기록됐다.

산업 자본가라는 새로운 패권 세력은 부의 원천인 동업조합의 장인들과 봉건 영주들을 축출해야 했다. 그러한 점을 고려하면, 산업 자본가의 등장은 봉건 영주의 특권에 맞서 승리를 거둔 결과물이었고, 한 사람이 다른 사람을 자유로이 착취하고 자유로운 생산 발전에 족쇄를 채웠던 동업조합 체제에 맞서 싸워 승리한 결과물이었다. 그러나 산업 세계의 기사들은 자신들과 전혀 무관한 사건들을 이용함으로써 칼 든 기사들을 축출할 수 있었다. 그 옛날 로마 시절에 주인에게서 해방된 노예가 옛 주인을 지배하기 위해 쓴 비열한 수단들을 이 자본가들도 사용했다.

임금과 자본가의 발생을 모두 포괄한 발전은 노동자들의 예속 상태에서 출발했다. 이러한 발전으로 일군 진보는 예속의 형태를 바꿨다. 곧, 자본주의적 착취의 형태로 바꿨다. 자본주의 시장을 이해하는 데, 그리 멀리까지 거슬러 올라갈 필요는 없다. 지중해 지역의 몇몇 도시들이 자본주의 생산의 초안을 그렸지만, '자본주의 시대의 출발은 16세기이다.' 이 시대가 꽃을 피우는 곳마다 봉건제 폐지는 이미 오랜 기간을 거치며 완료됐고, 중세의 영광인 독립적 자유 도시 체제도 이미 시들었다.

본원 축적의 역사에서, 자본가 계급의 형성에 지렛대로 사용된 획기적인 순간들이 있었다. 무엇보다 많은 사람이 자신의 전통적인 생산 수단들과 생존 수단들을 잃었던 순간이 자본가 계급을 형성하는 데 중요한 지렛대로 작용했다. 생산과 생존에 필요한 수단들을 잃은 사람들은 노동 시장에 내 던져져 의지할 곳 없는 신세가 됐다. 그리고 농민으로부터 토지 수탈은 이러한 격변의 토대를 이룬다. 이 수탈의 역사가 매우 급진적으로 완성된 곳이 바로 영국이다. 따라서 본문 기록에서 주된 역할을 하는 국가 역시 영국일 것이다. 그러나 서구 유럽의 다른 나라들도 잉글랜드와 똑같은 운동을 통과한다. 지역에 따라 색깔 차이가 있고, 상대적으로 더 협소한 틀 안에서 진행되거나 덜 강력한 형태를 보이거나 진행된 순서가 다를 수 있지만, 그 수탈의 역사는 대동소이(大同小異)하다. 9

---

9) 자본주의 생산이 다른 지역보다 일찍 발달한 [북부] 이탈리아에서는 봉건주의도 상대적으로 일찍 사라졌다. 이탈리아 봉건제에서 농노들은 장기 점유에 근거해 토지에 대한 권리를 주장해야 했

4장•종교로서의 자본주의 1)[10]

발터 벤야민

탁월한 철학자, 미학자로 알려진 발터 벤야민은 사회사상에서도 독창적인 위치를 점한 인물이다. 최근에 반자본주의자, 아나키스트, 탈성장 운동의 시각에서 그를 조명하려는 시도가 늘고 있다. 벤야민은 진보 이데올로기를 비판하고, 상품화를 반대하며, 자본주의가 강제한 생활 속도와 사회 가속화 현상에 저항한다. 이러한 사상은 놀랍게도 오늘날 "탈성장"(décroissance) 운동의 주장과 동일 궤적을 그린다. 이러한 사상을 바탕으로 작성된 단편『종교로서의 자본주의』는 새로운 유일신의 자리에 오른 자본주의의 문제를 다룬다. 분량은 적지만, 문장에 숨은 그의 시선은 날카롭다. 이 단편은 조르조 아감벤과 같은 후대 철학자 뿐 아니라 미카엘 뢰비, 엔리케 두셀, 프란츠 힌켈라메르트, 성정모와 같은 라틴아메리카 해방 사상가들의 "자본주의 종교" 비판에 계기를 마련했다. 벤야민은 이 종교의 특징을 (1) 예배 종교, (2) 영원히 지속되는 예배, (3) 죄와 동의어인 채무를 계속 지우는 종교, 즉 실업, 가난, 빈곤과 같은 채무가 있어야만 존재할 수 있는 종교, (4) 오만과 범죄로 말미암아 초인의 지경까지 올라가는 인간, 즉 신이 된 인간을 원하는 종교로 정리

지만, 그러한 권리를 획득하기도 전에 해방됐다. 해방된 농노들은 자유 프롤레타리아가 되어 그 가운데 일부는 로마 시대부터 명맥을 이어온 여러 도시로 몰려갔다. 그리고 영주들은 이미 이 도시들에서 이들을 맞이할 준비를 했다. 15세기 말부터 세계 시장에서 벌어진 거대한 변화는 북부 이탈리아의 상업 패권을 빼앗았고, 이 지역의 제조업을 쇠퇴시켰다. 이와 맞물려, 역방향 운동도 진행됐다. 곧, 도시 노동자들이 대량으로 농촌으로 축출돼 원예적 방식으로 경영되는 소규모 경작을 발전시켰다. 전례 없는 발전이었다.

10) 원문 출처는 다음과 같다. Walter Benjamin, *Kapitalismus als Religion* (1921), in Rolf Tiede-mann und Hermann Schweppenh user (Hrsg.), *Gesammelte Schriften*, Bd. VI, Suhrkamp, Frankfurt am Main (Deutschland), 1991, p. 100~103.

한다. 벤야민이 본 자본주의 종교는 소망이 아닌 "염려"를 선사한다. 그는 서구 기독교에 기생한 자본주의가 결국에는 서구 기독교의 역사를 자본주의의 역사로 만들었다고 일갈한다.

우리는 자본주의에서 일종의 종교를 볼 수 있다. 다시 말해, 과거에 종교들이 걱정, 고통, 불안에 대해 답했던 것과 마찬가지로, 지금의 자본주의도 이러한 것들로부터의 해방에 기여한다. 자본주의의 종교 구조를 증명하는 작업, 그러니까 막스 베버의 말처럼 특정한 종교적 조건을 갖춘 형태로서만이 아니라 종교 현상과 그 근원이 똑같은 자본주의라는 의미에서 자본주의의 종교 구조를 증명하는 작업은 우리를 쉼 없는 논쟁에 휘말리게 할 수 있다. 지금 우리는 우리를 감싼 이 그물망을 걷어낼 수 없다. 그러나 지금은 알 수 없는 이 상황도 시간이 흐르면 차차 알 수 있게 될 것이다.

그럼에도, 현 상황에서 우리는 자본주의의 종교 구조에 담긴 세 가지 특징을 확인할 수 있다. 첫째, 자본주의는 순수한 예배 종교(Kultreligion)이다. 어쩌면 지금까지 존재했던 종교 중에 가장 극단적인 예배 종교가 바로 자본주의일 것이다. 자본주의에서는 모든 것이 예배와 직접적인 관계를 맺어야만 의미를 확보한다. 이 예배는 특정 교리도 모르며, 신학도 모른다. 둘째, 예배의 영원한 지속이다. 이는 첫 번째 특징과 밀접하게 연관된다. 자본주의는 '희망도 자비도 없이'(sans rêve et sans merci) 예배를 거행한다. 자본주의에는 '평일'(Wochentag)도 없고, 거룩한 치장의 의미도 없다. 오히려, 예배를 드리는 이 종교의 신자들은 날마다 긴장이다. 그 점에서, 자본주의 종교는 매일 매일 잔치이다. 셋째, 이 예배는 [신자들에게] 채무를 지운다. 추측건대, 자본주의는 죄를 씻지 않고 오히려 죄를 더 지우게 하는 최초의 사례일 것이다. 이 점에서 자본주의 종교 체제는 터무니없이 큰 운동으로 말미암은 추락과 전복에 휘말렸다. 사죄를 모르는 죄의식은 예배에 참석해 죄를 씻기보다 도리어 죄를 보편화한다. 또 그러한 인식의 깊은 곳에 죄를 박아 놓고, 결국에는 신 자체를 죄의 체계로 끌어들인다. 그리하여 [죄의 체계와 연루된] 신 안에서 속죄에 관해 관심을 두게 한다. 예배 자체에서 이러한 속죄를 기대할 수 없다. 자본주의 종교의 개혁, 즉 이 종교 안에서 뭔가 확실한 것에 기대려는 개혁으로도 속죄를 기대할 수 없다. 나아가 자본주의 종교에 대한 거부로도 속죄를 기대할 수 없다. 자본주의 종교 운동의 본질은 종말까지 버티기이다. 즉, 궁극적으로 신이 완전히 죄를 짓게 될 순간까지 버티기, 온 세계가 완전한 절망 상태에 이를 때까지 버티기이다. 요컨대 자본주의 종교는 '궁극적 절망'을 바란다. 종교가 '존재의 개혁'(Reform des Seins)이 아닌 '존재의 붕괴'(Zertrmmerung des Seins)인 셈이다. 바로 그러한 점에서, 자본주의에는 역사적 선례를 찾아보기 힘든 요소가 담겨 있다. [자본주의 종교의 본질인] 절망은 [다른] 종교의 보편적 상태로까지 확장됐다. 그래서 [종교들은] 절망 상태에서 구원을 기대하려 한다. 신의 초월성은 무너졌다. 그러나 초월성의 붕괴가 신의 죽음은 아니다. 신은 인간의 운명 속에 편입됐다. 인간이라는 행성은 절망의 집을 통과해 절대 고독의 궤도로 이동한다. 이것이 니체가 규정한 '에토스'이다. 신마저 자기 운명에 편입한 자본주의 종교의 인간이야말로 '위버멘쉬'(Über-mensch), 즉 '초인'이다. 그는 자본주의 종교를 인식하면서부터 자기를 완성해 가기 시작한다. 자본주의 종교의 세 가지 특징에 한 가지를 덧대겠다. 이 종교의 네 번째 특징은 다음과 같다. 자본주의 종교의 신은 은폐 상태이어야 한다. 신은 자신이 지은 죄의 정점에서야 비로소 그 이름을 부를 수 있는 존재이어야 한다. 자본주의 종교의 예배는 미성숙한 신 앞에서 올리는 예배이다. 이 예배에서는 신에게 붙은 각종 표상과 사고가 성숙의 비밀을 침해한다.

프로이트의 이론도 이 예배를 주관하는 사제 반열에 올랐다. 프로이트의 이론은 전적으로 자본주의적으로 고안된 이론이다. 아직 해명되어야 할 부분이지만, 프로이트가 주장한 억압이나 죄의식을 자본주의 종교에 빗대어 본다면, 그것은 무의식의 지옥에 이자를 내는 자본이다.

자본주의 종교의 사고 유형이 웅장하게 전개되는 곳은 니체의 철학이다. 니체의 '초인' 사상은 묵시적 '도약'을 회심, 속죄, 정화, 보상으로 전치 시키기는커녕 겉보기에 항구적이지만 결국에는 파멸에 이르는 불연속적 상승으로 전치시킨다. 이에 따라, '도약하지 말라'는 의미에서, 상승과 발전이 서로 합체할 수 없게 됐다. 초인은 회귀 없이도 도달한 인간, 하늘을 뚫고 자라는 역사의 인간이다. 끝 모르고 상승하는 인간성이 천상을 폭파한다. 종교가 죄로 규정하는 이 모습은 [자본주의 종교와 결탁한 초인을 말한] 니체를 이미 심판했다. 마르크스도 니체와 다르지 않다. 회귀를 모르는 자본주의는 죄(Schuld), 즉 채무(그 악마적 속성을 기억하자)의 기능인 '단리'(Zins)와 '복리'(Zinseszins)와 더불어 사회주의가 된다.

자본주의는 교리 하나 없이 오로지 예배로만 이뤄진 종교이다.

서구 세계에서 자본주의는 기독교에 기생했다. 그리고 기독교의 역사는 이 '기생충 자본주의'의 역사가 되는 형태로 전개됐다. 칼뱅주의를 비롯해, 이른바 정통파 기독교가 입증해야 할 문제이다.

여러 종교의 성상들과 여러 국가의 화폐들을 비교해 보라.

화폐의 장식에 표명된 정신을 확인해 보라.

자본주의와 법.

법의 이교적 특징.

소렐, 『폭력에 관한 성찰』(Sorel, *Réflexions sur la violence*, p. 262).

웅거, 『정치와 형이상학』(Unger, *Politik und Metaphysik*, p. 44).

푹스, 『자본주의 사회의 구조』(Fuchs, *Struktur der kapitalistischen Gesellschaft*, o. ä).

막스 베버, 『종교 사회학에 관한 논문집』, 제2권(Max Weber, *Gesammelte Aufsätze zur*

Religionssoziologie, II, 1919/20).

에른스트 트뢸치, 『기독교 교회들과 집단들에 관한 사회 이론』, 제1권(Ernst Troeltsch, *Die Soziallehren der christlichen Kirchen und Gruppen*, vol. I, 1912).

무엇보다 쇤베르크(Schöberg)의 제II장의 참고문헌을 보라.

란다우어, 『사회주의를 향한 호소』(Landauer, *Aufruf zum Sozialismus*, p. 144).

염려(Die Sorgen)는 자본주의 시대의 고유한 정신병이다. 빈곤, 떠돌이-걸인-탁발 수도사의 행동에서 정신적(물질적이지 않은) 출구가 없다. 이처럼 출구 없는 상태가 계속 죄를 지운다. 걱정은 이 출구 없는 상태의 죄의식을 나타내는 지표이다. 걱정은 개인적이고 물질적인 차원이 아닌, 공동체 차원에서 출구를 찾지 못한다는 불안에서 발생한다.

종교개혁 시대에 기독교는 자본주의 발흥에 유리한 여건을 마련했다기보다 기독교 자체가 아예 자본주의로 바뀌었다.

방법론적으로 우선 연구해야 할 물음이 있다. 곧, 돈이 역사의 흐름에 따라 스스로 고유 신화를 만들려고 기독교에서 신화 요소들을 끌들이기까지 신화와 어떤 관계를 맺어왔는가를 물어야 한다.

살인 배상금(Wergeld) 11/선행의 보화(Thesaurus der guten Werke)/성직자에게 채무를 지우는 급여, 부의 신인 플루토스.

아담 뮐러, 『달변에 관한 논의』(Adam Müller, *Reden über die Beredsamkeit*), 1816, pp. 56ff.

이 점에서, 구원과 살인이라는 특정을 동시에 함의한 지식에 관한 교리와 자본주의의 연관 관계는 다음과 같다. 곧, 구원하면서 동시에 제거하는 지식으로서의 대차대조표(die Bilanz als erlösende und erledigende Wissen)이다.

---

11) [역주] 게르만 법률에서 연원하는 배상 제도로서, 상대 부족을 살해하고 그 죗값으로 치르는 대금이다.

종교로서의 자본주의를 인식하려면, 다음 내용을 상기할 필요가 있을 것이다. 곧, 원시 이교(das ursprüngliche Heidentum)는 종교를 "고차원적"이고 "도덕적"인 관심으로 여기지 않았다. 오히려 원시 이교는 종교를 가장 직접적이고 실제적인 관심으로 이해했다. 달리 말해, 이교는 오늘날 자본주의처럼 종교의 "이상적" 특징이나 "초월적" 특징에 관해 확고한 생각을 갖지 않았다. 원시 이교는 자기 단체 안에서 비종교적이거나 자기와 다른 것을 믿는 개인이라도 단체의 일원으로 여겼다. 이는 오늘날 돈벌이 못 하는 구성원을 자기 집단의 일원으로 보는 부르주아 계급의 시선과 같다.

5장 • 종교로서의 자본주의 2)[12]

조르조 아감벤

성실하고 꼼꼼한 연구자의 면모와 물러섬 없는 논쟁가의 면모를 동시에 갖춘 이탈리아 철학자 조르조 아감벤의 현실 자본주의 연구 논문이다. 아감벤은 발터 벤야민의 단편인 『종교로서의 자본주의』를 원용함과 동시에 벤야민의 논의를 확장한다. 아감벤은 벤야민보다 더 다양한 사상을 참고하여 자본주의 종교성 문제를 논한다. 그는 실물 경제에서 거품 경제로 기운 1971년 닉슨 정부의 금본위제 중지 선언을 "시대 징조"로 연결해 논의를 시작한다. 미 달러가 구약의 야훼처럼 "스스로 있는 자"(출 3:14)가 된 이 사건은 바야흐로 온 세계에 달러 패권의 시대를 알렸다. 아감벤은 기독교의 세속화 형식인 자본주의를 "믿음"(신뢰)과 연결한다. 자본주의는 이 체제의 운영 방식에 대한 "신뢰"를 먹고 산다. 시장, 화폐 등에 대한 신뢰가 무너지면, 이 종교의 뼈대가 무너진다. 화폐는 상품의 교환 수단이어야 함에도, 달러는 그 자체로 상품이 됐다. 이는 언어가 사물을 매개하고 전달하는 수단이어야지 언어 자체가 사물이 되는 것과 같은 상황이다. 사물에서 언어가 분리되면, 사물의 의미를 전달할 수 없는 껍데기 언어로 부유한다. 그러니 저질적인 플라스틱 낱말들만 나돈다. 아감벤은 화폐도 마찬가지로 본다. 실물에 따르지 않은 화폐는 거품일 뿐이다.

---

12) 원문 출처는 다음과 같다. Giorgio Agamben, "Il capitalismo come religione", in *Creazione e anarchia. L'opera nell'età della religione capitalista,* Vicenza (Italia), Neri Pozza Editore, 2017, p. 115~132.

시대의 징조들(마태 16:2~4)이 있다. 하늘을 보며 날씨 징후를 세심히 살필 줄 아는 사람들이 정작 시대 징조들을 제대로 분별하지 못한다. 명백한 징후가 나타났음에도 불구하고, 그것을 볼 수 있는 눈이 없다. 시대 징조들은 다양한 사건들을 통해 구체화한다. 곧, 도래하는 시대를 보도하고 정의하는 사건들, 관찰할 수 없는 상태에 여전히 머문 사건들, 접목된 현실을 전혀 혹은 거의 수정할 수 없는 사건들, 그런데도 바로 그러한 이유로 역사의 징조들이나 징표들로 평가받는 사건들, 말 그대로 '시대 징조'로 평가받는 사건들을 통해 구체화한다.

이러한 시대 징조를 보인 사건 중 하나가 1971년 8월 15일에 벌어졌다. 리처드 닉슨의 미 행정부는 달러의 금 태환(兌換) 중지를 선언했다. 오랫동안 화폐 가치를 '금본위제'에 뒀던 체제에 마침표를 찍은 선언이었다. 여름 휴가철이 한창이던 8월에 발표된 신(新) 금융정책의 적법성에 대한 열띤 토론이 기대됐으나 생각보다 토론은 활발하지 않았다. 그러나 바로 그 순간부터, 은행 발행 지폐에서 쉽게 접하던 문구가 의미를 완전히 상실했다. 과거 영국의 '파운드 스털링' 화나 인도와 파키스탄의 '루피' 화에서 읽을 수 있었으나 오늘날 '유로' 화에서는 읽을 수 없는 문구, 각국 중앙은행 총재의 서명과 날인을 동반한 문구, 즉 "귀하의 금액 지급을 약속합니다."라는 문구가 완전히 무용지물이 됐다. 이제 이 문구의 의미는 다음과 같다. 예를 들어, 어음 교환을 원하는 사람이 있다고 하자. 다소 어리석어 보이지만, 여하튼 그런 사람이 있다고 하자. 중앙은행은 교환을 원하는 이 사람에게 일정량의 금 13이 아닌, 요구 액수에 맞는 지폐를 줘야 한다. 화폐는 모든 가치에서 벗어나게 됐다. 다시 말해, 화폐의 "순수 자체 지시"(puramente autoreferenziale)적인 가치가 사라졌다. 우리는 '용이성'에 또 한 번 놀란다. 즉, 화폐 보유자들의 금 자산을 무용지물로 만들겠다는 말과 동의어였던 닉슨 정부의 만행이 너무 쉽게 수용됐다. 또 앞에서 제시한 것처럼, 국가의

---

13) 1달러 = 금 1/35 온스.

통화 주권 행사는 시장 참여자들이 부채(빚)를 화폐로 사용하도록 유도하는 능력에 달렸던 반면, 이제는 이 부채조차도 실제적인 일관성을 잃고 종잇조각으로 전락하고 말았다.

화폐의 무형화(無形化, smaterializzazione) 과정은 이미 수 세기 전에 시작됐다. 곧, 희귀 재료로 주조해야 하고 번거로웠던 금속 동전, 환어음, 은행 지폐, '국채'(juros), '금장어음'(Goldschmith's note) 14 등을 시장의 요구 사항들이 뒷받침하게 됐을 무렵이었다. 모든 지폐는 사실상 신용 증권이다. 그래서 사람들은 이 화폐들을 신용 화폐(monete fiduciaire)라 부른다. 반면, 금속 화폐는 귀금속 함량의 가치가 있거나 그만한 가치를 지녀야 했다. 그러나 우리가 잘 아는 것처럼, 이 역시 불확실했다. 프리드리히 2세의 은화 주조가 그 악성 사례이다. 국왕이 전쟁 자금 충당을 위해 주조한 은화에 구리의 붉은 빛이 선명하게 보였으니 말이다. 한편, 지폐가 이미 금속 화폐를 대체한 시대에 살았던 조지프 슘페터(Joseph Schumpeter)는 확실한 분석을 거쳐 모든 화폐는 신용에 불과하다고 확언할 수 있었다. 1971년 8월 15일 이후로 화폐는 오로지 화폐 자체에 근거한 신용에 불과하게 됐으며, 화폐 자체와 다른 것에 대응할 수 없는 것이 되고 말았다.

「종교로서의 자본주의」15는 발터 벤야민 사후에 출간된 글이다. 짧은 분량이지만, 벤야민의 날카로운 통찰력이 돋보이는 글이다.

많은 사람이 사회주의를 일종의 종교 형태로 인용하곤 했다. 칼 슈미트의 견해가 대표 사례이다. 슈미트에 따르면, "사회주의는 새 종교에 활력을 불어넣는다. 19세기와 20세기 사람들에게 새로운 종교는 2,000년 전에 살았던 사람들

---

14) [역주] 금세공업자들이 발행한 어음이다. 세공업자들의 금 보관에 해당하는 영수증을 발행해 화폐 대신 사용했다. 세공업자들이 은밀하게 보관한 금보다 더 많은 영수증이 발행되면서 부당 이익을 취하는 사태도 벌어졌다.

15) Walter Benjamin, *Capitalismo come religione,* Genova, il melangolo, 2013, (ed. or. Kapitalismus als Religion, in ID., *Gesammelte Schriften,* vol. VI, Frankfurt a.M., Suhrkamp, 1985, pp. 100~104).

에게 기독교와 같은 의미를 지닌다." 벤야민은 막스 베버와 궤를 같이하면서 자본주의를 개신교 신앙의 세속화로 본다. 그러나 그는 베버보다 한 걸음 더 나아가 자본주의 자체가 근본적으로 종교 현상이라고 말한다. 근본적인 종교 현상으로서의 자본주의는 기독교에 기생하면서 발전했다. 자본주의 자체가 근대 종교이다. 벤야민은 이러한 자본주의의 특징을 세 가지로 정리한다.

1. 자본주의는 예배 종교이다. 즉, 자본주의는 유례를 찾아볼 수 없을 정도로 가장 극단적이고 절대적인 형태로 예배를 거행하는 종교이다. 이 종교에서는 모든 것이 교리나 이념이 아닌 예배의 완성과 관련해서만 의미가 있다.

2. 자본주의 예배는 영원히 지속된다. 그것은 "'희망도 없고 자비도 없는' 예배 행사"16에 지나지 않는다. 말 그대로 행사일 뿐이다. 이 행사에는 휴일과 노동일의 구별이 없다. 그러나 휴일과 노동이 단절되지 않고 일치된 날만 지속될 뿐이다. 이날은 노동과 예배 행사가 철저하게 맞물려 돌아간다.

3. 자본주의 예배는 죄(채무)의 보상이나 속죄를 목표로 삼지 않고, 죄(채무) 자체를 목표로 삼는다. "속죄하지 않고 오히려 죄책감을 유발하는 예배의 첫 사례는 아마도 자본주의일 것이다. [...] 속죄를 모르는 엄청난 죄의식이 예배를 장악한다. 예배에서 죄의식을 속하기 위한 장악이 아닌, 죄의식을 보편화하기 위한 장악이다. [...] 그리고 결국에는 신을 이 죄의식에 연루시킨다. [...] 신은 죽지 않았다. 그러나 신은 인간의 운명에 혼합됐다."17

---

16) Ibid., p. 100.

17) Ibid., p. 100~101.

종교로서의 자본주의는 구속이 아닌 죄에, 희망이 아닌 절망에 전력을 다한다. 따라서 이 자본주의는 세계 변혁을 지향하지 않고 세계 파괴를 지향한다. 우리 시대 자본주의 제국은 너무 완벽한 나머지 근대의 위대한 세 예언자(니체, 마르크스, 프로이트)조차 이 자본주의와 결탁한다. 벤야민에 따르면, 이 셋은 특정한 방식으로 절망의 종교와 단단히 얽혔다. "인간이라는 행성은 절망의 집을 통과해 절대 고독의 궤도로 이동한다. 바로 이것이 니체가 규정한 에토스이다. 이러한 인간은 초인이다. 그는 자본주의 종교를 인식한 뒤, 이를 완성하기 시작한다." [18] 프로이트의 이론도 자본주의 예배의 고위 사제직을 맡는다. "죄지을 수 있다는 것의 표현인 '억압된 것'은 무의식의 지옥의 이자를 낳는 자본이다." [19] 마르크스의 사상도 마찬가지이다. "자본주의는 [...] 죄(Schuld, 채무)의 기능인 단리(單利)와 복리(複利)를 통해 사회주의가 됐다." [20]

필자는 벤야민의 가설을 진지하게 수용하고 더욱 발전시키려 한다. 자본주의가 종교라면, 우리는 신앙의 용어들로 이 종교를 어떻게 규정할 수 있는가? 자본주의는 무엇을 믿는가? 이러한 믿음에 견줘 볼 때, 닉슨의 결정은 무엇을 뜻하는가?

종교학 분야의 탁월한 연구자인 다비드 플루서(David Flusser)는 예수와 사도들이 "믿음"을 설명하기 위해 사용한 그리스어 '피스티스'(πίστις)를 집중하여 연구했다. 어느 날 그는 아테네의 거리를 걷다가 큰 글씨로 '트라페자 테스 피스테오스'(τράπεζα της πίστεως)라고 적힌 문구를 봤다. '피스티스'라는 단어 연구에 집중하던 상황에서 맞은 기막힌 우연이었을까? 그는 한동안 멍하게 이 문구를 바라봤다. 그리고 문득 자신이 은행 앞에 서 있다는 사실을 알았다. 그리스어 '트라페자 테스 피스테오스'는 "신용 은행"(banco di credito)을 의미한다. 바로 이것이

---

18) Ibid. p. 101.

19) Ibid.

20) Ibid.

그가 몇 개월 동안 이해하기 위해 심혈을 기울여 온 '퓌스티스'의 의미였다. "퓌스티스", 즉 "믿음"이란 '신을 믿는다는 전제에서, 우리가 신과 함께 누리는 신용이며, 신의 말씀이 우리와 함께 누리는 신용'이다. 그래서 바울도 "믿음은 바라는 것들의 실상"[21]이라는 유명한 정의를 내릴 수 있었다. 믿음은 아직 존재하지 않는 것에 현실성과 신용을 부여하는 일이다. 그러나 과연 어떻게 그것을 믿을 수 있고 신뢰할 수 있는가? 아직 벌어지지 않은 일에 우리의 신용과 말을 어떻게 둘 수 있는가? 라틴어 '크레디툼'(creditum)은 '믿다'라는 동사의 과거분사이다. 우리가 누군가를 보호하거나 누군가의 보호를 받아야 할 경우, 누군가에게 돈을 빌려주거나 빌릴 경우, 우리는 상대와 신탁 관계를 맺는다. 이때 우리는 그 관계를 믿고 신뢰한다. 라틴어 '크레디툼'은 바로 이러한 상태를 가리킨다. 따라서 바울의 '믿음'(πίστις)은 에밀 벤베니스트가 재건한 인도유럽어족의 매우 오랜 제도인 "개인 신뢰"(fedeltà personale)를 되살렸다. "어떤 사람이 누군가를 '믿는' 일은 그 사람의 자비에 의탁하는 일과 같다. [...] 이러한 원시 형태에서 둘 사이의 신용 관계는 특수한 상호성을 낳는다. 즉, 누군가를 '믿는' 일은 그 믿음의 대가로 보상과 지원을 얻는 일이다."[22]

이러한 내용이 참이라면, 자본주의와 기독교의 밀접한 관계를 제시한 벤야민의 가설에 힘이 실린다. 곧, 자본주의는 온전히 믿음에 기초한 종교이며, 이 종교의 신자들은 '오직 믿음'(sola fide)으로 산다. 벤야민에 따르면, 자본주의는 예배를 모든 대상에서 해방한 종교, 죄의식을 모든 죄에서 해방한 종교이다. 동일선상에서, 믿음의 시각에서 보면, 자본주의에는 대상이 없다. 즉, 자본주의는 순수한 믿음의 사건, 순수한 신용, 혹은 돈을 믿는다. 자본주의는 종교이다.

---

21) [역주] 히브리서 11장 1절이다. 전통적으로 교회는 히브리서를 바울 저작으로 분류했으나 근대 이후의 성서학은 히브리서를 바울의 저작으로 분류하지 않는다. 본문에서 아감벤은 성서학의 이러한 성과를 반영하지 않고, 히브리서를 바울 저작으로 분류하는 방식을 따른다.

22) Émile Benveniste, *La fedeltà personale*, in ID., *Il vocabulario delle istituzioni indoeuropee, vol. I, Economia, parentela, società*, Torino, Einaudi, 1976, p. 118~119.

이 종교에서는 신용이 곧 믿음이며, 이 믿음이 신을 대체했다. 달리 말해, 신용의 순수 형식은 돈이기에 돈이 곧 이 종교의 신이다.

이 말인즉, 신용을 제조하고 경영하는 기계와 다를 바 없는 은행이 교회의 자리에 앉았다는 뜻이다. 은행은 신용을 통치하면서 우리 시대에 여전히 남아 있는 믿음, 즉 은행 자신에게 큰 확신을 갖지 못하고 불안정한 확신에 머무는 믿음을 조작하고 관리한다.

[닉슨의] 금 태환 중지 결정은 이 종교에서 과연 무엇을 의미하는가? 확실히 이 사건은 모세의 금송아지 파괴 사건이나 공의회 교리 확정에 견줄 수 있을 신학적 내용 해명과 같다. 모세의 사건이나 공의회 사건 모두 자기 믿음을 정화하고 정결케 하려는 결정적인 행보였다. 돈과 신용이라는 옷을 입은 자본주의 종교의 믿음은 어떤 외부 지시체의 간섭도 받지 않는다. 그야말로 모든 지시체에서 해방됐다. 이 믿음은 황금과의 우상 숭배 관계를 취소하고, 이 관계의 절대성으로 그 형체를 선명하게 드러낸다. 신용은 순전히 비물질적 존재이며, "바라는 것들의 실상"인 '믿음'(πίστις)의 가장 완벽한 모방이다. 히브리서의 유명한 정의에 따르면, 믿음은 바라는 것들의 실상이다. 여기에 사용된 '실상'이라는 용어는 그리스 존재론에서 전문 용어로 사용하는 '우시아'(οὐσία)이다. 바울이 말하려는 핵심은 다음과 같다. 곧, 믿음 있는 자는 그리스도를 믿고, 그리스도의 말씀을 마치 사물, 존재, 실체와 같이 여긴다. 그러나 이 "마치 ~와 같이"(come se)라는 표현은 자본주의 종교의 어설픈 흉내를 무효로 한다. 새로운 '믿음'인 돈은 이제 실체가 됐다. 직접적인 실체이며, 여백 없는 실체이다. 바로 이 부분에서 벤야민이 이야기했던 자본주의 종교의 파괴적인 성격이 선명하게 드러난다. "바라는 것"은 더 이상 존재하지 않는다. "바라는 것"은 파괴됐고, 파괴돼야만 한다. 왜냐하면 돈이 사태의 본질 자체이기 때문이다. 전문 용어로, 돈은 사물의 '우시아'(οὐσία)이다. 이리하여 화폐 시장의 창출, 즉 돈을 상품으로

완전히 전환하는 작업에 마지막 걸림돌마저 사라진다.

신용을 종교로 삼은 사회, 신용만을 믿는 사회는 오로지 신용으로만 살 수밖에 없다. 로베르트 쿠르츠 [23]는 19세기 자본주의에서 현대 금융 자본주의로의 변모를 조명했다. 그에 따르면, 19세기 자본주의는 여전히 상환 능력에 기초했으며, 신용에 대한 불신을 드러냈다. 쿠르츠는 다음과 같이 말한다. "19세기 사적 자본은 개인 재산과 그에 상응하는 가족이나 씨족의 재산을 동반했다. 그 당시 사적 자본에는 존중 능력과 상환 능력이 여전히 유효했다. 이에 비춰 볼 때, 신용에 대한 의존을 증가하는 행위는 거의 잡스러운 외설이나 세기말 징후 취급을 받았다. 당시 연재소설들은 신용에 대한 의존으로 인해 거대 가문들의 몰락을 그린 이야기들로 넘쳐났다. 『부덴브로크 가문』(Budenbrooks)의 일부 구절에서 이 문제를 다룬 토마스 만(Thomas Mann)은 노벨상을 받기도 했다. 형성 중인 체제를 위해 이자를 낳는 자본은 분명 초창기부터 필수였지만, 전 지구적 자본주의 재생산에 아직 결정적인 역할을 하지 않았다. '가상' 자본의 문제는 자본주의의 경계선에 있는 사기꾼들과 정직하지 못한 자들의 전형적인 환경으로 간주했다. 헨리 포드(Henry Ford)는 오랫동안 은행 신용에 의존하기를 거부했고, 자체 자본으로 자금 조달을 고수했다." [24]

20세기에 이러한 가문 중심의 가부장 개념은 완전히 해체됐고, 은행 체계를 본뜬 화폐 자본이 현재의 기업 자본주의를 휘감았다. 말하자면, 기업은 생산을 지속하기 위해 결국 미래의 노동과 생산의 상당량을 사전에 저당 잡아야 한다. 상품을 생산하는 자본은 자기 미래를 먹고 사는 자본, 허구에 기초한 자본이 됐다. 벤야민의 주제에 따르면, 자본주의 종교는 소멸할 수도 없고, 소멸되지도

23) [역주] 로베르트 쿠르츠(Robert Kurz, 1943~2012)는 마르크스 1차 저작을 집요하게 파고들어 현실 자본주의와 결부시켜 해석하려 한 독일 철학자이다. 국내에 『맑스를 읽자: 21세기를 위한 맑스의 핵심 텍스트』(강신준/김정로 공역, 창비, 2014)가 번역, 출간됐다.

24) Robert Kurz, *La fine della politica e l'apoteosi del denaro*, Roma, Manifestolibri, 1997, p. 76~77.

말아야 할 지속적인 채무로 살아야 한다.

그러한 의미에서 볼 때, 단지 기업들만이 신용(혹은 부채)만으로-오직 믿음(sola fide)- 살려 한다고 말할 수 없다. 개인과 가족 역시 기업 못지않게 미래에 대한 이러한 신앙 행위에 가담한다. 이들의 종교 활동은 지속적이고 일반화됐다. 은행은 자본주의 성례전의 떡과 잔인 '신용과 인출'을 집행하는 대사제이다.

필자는 사람들이 자본주의 종교에 대한 믿음을 버리지 않고 질기게 간직하려는 이유에 관해 묻곤 한다. 사람들이 신용에 대한 신뢰와 신용을 통한 삶을 멈춘다면, 자본주의는 즉시 무너질 게 분명하다. 그런데도 오늘날 신의 자리에 오른 신용(금융)에서 [역설적으로] 무신론이 탄생한다는 점에 주목할 필요가 있다. 필자는 이러한 무신론의 징후들을 살펴볼 필요가 있다고 생각한다.

닉슨 선언 4년 전에 기 드보르(Guy Debord)는 『스펙타클 사회』(La Société du specta-cle)을 출간했다. 극단으로 치달은 현대 자본주의가 이미지들의 거대한 축적이라는 형태로 바뀌고 말았다는 내용이 책의 골자이다. 이미지를 직접 사용하고 경험한 결과, 실물을 대리하는 기능에서 멀어졌다. 상품화가 절정에 다다른 순간에 사용 가치란 사용 가치는 모조리 사라지며, 화폐의 본성 자체도 바뀐다. 화폐는 더 이상 "상품의 추상적인 일반 등가물"이라는 단순 기능에 머물지 않는다. 이제는 화폐 자체에 특정한 사용 가치가 부과됐다. "화폐는 스펙타클이다. 우리는 이 광경을 그저 '바라만 본다.'" "화폐가 스펙타클이 된 이유는 그 안에 이미 추상적인 표현과 사용 모두를 담고 있기 때문이다"25 드보르는 닉슨 선언을 직접 겨누지 않았다. 그러나 그는 이미 화폐가 더 이상 금속 재질의 실물과 무관한 절대 상품의 반열에 올랐다는 사실을 간파했다. 그 점에서 『스펙타클 사회』는 4년 뒤에 실행될 미국 정부의 정책에 대한 예언서라 하겠다.

드보르에 따르면, 인간 언어의 변화도 이 현상과 맞물린다. 인간의 언어는

---

25) [역주] 테제 49번을 보라.

더 이상 어떤 것과도 소통하지 않는다. 따라서 언어는 "소통 불가능한 것의 소통"(테제 192)으로 나타난다. 세계와의 관계가 깨진 언어는 순수 상품인 화폐에 대응한다. 매체들과 광고에서 언어와 문화가 분리됐고, 분리된 언어와 문화는 "스펙타클 사회의 주요 상품"(테제 193)이 됐다. 이 사회는 자신을 스스로 국가 상품 성장의 일부로 여기기 시작한다. 그러므로 인간의 언어 본성과 소통 본성 자체가 볼거리나 구경거리로서의 '스펙타클'에 몰수됐다. 소통을 방해하는 것은 더 이상 소통할 것이 없거나 소통 자체가 된 이 분리된 영역(언어와 문화)의 절대화이다. 스펙타클 사회에서는 '인간과 인간을 연결해야 할 것'이 도리어 인간을 분리한다.

언어와 화폐 사이에는 유사성이 있다. 괴테의 격언을 따르면, '말은 돈처럼 소중하다.'(verba valore sicut nummi) 이는 상식의 유산이다. 그러나 이 격언에 함축된 관계를 진지하게 곱씹는다면, 비유 이상의 어떤 것이 드러날 것이다. 화폐는 어떤 사물을 상품으로 만들고 거래할 수 있는 것으로 만들면서 그 사물과 관계를 맺는다. 마찬가지로, 언어는 사물을 말할 수 있고 소통할 수 있게 만들면서 그 사물과 관계를 맺는다. 수 세기 동안 화폐는 모든 상품에 대한 보편적 등가물의 기능을 해 왔다. 그 이유는 금을 화폐로 쓸 수 있었기 때문이었다. 요컨대 화폐와 금의 관계 때문이었다. 마찬가지로, 언어의 소통 능력은 사물에 대한 언어의 실제 지시 기능, 즉 의미를 부여하려는 의도에 의해 보장된다. 모든 화자의 마음에 사물들과의 외적 연관성이 나타난다. 화폐의 금본위제가 언어의 이러한 내용에 해당한다. 이는 중세 시대에 있었던 원칙의 방향과도 맞물린다. 이 원칙에 따르면, 사물이 담론에 종속되는 것이 아니라 담론이 사물에 종속된다(non sermon ires, sed rei sermo subiectus). 13세기 교회법 분야의 석학 고프레도 디 트라니(Goffredo di Trani)는 법률 용어로 이 관계를 설명한다. 의미심장한 부분이라 할 수 있는데, 그에 따르면 사물들과 맺는 관계를 전가할 수 있다는 표현인 '링

구아 레아'(lingua rea)를 제시한다. "사물과 정신이 실제로 연결되어야 언어의 실제 전가가 가능하다. [즉, 의미 부여가 가능하다](ream linguam non facit nisi rea mens)." 이러한 의미화의 관계가 사라지면, 언어는 말 그대로 아무 것도 이야기하지 않는다(nihil dicit). 실재에 대한 언급인 기의(il significato)는 언어의 소통 기능을 보장한다. 마치 금을 준거로 사물과 교환될 화폐의 능력을 보장하는 것과 같다. 그리고 '금환 본위제'(gold exchange standard)가 화폐와 금본위제의 관계를 감시했던 것과 마찬가지로, 논리는 언어와 세계의 관계를 감시한다.

명민한 이성으로 금융 자본과 '스펙타클' 사회를 비판적으로 분석한 이들은 금과 화폐의 분리, 언어와 세계의 단절에 내포된 보장 관계의 취소 현상에 맞서 궐기했다. 교환을 가능케 하는 수단은 수단일 뿐, 그 자체가 교환 물품이 될 수 없다. 다시 말해, 상품을 측정하는 화폐는 상품 측정 수단일 뿐, 화폐 자체가 상품일 수 없다. 언어도 마찬가지이다. 언어는 사물을 소통할 수 있게 할 뿐, 언어 자체가 사물이 될 수 없으며 전유와 교환 대상이 될 수도 없다. 사물에서 분리된 언어는 소통 불가능하며, 기껏해야 하루살이 정도로 단명할 수밖에 없다. 금에서 분리된 화폐도 절대 척도나 상품으로 기능하지 못한다. 오늘날 언어는 환상과 구경거리에 불과한 '스펙터클'의 최고봉에 올랐다. 왜냐하면 사물에 담긴 의미를 제대로 드러내지 못하고 무의미한 말장난만 반복하기 때문이다. 화폐 역시 최고 상품이 됐다. 왜냐하면 오늘날 그 자체로 가치를 확보한 화폐는 다른 물품들을 무가치한 것들로 내리눌렀기 때문이다.

그러나 자본주의는 체험할 수 있는 모든 영역에서 그 종교적 성격을 증언하며 기독교와의 기생 관계를 자백한다. 무엇보다 시대와 역사에서 그렇다. 자본주의에는 특정한 '목적'(τέλος)이 없다. 자본주의는 본질적으로 무한하다. 구체적으로 말해, 자본주의는 늘 위기 상태를 겪으며, 언제나 종말의 과정에 있다. 그러나 자본주의는 기독교와의 관계를 이야기한다. 언젠가 데이비드 케일리

(David Cayley)는 이반 일리치(Ivan Illich)에게 우리 세계가 탈 기독교 시대인지를 물은 적이 있었다. 이 질문에 일리치는 우리 세계를 탈 기독교 세계가 아닌 전례 없을 정도로 선명한 기독교 세계라고 답했다. 다시 말해, 일리치는 현 세계를 묵시(默示)적 세계로 봤다. 기독교 역사철학(사실 모든 역사철학은 필히 기독교적이다)은 인류와 세계 역사의 근본적 유한성을 전제로 삼는다. 다시 말해, 기독교 역사철학은 창조의 시간에서 구원이냐 심판이냐를 판가름하는 심판의 날에 해당하는 시대의 종말을 지향한다. 그러나 역사가 연대기적으로 흐르는 '크로노스'의 시대에, 메시아 사건은 다른 시대의 흐름을 타기도 한다. 바로 각 순간이 목적과 직접 관계를 유지하는 '카이로스'의 흐름이다. 카이로스의 흐름을 탄 메시아 사건은 "종말의 시간"(tempo della fine)을 경험한다. 이 종말의 시간은 새 출발의 시간이다. 교회는 자신의 종말론 사무소를 폐쇄한 것처럼 보인다. 그리된 후, 오늘날 묵시적 예언자로 변신한 과학자들이 지구 생명체의 임박한 종말을 예고한다. 정치와 경제를 비롯한 모든 영역에서 자본주의 종교는 항구적 위기 상태를 선언한다. 그리스어 '크리시스'(κρίσις)의 어원은 "최후 심판"이다. 어쨌든, 자본주의 종교가 선언한 항구적 위기 상태는 곧 "예외 상태"(uno stato di eccezione)를 말한다. 지금은 예외 상태가 일상이 됐다. 일상이 된 예외 상태의 결과는 묵시록에 나오는 [새 하늘과] "새 땅"과 같은 모습이다. 그러나 자본주의 종교의 종말론은 속죄도 없고 심판도 없는 무색무취의 종말론(una escatologia bianca)이다.

자본주의에 진짜 종말은 없다. 따라서 자본주의는 언제나 종말을 향해 가는 중이다. 같은 이유로, 자본주의는 근원을 모른다. 따라서 자본주의는 문자 그대로 '아나키'(anarchio) 상태에 가깝다. 26 토대 없는 상태, 곧 '아르케'(ἀρχή) 없는 상태로 인해, 자본주의는 항상 새롭게 시작한다. 따라서 슘페터는 자본주의를

---

26) [역주] 본문에서 아감벤은 자본주의의 근원과 토대 없이 멋대로 질주하는 속성을 고발하면서 '근원 없음'의 상태인 '아나키'를 사용한다. 그러나 본문에서 아감벤의 논의는 자유의지주의(libertaire) 운동과 동일시된 아나키즘(anarchisme) 운동을 겨냥하지 않는다. 본문에서는 문맥에 따라 '아나키'와 '무근원', '무원리', '무원칙'으로 번역한다.

정의하면서 자본주의와 혁신의 동일본질 관계를 거론했다. 자본의 '아나키'는 자본의 무한 혁신 욕구에 상응한다.

그런데도, 이 부분에서 자본주의는 재차 기독교의 교리와 친밀하고도 희화적인 관계를 보인다. 우리는 특히 삼위일체 교리와의 친밀성을 확인할 수 있다. 삼위일체가 무엇이던가? 만물의 원리인 하나님의 부재, 그리스도의 영원하면서도 역사적인 탄생, 특정 원리나 원칙에 포섭되지 않는 거룩한 '아나키' 상태를 세상에 대한 통치와 구원의 경륜과 화해시킨 신학 장치 아니던가?

자본주의와 '아나키'의 관계에 대해 추가할 부분이 있다. 파졸리니의 영화 「살로」(Salò)에는 흉악범 네 명이 등장한다. 그중 한 명이 "진정한 '아나키'(an-archio) 상태는 권력의 '아나키'이다."라고 말한다. 파졸리니의 영화 이전에 벤야민도 같은 맥락에서 "부르주아 질서만큼 '아나키'적인 것은 없다."라고 썼다. 필자는 벤야민과 파졸리니의 시각을 진지하게 수용할 필요가 있다고 생각한다. 둘은 자본주의의 본성을 꿰뚫어 봤다. 곧, 자본주의는 문자적 의미로 특정 '근원' 혹은 '원리'(ἀρχή)나 출발점과 토대를 갖지 않는다. 기존에 전혀 존재하지 않았던 가장 '아나키'적인 권력이 아닐 수 없다. 그러나 이 경우에도 자본주의 종교는 기독교 신학에 찰싹 달라붙어 기생충의 면모를 여지없이 보인다.

여기에서 자본주의적 '아나키'의 패러다임으로 기능하는 것이 바로 기독론이다. 4세기에서 6세기 사이에 교회는 황제를 비롯해 동방 지역 기독교 전체를 격하게 연루시킨 아리우스주의 논쟁으로 크게 분열됐다. 쟁점은 아들의 '근원'(ἀρχή)이었다. 사실, 아리우스나 그 반대자들이나 성자(아들)는 성부(아버지)에게서 출원하고, 이 출원은 "영원 전에"(아리우스 사상에서는 προχρόνο αἰώνιων, 에우세비오스 사상에서는 πρὸ πάντων τῶν αἰώνων) 일어났다는 점에 동의했다. 그러나 아리우스는 아들이 시대를 초월해(ἀχρόνος) 태어났다고 주의 깊게 명시했다. 여기에서 문제시된 부분은 연대순(아직 시간은 존재하지 않음)이나 등급(아리우스 반대파에서 주장하는 아버지가 아들보다 "더 위대하다"는 의견)이 아니다. 아리우스 문제의 관건은 하나님 말씀이자 실천인 성자가 성부 안에 그 기원을 뒀는지 아니면 성부처럼 원리, 즉 근원이 없는지를 결정하는 일이었다.

아리우스의 서신과 그 적대자들의 문서에 대한 문헌 분석은 신학 논쟁에 결정적으로 작용했던 용어의 정체를 드러낸다. 정확히 말해, 당시 논란의 쟁점이었던 용어는 형용사 '아나르코스'(ἄναρχος)였다. 문자 그대로 "아르케 없음"(senza ἀρχή)에 해당하며, 그리스어 '아르케'에는 토대(fondamento)와 원리(principio)라는 두 가지 의미가 공존한다.

아리우스의 주장은 다음과 같다. 성부는 절대적으로 무근원적(assolutamente anarchico)이다. 반면, 성자는 그 출발점(Ἐν ἀρχῇ)이 있다. 성자는 "무근원적"이지 않다. 성부 안에 토대를 뒀기 때문이다.

'로고스'(λόγος), 즉 '성자'에게 성부 안에 견고한 토대를 부여하는 이 이단아의 주제에 반대했던 주교들은 콘스탄티누스 황제의 주재로 343년에 개최된 사르디카[27] 공회에서 성자도 성부처럼 "무근원적"이며, "성부와 함께 절대적이고, 무근원적이고, 무한히(πάντοτε, ἄναρχος καὶ ἀτελεύτετος) 다스린다."라고 공언한다.

필자는 비잔틴 세계의 특징이라 할 수 있을 개념 간의 미묘한 차이의 문제를 넘어서, 이러한 신학 논쟁을 매우 중요하게 여긴다. 이유가 무엇인가? 만일 성자가 성부의 말씀과 행동과 다르지 않다면, 더 자세히 말해서 성자가 성부처럼 구원 "경륜"의 제1인자 혹은 신적 세상 통치의 일인자라면, 지금 우리의 문제는 언어, 행동, 통치에 근원적 특성을 찾아볼 수 없는 문제, 즉 "무근원적" 특성의 문제가 되기 때문이다. 자본주의는 기독론의 이러한 무근원적 특성을 계승했고, 세속화했으며, 극단화했다. 우리가 기독론에서 비롯된 이러한 무근원의 소

---

27) [역주] 현 불가리아 소피아 지역이다.

명을 이해하지 못한다면, 기독교 신학의 궁극적 역사 발전을 이해할 수 없을 뿐아니라 서구 철학과 정치 역사의 발전도 이해할 수 없다. 기독교 신학의 역사는그 안에 잠재된 '비(非)신학적 파생물'을 동반한다. 또 서구 철학과 정치의 역사는 존재론과 실천, 존재와 행동 사이에 '휴지기'(休止其), 즉 '불연속성'을 동반하며, 의지와 자유에 대한 강조를 동반한다. 그리스도가 무근원적이라는 말은결국 근대 서구 세계의 언어, 실천, 경제의 존재 속에 어떠한 토대가 없다는 말과 같다.

오늘날 우리는 자본주의 종교와 이 종교에 종속된 철학들이 그토록 의지와자유가 필요한 이유에 대해 잘 안다. 간단히 말해, 자유와 의지는 존재와 행동, 존재론과 실천을 뜻한다. 고전 시대에 존재와 행동, 존재론과 실천은 서로 긴밀하게 연결됐지만, 이제는 각자의 길을 걷는 중이다. 인간의 행동은 더 이상 존재에 근거하지 않는다. 인간의 행동이 자유로운 이유, 즉 우연적이고 무작위적인 행동에 매이는 이유가 바로 거기에 있다.

필자는 간략하게 자본주의 종교에 대한 고고학 작업을 진행했다. 그러나 더진행하지 않고, 이 부분에서 멈추겠다. 작업의 결론은 없을 것이다. 필자는 예술 작업처럼 철학 작업에도 "결론"은 있을 수 없다고 생각한다. 자코메티[28]가자신의 회화 작업에 관해 말했던 것처럼, 작업을 잠시 떠날 수 있을 뿐이다. 그러나 필자는 독자들의 성찰에 필요한 내용을 전하고 싶다. 바로 '아나키', 즉'무근원'의 문제이다.

필자는 권력의 '아나키'에 맞서 존재의 견실한 토대로 돌아가자고 호소하지않겠다. 비록 우리가 견실한 토대를 가졌다고 하나 분명 그것을 상실했거나 그리고 향하는 길을 망각했기 때문이다. 그럼에도 필자는 우리 사회 심층에 서린'무원칙'의 문제에 대한 명석한 이해만이 권력의 문제와 진정한 '아나키'의 문

---

28) 알베르토 자코메티(Alberto Giacometti, 1901-1966)는 스위스의 조각가이자 화가이다.

제를 동시에 제기할 수 있는 정확한 방식이라고 생각한다. 정치[권력]의 '아나키'를 제대로 이해해야만 진정한 '아나키'의 문제를 논할 수 있을 것이다. 정치의 '아나키'는 구축과 파괴가 끊임없이 작용하는 곳이다. 하지만 여기에서 우리가 얻는 것은 "다시 생각해 볼 수 있을 공간의 개방 그 이상도 이하도 아니다." 필자는 미셸 푸코(Michel Foucault)의 이 말로 글을 마무리하겠다.

6장•자본의 밤: 경제 원시림에서 부르주아 종교의 원천까지[29]

아렌트 테오도르 판 레이우언

본문은 네덜란드의 신학자이자 경제학자인 아렌트 테오도르 판 레이우언의 주저 『자본의 밤: 경제 원시림에서 부르주아 종교의 원천까지』의 서문에 수록된 대담이다. 1980년대 중반에 출간된 이 책은 훗날 우고 아스만, 엔리케 두셀처럼 신학과 경제 혹은 종교와 경제 문제를 집중적으로 탐구한 학자들에게 영향을 미친다. 저자는 아리스토텔레스, 애덤 스미스, 카를 마르크스의 주요 저작을 분석하면서, 경제 안에 신학 구조가 작동하고 있다는 사실을 밝히고 경제와 신학의 구조 연관성을 증명한다. 800쪽이 넘는 방대한 분량과 네덜란드어라는 난관이 있으나 20세기에서 21세기로 이어지는 자본주의 종교성의 문제와 그에 대한 대응을 구상하는 데 중요한 책이다. 여기에는 책의 전체 얼개를 설명한 서문(저자와의 대담)을 소개하겠다.

---

29) 원문 출처는 다음과 같다. Arend Theodoor van Leeuwen, De Nacht van het Kapitaal.Door het oerwoud vand de economie naar de bronnen van de burgerlijke religie, Nijmegen (Netherlands), SUN, 1984, p. 13~20.

책 임

아렌트 테오도르 판 레이우언과 더 스흐레이버르의 대담

질문(더 스흐레이버르): 먼저 선생님의 책 제목에 관련된 설명을 부탁드립니다.

대답(아렌트 테오도르 판 레이우언): 이 책은 분명 경제 연구서입니다. 동시에 경제학의 심장이라 할 수 있을 '자본' 에 관한 연구서이기도 합니다. 책의 마지막 부분(62장)에서 저는 자본의 본질을 다섯 가지(quintessens)로 요약했습니다. 첫째, 자본은 전체성입니다. 즉, 자본은 경제의 구조 전체를 형성합니다. 둘째, 자본은 단절입니다. 자본은 고용주와 고용인 사이에 단절을 낳습니다. 셋째, 자본은 운동입니다. 자본은 고정되지 않고 움직입니다. 넷째, 자본은 성장입니다. "경제 성장"이 자본 축적의 원칙이지요. 다섯째, 자본은 무한입니다. 자본의 운동은 끝없이 순환하는 운동이고, 우리는 자본의 목적을 자본 자체 안에서 발견하지요. 자본의 이 다섯 가지 특징은 서로 짝을 이루고, 불가분 관계로 얽힙니다.

문: 그런데 책 제목을『자본의 밤』(Nacht van het Kapitaal)으로 정하셨군요.

답: 네 그렇습니다. "자본의 밤"이라는 표현도 자본의 일부분에 해당합니다. 경제 관련 문서들을 연구하면서 저는 경제의 '다섯 본질' 이 어떤 곳도 제대로 조명하지 못한다는 통찰을 얻었습니다. 단지 따로따로 도드라질 뿐입니다. 예컨대 '유동 자본' (vlottend kapitaal)이라는 용어는 운동을 가리킵니다. 그러나 이와 상반된 용어인 '고정 자본' (vast kapitaal)은 자본이 물건 덩어리나 돈뭉치 '임' 을 암시하지요. 마찬가지로, 고립된 '경제 성장' 은 고용주와 고용인의 단절 문제를

자연스럽고 유기적인 과정이라고 말합니다. 집 한 채, 땅 한 평, 돈 한 뭉치가 자본의 전체성에서 떨어져 나와 스스로 자본으로 존재할 수 있듯이, 사유 재산으로서의 '자본' 고정은 숙명론과 다르지 않습니다.

자본의 '다섯 가지 본질'은 하나이며, 나뉠 수 없습니다. 그런데 이 내용이 경제 이론에서는 명확히 드러나지 않아요. '자본의 밤'이 바로 그곳을 지배합니다.

문: 「경제 원시림에서 부르주아 종교의 원천까지」(Door het oerwoud van de economie naar de bronnen van de burgerlijke religie)라는 소제목을 보니 모험이 연상되는군요.

답: 물론 의도적으로 모험이라는 용어를 사용했습니다. 그렇지만 이상주의적인 모험을 가리키지는 않아요. 경제 문헌들에 관한 제 소양이 턱없이 부족한 탓에 연구 초반에는 무척 애를 먹었습니다. 사실 지금도 그 고통은 진행 중입니다. 경제 전문서, 입문서, 안내서 등을 손에 쥘 때마다, 마치 원시림에 들어온 것 같은 느낌이 들었습니다. 제 상식으로는 그곳을 통과하기가 여간 쉽지 않더군요. 그 책들과 떠난 여정은 주마간산(走馬看山)식의 여정이 아니었습니다. 한 치 앞을 알 수 없는 악몽이었으니까요.

문: 그 경험에 관해 설명해 주실 수 있습니까? 결코 흔한 경험은 아닌 것 같습니다.

답: 편견 없이 열린 맘으로 설명을 들어주셨으면 합니다. 전문 교육을 받은 경제학자들은 너무 공부를 많이 한 탓에 자신이 연구하는 학문의 전제들에 대한 성찰을 못 하는 경우가 많습니다. 고대 아테네의 소피스트들과 비슷한 모양이지요.[30] 소크라테스는 집, 정원, 주방에 있는 것들을 소재로 문제를 던집니

---

30) [역주] 학문에 너무 경도된 나머지, 현학적이고 전문적인 용어 및 연구에 열을 올린다는 지적이다.

다. 그는 '일반'(gewoon) 상식을 사용했습니다. 마치 혼자서 벌거벗은 임금님을 보고, '임금님 빨가벗었다'라고 대담하게 말했던 안데르센 동화 속 어린아이 같았지요.

문: 그렇다면, 선생님의 책을 경제 문서에 관한 '평범한' 독자의 보고서라고 봐도 될까요?

답: '독자'라는 단어에 방점을 찍는다면, 또 하나의 아둔함으로 비칠까 두렵군요. 소크라테스는 대화를 이끄는 능력이 있었고, 안데르센 동화 속 아이는 임금님의 벌거벗은 모습을 볼 수 있었죠. 그에 견줘 보면, 제게는 읽는 능력이 있었습니다. 매우 꼼꼼하게 '읽었지요.' 생물학자가 현미경으로 잎자루 단면을 연구하는 것처럼, 저 역시 현미경 보듯 정밀하게 문서를 읽었습니다. 보편 교육을 받은 유럽인은 쉽게 읽고 쓸 수 있습니다. 유럽에서 독서 능력은 누구나 가진 자연스러운 일일 수 있습니다. 그러나 저는 꼼꼼한 독서를 통해 이른바 '지식인'이라는 명칭을 단 사람 중에도 문맹(文盲)이 수두룩하다는 사실을 알게 됐습니다. 이 문맹은 이미 초등학교에서 시작됐습니다. 우리는 초등학교 때부터 질문하는 방법, 기초 문제들에 대해 의문을 품는 방법을 꾸준히 망각합니다. 주입식 세뇌의 출발점은 고등학교이지요. 이 책의 마지막 부분(63장)에서 저는 현재 경제학 교과서로 널리 사용되는 암스테르담대학교 교수 아놀트 히어르티여 (Arnold Heertje) 31의 『경제학의 핵심』(De Kern van de economie)을 가볍게 다뤘습니다. 제가 "경제학의 빈곤"이라 칭한 부분의 예시로 이 책을 제시했습니다. 히어르티여의 책을 교과서 삼아 "경제" 공부를 시작한 고교생들은 사전에 일종의 부정적인 교육을 받고 대학에 진학하게 됩니다. 이 학생들은 많은 부분을 제대로 소화하지 못한 상태에서 대학 공부를 시작해야 합니다. 저는 경제학과 관련된 이

---

31) [역주] 네덜란드의 경제학자이다. 1999년까지 암스테르담자유대학교에서 경제학을 가르쳤고, 2020년 4월에 사망했다.

러한 흐름을 화가의 회화 복원 작업에 견주곤 합니다. 복원 작업 중에 '원본'은 당시 유행하는 회화의 틀에서 자유로워지거든요. "원본의 해방"이라 불러도 될 것 같습니다.

문: 그렇다면 고교생부터 누구나 배우는 현행 경제 교과서를 다루지 않으신 이유는 무엇입니까?

답: 애초 이 교과서를 다룰 생각이었습니다. 한동안 그 일로 책 이곳저곳을 뒤적거렸습니다만, 결국 관뒀습니다. 이 교과서를 다루지 않겠다고 결정했습니다! 만일 히어트리여의 책까지 다뤘다면, 제 책은 지금보다 두세 배 더 두꺼워졌을 겁니다. 따라서 저는 '고전' 문헌을 따르는 길, 누가 봐도 '명백한' 우회로를 택했습니다.

문: '고전' 문헌 읽기 작업을 통해 선생님께서 파악한 부분은 무엇인가요?

답: '고전'이라는 말은 다소 임의적이지요. 개인의 판단에 따라 다를 수 있고요. 결국 '고전'을 어떻게 이해하느냐에 달린 문제입니다. 예컨대 우리는 경제학자 케인즈를 잘 알죠. 경제학 역사에 관한 케인즈의 시각은 일반적인 "고전" 경제학의 시각과 매우 달랐습니다. 제 책의 겉표지에는 장미 문양을 연상케 하는 원이 있습니다. 그리고 원 안에는 세 명의 주요 사상가가 둘려 있습니다. 아리스토텔레스, 애덤 스미스, 카를 마르크스입니다. 거기에 저는 아리스토텔레스의 『정치학』, 애덤 스미스의 『국부론』, 카를 마르크스의 『자본론』을 포함했습니다. 세 저서는 경제학 '고전'서에 관한 제 접근법과 연구 방식에 포함됩니다. 저는 세 저작을 바탕으로 기본적인 질문들을 제기했습니다. 사실 세 저작은 기본 요소들을 매우 진지하게 성찰합니다. 모두가 이미 대답한 질문들을 어떤 아이가 되묻는다고 해봅시다. 그때 우리는 이 아이를 독창성 있는 아이라고 생

각할 겁니다. 바로 그런 점에서, 이 사상가들 역시 독창성을 보였습니다.

문: 그렇다면, 이 세 '고전' 사상가들이 선생님의 연구 방법 어디에서 서로 연결됩니까?

답: 2,000년 이상의 큰 간격을 탁월한 사상가들을 통해 쉽게 넘나들 수 있었다는 점이 제게는 놀라운 발견이었습니다. 아리스토텔레스는 근대 부르주아 사회의 문제를 명쾌하고 예리한 통찰로 꿰뚫었습니다. 고대 사회와 우리 사회를 가르는 골짜기 이편에 있던 애덤 스미스는 근대 경제의 기본 범주들을 발전시켰지요. 카를 마르크스는 아리스토텔레스의 비판을 되살려 『국부론』을 파고들었습니다. 스미스가 없다면, 마르크스는 존재하지 않습니다. 거꾸로 마르크스가 없다면, 스미스에 대한 비판적 독서는 존재하지 않겠지요. 덧붙여, 아리스토텔레스가 없다면, 마르크스는 존재 불가능합니다.

문: 표지에 적어 넣은 세 사상가를 토지, 자본, 노동이라는 경제 생산의 3요소와 연결해 보려 하신 건가요?

답: 실제 연관성이 있습니다. 제가 연구한 세 학자 이상으로 경제 생산의 3요소도 중요합니다. 저는 경제 생산의 3요소를 "경제의 삼위일체"(economische triniteit)라 부릅니다. 토지, 자본, 노동을 경제 생산의 3요소로 발전시킨 인물은 애덤 스미스입니다. 현대 경제학에도 여전히 작동하는 개념이죠. 당장 경제학 교과서만 들춰봐도 바로 확인할 수 있으니까요.

시대가 달라졌다고 해서 스미스의 주장을 '모조리' 골동품 취급하거나 '시대착오'로 평가해서는 안 됩니다. 그런 텅 빈 연표를 따르면, 붓다, 예수 그리스도, 무함마드, 플라톤, 토마스 아퀴나스, 마키아벨리, 셰익스피어, 프로이트, 니체, 카를 바르트는 모두 '구닥다리'에 불과하죠. 애덤 스미스도 마찬가지입니다. 현대 경제 이론에는 스미스의 경제 이론이 만든 기본 형태가 여전히 남아 있습니다. 그것도 눈으로 쉽게 확인할 수 있게 수면 위로 드러나 있습니다. 이러한 사실도 모른 채 현대인은 그를 철이 지난 인물로 무시하곤 하지요.

경제의 '생산 3요소'(토지자본노동)와 '고전 사상가 3인방'(아리스토텔레스 애덤 스미스 카를 마르크스) 간의 평행 이론은 결코 우연이 아닙니다. 32 토지 소유권은 이미 부르주아 경제 이전 시기의 '경제'에서 형성됐습니다. 애덤 스미스의 이론은 일관된 자본 축적 이론이고요. 그리고 『국부론』에 대한 마르크스의 비판적 독서는 노동을 핵심 문제로 제기하지요.

문: "부르주아 종교의 원천들"을 찾기 위한 여정을 부제(副題)로 삼으셨군요. 경제와는 어떤 연관성이 있을까요?

답: 한마디로 말해, '전부' 연관됩니다! 저는 이 연구와 더불어 전혀 새로운 길을 가야 한다는 사실을 잘 압니다. 제가 아는 한, 이러한 유형의 연구를 진행한 신학자는 없습니다. 제 학문 이력의 출발점이 종교사학자였다는 점은 우연이 아닐 겁니다. 서구의 '세속' 문화가 분명하게 표방하는 종교 결여의 문제를 찬찬히 곱씹던 저는 서구의 근/현대 시민사회가 사실상 '종교'의 지배를 받는다는 점을 뒤늦게나마 확실히 알았습니다. 그러나 이 종교는 과거에 어떤 흔적도 보이지 않았던 전혀 새로운 형태의 종교입니다. 바로 경제 종교(economische religie)이지요.

얼핏 보면, 신학과 경제학은 전혀 다른 학문처럼 보입니다. 그러나 면밀하게 살펴보면, 둘 사이에 놀라운 유사성이 있음을 알 수 있습니다. 일반 경제학자들이 신학을 낯설어 하듯이, 신학자인 저도 경제학이 낯섭니다. 그러나 두 학문의 유사성을 보여주는 사례의 전형으로 저는 '경제의 삼위일체'를 이야기합니다.

---

32) [역주] 저자의 평행 이론에 따르면, 토지는 아리스토텔레스와 대응하고, 자본은 애덤 스미스, 노동은 카를 마르크스와 각각 대응한다.

성부, 성자, 성령의 삼위일체를 가르치는 이 교리는 기독교 신학 전통의 핵심을 차지합니다. 셋이 하나이면서 하나가 셋이라는 교리(drieeenheid)인데요. 이 입장은 경제학 전통에서 '경제의 삼위일체'라 할 수 있을 토지노동자본의 삼위일체와 닮았습니다. 일반 경제학자에게 '신학의 삼위일체'가 중국어 배우기처럼 까다롭고 힘든 주제이듯이 경제학의 '문외한'인 제게는 '경제의 삼위일체'가 그랬습니다. 경제학 교과서를 읽으면서 저는 엄격하게 전통 교리교육서를 배웠던 시절을 떠올렸습니다. 신학이든 경제학이든 교리교육서와 교과서 모두 그 목적과 기능의 초점은 주입식 세뇌(indocrinatie)입니다. 따라서 경제의 삼위일체와 부르주아 종교의 일치라는 주제가 이 책의 핵심이라 할 수 있습니다.

문: 신학자에게 그러한 경제 분석의 자격이 있다고 보십니까?

답: 선생처럼 질문하는 경우가 왕왕 있지요. 이 학문과 저 학문을 가르는 전통 교육 방식 때문에 발생하는 질문은 아닐 겁니다. 아마도 신학 없이도 경제학 스스로 얼마든지 빛을 낼 수 있다고 생각해서 그런 질문을 던질 겁니다. 그러나 제 생각은 다릅니다. 저는 학계에 처음으로 발 디뎠던 분야(신학)와 철학 교육이 경제 분석 작업에 큰 역할을 했다고 생각합니다. 신학은 '은폐된 총체성'을 전제합니다. 신학은 눈에 보이고 지식으로 알 수 있는 현실을 제어하는 "로고스"를 이야기하지요. 신학자로서 저는 무엇보다 이데올로기를 비판합니다. 또 "순수성"과 "가치중립성"을 주장하는 학문에 대해서도 결코 의심을 끈을 풀지 않습니다.

저는 신학자와 철학자로서 학문의 기초(ABC)에 관한 문제 제기를 시작합니다. 대개 학자들은 학문이 결과(XYZ)에 도달하기까지 학문의 기초에 대한 문제를 제기하지 않아요. 여기에 또 다른 중요한 면을 덧붙일 수 있습니다. 신학자는 히브리어, 그리스어, 라틴어처럼 낯선 언어로 기록된 1차 문헌을 강조합니다. 다시 말해, 신학자는 문서를 꼼꼼하게 읽을 수 있는 능력이 있어야 합니다.

문: 그렇다면, 어떤 방법론을 기준으로 연구를 진행하셨습니까?

답: 먼저, 주제로 다룰만한 것을 선정합니다. 네이메헌대학교에서 제가 맡은 강의 과목은 '사회행동신학'(theologie van het maatschappelijk handelen)이었습니다. 저는 이를 좀 더 구체화해서 '경제행동신학'(theologie van het economisch handelen)으로 명칭을 바꿨고, 이후 간단히 줄여 '경제신학'(economische theologie)이라 불렀습니다. 이처럼 경제에 대한 강조는 현대인의 기본 행동이 바로 경제 활동이라는 전제에 근거합니다. 만일 경제 이론에 대한 기본 통찰을 빠뜨린다면, 우리 시민사회의 구조는 마치 닫힌 책과 같을 겁니다.

이러한 통찰을 얻으려면 어떻게 해야 할까요? 사실 매우 단순합니다. 사람들이 이론을 습득하는 방식과 똑같습니다. 바로 독서죠. 읽어야 통찰이 생깁니다. 종교사학자이자 신학자인 저는 인도네시아에서 선교사로 활동한 적이 있습니다. 활동 과정에서 저는 다양한 동양 언어들을 배워야 했지요. 원숭이, 나무 열매, 나쁜 등과 같은 완전 기초 단어부터 시작해야 했던 매우 어려운 공부였습니다. 글자판에서 시작해, 구문을 분석하고, 단어를 더듬더듬 읽었습니다. 문법도 어느 정도 익히고, 결국에는 단어와 단어를 구별할 줄 알게 되었습니다. 그리고 단어의 의미까지 파악하게 됐지요! 고된 연구 끝에 어떤 단어는 본래 의미대로 읽히지 않는 때도 있다는 사실도 발견했습니다. 문서들은 모호했고, 어떤 때는 매우 중요했습니다. 문서의 바탕에 마치 가면을 쓴 또 다른 글이 말하는 것 같았죠. 그 외에도 여러 가지 경우들이 있을 수 있겠죠. 좀 성급하게 말하면, 문서를 분해하는 작업이었습니다. 그리고 저는 이 작업을 아리스토텔레스와 애덤 스미스의 고전 저작 읽기에도 똑같이 적용했습니다. 지루하고 피곤한 일이었습니다. 하지만 학문에는 왕도가 없다고 생각합니다.

1976년에 글래스고에서 『국부론』 출간 200주년 기념 학술대회가 열렸습니다. 경제학 분야에서 애덤 스미스를 연구하는 학자들이 모였지요. 참가자들이 발표한 글을 한 권으로 엮어 출판도 했습니다. 부피가 상당했습니다. 그러나 그 결과물은 실망스럽기 그지없었습니다. 200년이 지났습니다만, 역사가들과 경제학자들은 두 세기 전에 스미스의 저작을 읽었던 일반 독자들의 피상적인 이해 수준을 넘어서지 못했습니다. 진중한 비판을 담은 문제 제기도 전혀 없다시피 했습니다. 학자들 사이에 문서를 꼼꼼하게 읽으려는 의지도 없고, 그럴 능력도 없다는 사실에 매우 씁쓸하더군요. 이런 분위기가 전염병처럼 퍼진 상태입니다.

문: 아리스토텔레스와 애덤 스미스의 저작들을 분석하셨습니다. 그렇다면, 이 연구에서 마르크스의 의의는 무엇인가요?

답: 연구의 토대라고 할 수 있습니다. 과거에 저는 마르크스 연구에 전념한 적이 있습니다. 수년 동안 『자본론』 1권을 강의했었어요. 제 강의는 말 그대로 "강독 수업"이었습니다. 학생들과 한 문장씩 읽어가면서 분석하는 작업이었어요. 사실 『자본론』 1권의 원제목은 『정치경제학 비판』(*Kritik der politischen Ökonomie*)입니다. 실제로 마르크스는 애덤 스미스를 필두로 경제학자들의 글을 집요하게 읽었고요. 정밀도와 비판력을 수반한 탁월한 독서였습니다. 그의 초기 연구서인 『경제학 철학 수고』 중에서 특별히 「잉여 가치론」(*Theorien über den Mehrwert*)도 이를 명확히 뒷받침하는 사례입니다. 저는 마르크스의 자취를 따라, 애초 그가 출발점으로 삼았던 『국부론』을 체계적으로 분석했습니다. 그리고 분석을 통해 마르크스의 작업을 이으려 했습니다.

문: 그렇다면, '마르크스'라는 안경을 쓰고 애덤 스미스를 읽었다고 봐도 될

까요?

답: 공교롭게도 저는 시력이 나빠서 어린 시절부터 안경을 썼습니다. 안경이 없으면, 사물은 그저 큼직큼직한 덩어리였을 뿐이지요. 더 큰 틀에서 이야기해 볼까요? 생물학자들이 현미경 없이 연구할 수 없는 것처럼, 저 역시 문서들을 현미경으로 관찰하듯 꼼꼼하게 읽는 방식을 택했습니다. 그러나 제가 수행한 경제 문서에 대한 정밀 분석을 "마르크스"의 분석에 비교한다면, 경제학 분야에 큰 결례일 겁니다. 저는 마르크스의 분석에 미치지 못합니다. 그가 달통했던 부르주아 경제, 특히 애덤 스미스의 경제학에 대해 제대로 알지 못했으니까요.

물론, 연구를 진행하면서 숨은 문제를 확실히 알게 됐지요. 주류 경제학에서 마르크스는 외부인, 이방인 신세입니다. 거의 알려지지 않았죠. 일종의 '아파르트헤이트' 체제 분위기가 깔려 있습니다. 이전 경제학자들의 출판물은 깜짝 놀랄 정도로 마르크스의 비판 이론, 분석, 방법론에 무지합니다. 경제학의 전제들을 더 이상 비판할 수 없는 상태이거나 비판할 의사가 없는 상태라는 뜻이지요. 경제학의 빈곤이 고스란히 드러난 대목입니다.

"정통" 마르크스주의를 표방하는 집단이나 다양한 형태로 마르크스주의를 원용한 집단 역시 이러한 빈곤 상황에 대해 일정 부분을 책임을 져야 합니다. 정통 마르크스주의는 마르크스의 비판과 방법론을 새로운 교조주의로 탈바꿈시킨 장본인입니다. 동서 냉전기에 가뜩이나 철저하게 경계선을 긋고 사는 상황에서 교류는 단절됐지요. 고인 물이 됐다는 말입니다. 또 소위 '네오 마르크스주의'도 경직된 상태를 부수는 도구가 되지 못합니다. 사실, 네오 마르크스주의는 파괴력이 없습니다. 애당초 사상과 철학 열정에 충만한 마르크스에게 매료된 탓이죠. 네오 마르크스에는 경제적 논의 단계를 더 길고 깊게 추진하지 못하는 한계가 뚜렷합니다.

저는 이 사망의 음침한 골짜기를 건널 수 있을 다리를 놓고 싶었습니다. 제

책은 그러한 다리 설계 작업입니다. '단순히' 경제 이론의 기초를 비판적으로 분석하는 작업 그 이상도 이하도 아닙니다. 제 작업에 주목하신다면, 마르크스의 비판적 방법을 이해할 수 있는 지름길을 걸을 수 있을 겁니다. 물론, 학계에 계신 분들은 제 연구에 실망하실 수 있을지 모르겠습니다. 실망하지 않기를 바랄 뿐입니다!

문: 책에는 여러 표본과 도표들을 자주 등장하더군요. 표본과 도표의 기능은 무엇인가요?

답: 저는 『국부론』과 『자본론』을 읽으면서, 논쟁이 매우 일방적이라는 점을 깨달았습니다. 스미스는 도표를 전혀 사용하지 않았고, 마르크스는 가끔 사용했습니다.

저는 도식을 제작하고 공식의 표본들을 고안하려 했습니다. 제가 연구한 문헌들을 제대로 파악하는 데 실제로 도움이 될 수 있기를 바라는 의도가 담긴 작업이지요. 예컨대 노동 가치론을 설명하기 위해 완벽한 대안 체계의 표본을 설계해야 했습니다. 이윤과 자본 축적의 기원에 관한 표본들을 경제 이론의 핵심 강화 요소로 보기도 했지요. 솔직히 말해, 현대 경제학 교과서들에서 볼 수 있는 각종 표본, 도표들, 기호들과 제가 제시한 표본들의 함수 관계는 물구나무선 것처럼 거꾸러진 관계라 할 수 있습니다. 현대 경제학 교과서들은 이따금 '수학자' 흉내[33]를 내면서 현실의 다양한 문제들을 단순화, 신비화하곤 하지요. 반면, 제가 제시한 표본들은 겉보기에 간단해 보이는 경제의 기본 범주들과 전제들 이면에 은폐된 복잡성을 폭로하는 데 유용합니다.

문: 신학자로서 경제학의 기초를 연구하셨습니다. 이 연구가 신학을 위해서

---

33) [역주] 본문에서 저자는 '유사 수학'(類似數學)이라는 용어를 사용한다. 비판과 빈정거림이 묻어 있는 용어이다.

도 중요하다고 보십니까?

답: 사실 제 분석은 여전히 신학 관점에 강세를 찍습니다. 경제 관점보다 신학 관점을 더 과감하게 전개했다는 말이지요. 저는 경제의 빈곤과 신학의 빈곤을 같은 의미로 엮었습니다. 구체적 현실을 사는 사람들이 아닌, 출처도 불분명한 "추상인(抽象人)에 대한 예배"는 주로 신학 내부에서 이뤄진 작업이었습니다. 심지어 이러한 예배가 신학 분야에서 주도권을 잡기도 했지요. 따라서 신학은 부르주아 사회 내부에서 매우 무기력합니다. 신학은 경제 분석의 도구도 없이 냉혹한 도덕, 사변적인 윤리 범주들에 갇혔습니다. 근 100년이 된 로마 가톨릭 교회의 「사회교리」나 이 교리를 구성, 통과하는 내용물뿐 아니라 개신교 신학에 퍼진 사회 윤리를 지배하는 사상은 부르주아 사상입니다. 이 사상은 부르주아 종교와 동의어인 경제 이론의 가면을 벗길 수 없습니다.

문: 선생께서는 10년 넘게 신학 분야에서 교환과 경제에 관해 연구하고 가르쳤던 결과물을 이 책에서 소개하셨습니다. 그렇다면, 지금까지 출간된 다른 책들과 이 책의 연관성은 무엇일까요?

답: 저는 이 책을 지금껏 세 단계로 나눠 진행해 왔던 기획 하나를 부분적으로나마 완성한 책으로 평가합니다.

첫 번째 단계는 1964년에 출간된 『세계사 속의 기독교 신앙』(*Christianity in World-history*) 34입니다. 저의 '세속화' 신학을 소개한 책이지요. 무엇보다 이 책에서 저는 역사에서 발생하는 생생한 사건들을 통해 신 없는(*godloze*) 서구 문화를 성찰하려 했습니다.

두 번째 단계는 1968년에 출간된 『혁명을 통한 발전』(*Development through Revolution*) 35입니다. 저는 이 책을 혁명 세계의 급진주의를 표방한 '정치' 신학의 표본

---

34) Arendt Theodoor van Leeuwen, *Christianity in World History*, Edinburgh, House Press, 1964.

35) Arendt Theodoor van Leeuwen, *The Development through Revolution,* New York, Charles

으로 이해합니다.

세 번째 단계는 1970년에서 1972년 사이에 이뤄진 기포드 강좌의 강연 원고를 모은 『하늘 비판과 땅 비판』(Critique of Heaven and Earth) 36입니다. 이 책은 제가 '경제신학'으로 기획하고 설계한 부분으로 나아가는 첫걸음이었습니다. 저는 이 책에서 신학 연구의 변화가 꼭 필요하다는 주장을 폈습니다. 오늘날 신학은 마르크스의 경제 비판과 분석을 통과할 준비가 돼야만 비로소 이 땅에 발붙일 수 있을 것이라 외쳤습니다. 이 책에서 저는 새로운 신학 노선을 개척하려 했습니다. 경제 비판을 종교에 대한 근본 비판으로 조명한 전형적인 책이라 자부합니다.

문: 어떤 독자층을 염두에 두고 집필하신 건가요?

답: 우선 경제학자들입니다. 아마도 경제학자들은 제 작업을 배척하거나 관망하지 않을 겁니다. 또 다양한 전문가와 비전문가로 구성된 여러 사회과학자도 독자로 염두에 뒀습니다. 역사가들과 철학자들 역시 중요한 독자층을 이룰 겁니다. 범위를 더 확장하면, 현재 우리가 사는 부르주아 사회를 비판적으로 접근하는 데 관심을 가진 모든 분이 이 책의 독자가 되리라 봅니다. 덧붙여, 오늘날 마르크스, 이데올로기, 정치경제학, 국가와 사회의 관계 등에 관해 논하는 다양한 연구자들도 독자층이 될 수 있을 겁니다. 그리고 마지막으로, 신학자들과 종교학자들이 이 책의 독자들입니다.

문: 읽기에 너무 난해하지 않을까요?

답: 사실 저는 매우 어려운 경제 이론을 만났습니다. 특히, 짤막한 언어로 표

Schribner's Sons, 1968.

36) Arendt Theodoor van Leeuwen, *Critique of Heaven*, New York, Charles Scribner's sons, 1972. ; *Critique of Earth*, New York, Charles Scribner's Sons, 1974.

현되었으면 이해하기 더 어렵더군요. 독자들께서 인내심을 갖고 책을 읽어주셨으면 합니다. 독서의 끝에 새로운 변화를 체험할 수 있기를 바라고요. 저 자신도 연구와 조사를 병행하면서, 끝없이 매료되고, 새로운 것을 발견하고, 이전의 무지를 벗어나는 경험을 했습니다.

문: 책이 이렇게 두꺼워지리라 예상하셨나요?

답: 두껍기만 하지 별 시답지 않은 정보만 가득한 책들이 많다는 사실을 잘 압니다. 저는 이 책의 모든 내용을 간단하고 짤막하게 다룰 수 없었습니다. 오랜 기다림과 신중에 신중을 거듭해 분석을 진행했고, 그 과정에서 상당한 시간이 소요됐습니다. 그만큼 공간도 많이 필요했지요. 이 책에 인용된 문헌들은 문장 하나 토씨 하나까지 제 경제 분석 작업을 이해하는 데 필요합니다.

7장•세계의 탈⁽脱⁾서구화[37]

프란츠 힌켈라메르트

독일 출신으로 1960년대 말부터 라틴아메리카에서 활동한 프란츠 힌켈라메르트는 1990년대 초에 출간한 『아브라함의 믿음과 서구의 오이디푸스』를 통해 인간의 가장 기본적인 요소를 배제한 채 입으로만 착하고 바른말을 뿜어대는 서구의 위선을 폭로한다. 저자는 서구 신화의 토대에 있는 "오이디푸스" 신화를 들어 서구 사회가 '타자 살해'의 역사를 되풀이했다고 지적한다. 이러한 죽음의 문화는 비단 서구 사회에 한정되지 않고 온 세계에 퍼졌다. 이른바 "세계의 서구화"가 만연한 상황에서 시급하게 요구되는 정신은 "세계의 탈)서구화"이다. 저자는 정치, 경제, 사회, 문화, 종교를 비롯해, 사회주의와 자본주의마저도 서구의 틀에 매몰됐음을 지적하고, 이 틀에서 벗어나는 작업을 우리의 과제로 강조한다. 그리고 이러한 탈서구화 전략의 토대를 "아브라함의 믿음"에서 찾는다. 아브라함의 믿음은 아들인 이삭에 대한 사랑을 의미하며, 이는 타자를 죽임으로써 자기를 확보하는 "오이디푸스"의 길과 대조된다. 타자의 피에 취해 울리던 서구의 가치와 이상에 대한 찬가를 외면하려는 저자는 아무리 고매한 이상도 의식주, 교육, 의료라는 생존에 필요한 기본 인권이 충족되어야 가능하다고 순서를 분명히 한다.

---

37) 원문 출처는 다음과 같다. Franz Hinkelammert, *La fe de Abraham y el edípo occidental*, San José(Costa Rica), DEI, 2000 [1991], p. 9~12.

서구 사회는 유럽의 중세 시대, 특히 11세기에 형성됐다. 38 이 사회는 종교 개혁과 잉글랜드, 프랑스의 시민 혁명을 기점으로 "부르주아 시민사회"로 이동했다. 15세기 들어 서구는 세계를 지배했고, 타 대륙을 식민지로 삼았다. 아프리카를 노예 사냥터로 만들었고, 아메리카를 노동 제국으로 만들었다. 특히, 아메리카 대륙에서는 인류 역사상 가장 혹독한 노동이 무려 4세기 동안 지속됐다. 또 서구는 아시아를 정복했고, 이 대륙의 전통 생산 양식을 철저하게 파괴해 "중심부" 세계를 먹여 살리는 원산지로 바꿨다.

서구 사회는 이전의 어떤 사회에도 없던 "인종주의"를 펼쳤다. 16세기부터 서구는 우등한 백인종을 중심에 두고, 노예제를 합법화하는 제국을 확장했다. 서구가 세운 노예제 제국의 기준은 피부색이었다. 피부색이 노예 여부를 결정했고, 강제 노동 여부도 판가름했다. 그렇게 서구는 인종차별주의 제국을 만들었다.

오늘날 전 인구의 1/4이 인간 이하의 조건에서 생활하며 삶의 희망조차 품지 못하는 세계가 있다. 서구는 이 세계마저도 지배한다. 소수 지배자가 절대다수의 민중을 두들겨 패는 세계가 있지만, 어떤 국가들은 압도적인 풍요를 누린다.

서구 사회는 인류사에서 전대미문의 전쟁을 일으켰다. 서구는 이 전쟁들을 인류 구원을 위한 전쟁으로 포장했고, 전쟁 상대들도 같은 명분으로 참전했다.

또 서구 사회는 과거사의 어느 시기에도 없었고 세상 어디에도 존재한 적이 없는 지배 체제들을 만들었다. 곧, 주민 전체를 박멸하는 체제를 만들었다. 더불어, 서구는 도저히 넘기 힘든 수준으로 인간을 추락시키는 비인간화를 조장했다. 인격체인 인간을 한낱 고깃덩이 정도로 다루는 비밀 요원들이 사람들을

---

38) [역주] 십자군 원정과 베네치아를 중심으로 형성된 "초기 자본주의"를 겨냥한 표현이다. 원정(遠征)과 상업, 즉 전쟁과 경제가 한통속이 된 시기를 가리킨다. 이는 훗날 대서양, 인도양, 태평양으로 확대되어 끝없는 수탈과 학살의 역사로 이어졌다. 덧붙여 **세계의 서구화**(사실상, 세계의 "미국화")가 만연된 지금, 이러한 역사는 비단 서구인들만의 손으로 자행되지 않는다. 서구를 모방한 "명예 서구인들"은 산업과 금융의 경제적 명분으로, 경제 발전과 성장이라는 명분으로, 그리고 야만에 대한 계몽과 개화의 명분으로 이 역사를 계승한다.

쥐도 새도 모르게 '블랙홀' 속에 던진다. 39 서구 사회 곳곳에서, 그리고 이 사회에서 출현한 모든 이데올로기를 통해, 비인간화를 낳는 최악의 양식들이 제작됐다.

서구 사회는 전례 없는 생산력 발전을 이뤘다. 그러나 이 발전에는 파괴력이 동반됐다. 이 파괴력은 서구 사회 자체의 실존적 한계이자 인간다운 주체로 존재할 가능성의 한계였다.

생산력 발전은 세계 시민 대다수의 생활 능력을 파괴했다. 무엇보다 인간의 인격을 완전히 망가뜨릴 힘을 지닌 의사들과 심리학자들의 감시와 통제 아래, 더욱 정교한 고문 기술이 발달하게 되었다. 또 생산력 발전은 무기들의 발전으로 이어졌다. 이 무기들을 투입할 경우, 지구 자체가 파국으로 치달을 수 있다. 마지막으로, 서구 사회의 생산력 발전은 전쟁 없이도 지구상의 생명체를 없애는 방향으로 달음질하는 비합리적인 기술을 생산했다.

20세기는 서구가 얼마나 '막장' 인지를 폭로했다. 20세기 초반의 전체주의 체제가 만든 대형 집단수용소는 자유세계의 집단 농장으로 전이(轉移)됐고, 이어 제3세계 전체에 퍼졌다. 가난과 비극으로 점철된 대형 집단수용소가 건설된 제3세계는 비밀 요원들의 감시와 블랙홀 같은 암흑 구덩이의 세계이다. 저항하는 자는 쥐도 새도 모르게 이 구덩이 속으로 사라진다. 자연은 붕괴하고, 핵무기는 대문짝만한 글씨로 '세계 종말' 이라는 협박 문서를 작성해 지면 위에 대롱대롱 매달아 놓았다.

서구 사회는 인류 봉사, 이웃 사랑, 구원, 민주주의, 자유라는 이름으로 이 모든 것을 단행했다. 서구 사회는 인류사에 유일한 자유 사회를 창조했다. 누구도 이 환상에서 빠져나오지 못했다. 교회도, 구원자를 자처했던 자들도, 이데올로기들도, 심지어 사회 집단도 마찬가지였다.

---

39) [역주] 암살 후 비밀리에 매장하는 장면을 가리킨다. 1960년대 이후로 라틴아메리카에서 벌어졌던 수많은 사건을 염두에 둔 표현이다.

오늘날 서구 사회는 자신이 저지른 문제들의 해결책도 자신에게 있다고 우긴다. 이 뻔뻔한 태도는 지난 10여 년 동안 지배 사회의 작동 방식과 시장에 대한 신비로 이어졌다. 그러나 서구 사회가 선언한 내용들은 문제의 해결은커녕 문제를 더욱 악화시켰다. 전염병 퍼지는 줄도 모르고 모여 즐기는 잔치와 같았으며, 대홍수가 오는 줄도 모르고 흥청망청 탕진하는 모습에 지나지 않았다.

탈근대주의는 곧 끝나리라는 노래들로 잔치의 포문을 열자 하고, 폭발 직전의 화산 위에서 역동적인 춤 40을 추자 한다. 서구가 우기는 내용들은 하나같이 이런 종류의 이데올로기들뿐이다. 그러나 그것은 라틴아메리카 대륙에서 울리는 '백조의 노래', 즉 죽음 직전에 부르는 노래 41였을 뿐이다.

서구 사회는 끝났다. 사람들은 체감하지 못할 수도 있지만, 지금 인류와 지구는 서구 사회가 만든 대형 블랙홀 속에 빨려 들어가는 중이다. 서구 사회 자체가 다양한 방향과 차원에서 위기를 맞았다. 그리고 이 위기의 해법은 서구 사회 안에 존재하지 않는다. 그런데도, 위기를 맞은 인류는 이 위기에서 탈출하기 위해 노력하지 않으면 안 되는 상황이다.

필자는 서구 사회를 움직이는 수단들에 대한 성찰을 바탕으로 이 책을 썼다. 서구가 저지른 갖가지 위기들에 대한 공개수사(公開搜査)가 이뤄져야 한다. 필자는 서구 사회를 지탱하는 인간 주체의 문제를 한쪽에 제쳐둔 채 사회 구조들의 문제만 운운하는 방식은 수사의 출발점이 될 수 없다고 생각한다.

물론, 구조에 대한 논의를 포기하겠다는 말은 아니다. 구조에 대한 논의 없이 본 주제를 다루기는 현실적으로 불가능하다. 왜냐하면 주체를 외부로 축출하는 상황과 타인들에 의한 주체의 대상화가 벌어지는 곳이 바로 "구조의 내부"이기 때문이다. 그러므로 인간 주체를 출발점으로 삼은 필자의 성찰은 서구 문

---

40) [역주] '화산춤'은 라틴아메리카 지역에서 유명한 춤의 종류이다.

41) [역주] 백조는 죽음 직전에 노래를 부른다는 속설에서 창안한 슈베르트의 가곡 '백조의 노래'를 은유로 빌렸다.

화의 뿌리이자 서구 사회에 깊숙하게 침투한 "주체와 구조"의 관계를 다루는 쪽으로 나아갈 것이다.

서구에도 역사의 뿌리들이 존재한다. 서구도 자기만의 뿌리들을 가졌다. 특히 이 책의 성찰 주체와 맞닿은 "유대교와 기독교"의 뿌리가 있고, 다른 쪽에는 "그리스와 로마"의 뿌리가 있다. 따라서 필자는 이 책의 제목을 『아브라함의 믿음과 서구의 오이디푸스』라고 정했다. 그러나 서구 사회가 이러한 뿌리들에서 자동으로 발생한 것은 아니다. 새로운 인간 주체를 구성하기 위해, 서구 사회는 이 뿌리들을 재활용하거나 여러 사회 제도 및 구조의 변환을 동반해 완전히 변형시키곤 했다.

이러한 활동의 바탕에는 '자유를 향한 유토피아'라는 목적이 있다. 이러한 유토피아는 "그리스와 로마"의 전통이 아닌 "유대교와 기독교"의 전통에서 유래했다. 유대교와 기독교 전통은 시작부터 자유와 해방을 향한 유토피아를 품었다. 본토를 떠나 명령받은 땅으로 간 아브라함의 유토피아에서 메시아의 유토피아까지, 총체적으로 갱신될 새로운 땅에 근간한 기독교의 유토피아에 이르기까지, 유토피아의 진행 과정은 그리스와 로마 전통을 수용하고 때로 영향을 받으면서 다양한 형태로 바뀌었다. 결국, 이 유토피아는 서구 사회의 기초 신화를 형성했다. 역사의 과정에서, 서구 사회는 긍정, 부정, 세속화, 소멸, 재탄생을 반복하면서 이 유토피아를 다듬어 왔다.

이러한 유토피아를 제작한 서구는 사회의 구조들을 동반해 서구의 정체성을 유토피아와 동일시했다. 이에, 주체로서의 인간은 유토피아의 소유물로 바뀌고 유토피아의 실현을 외치는 사회 구조들 속에 잠겼다. 또 서구 사회는 이 유토피아를 "파괴의 유토피아"로 바꿨다. 중세 교회와 함께 출발한 이 유토피아는 보이지 않는 손과 완전 경쟁의 자유주의 유토피아로 이동했다. 거기서 멈추지 않고, 아나키즘 유토피아나 사회주의 유토피아로 변복(變服)했으며, 구조들을 유토피아에 맞게 다지고, 인간 주체를 저마다의 유토피아 실현을 위한 도구와 수단으로 억누르는 체계를 정당화했다. 교회, 자유주의, 사회주의는 하나 같이 "완전한 사회"라는 명분으로 사회의 구조들을 "유토피아"로 가꾸려 했다. 그리고 이 "완전한 사회"라는 명분은 교회를 통한 구원, 시장 구조, 계획 경제 구조의 이름으로 인간 주체를 게걸스럽게 삼키는 걸신(乞神)이 됐다. 이 구조들은 구원, 자유, 정의를 명분으로 인간 주체들에게 자기 안에서 맹목적으로 자아실현을 추구하라고 요구한다. 이런 식으로 구조들이 인간 주체를 잠식했다.

서구 사회와 마주한 우리는 지극히 어려운 일이지만 매우 기본적인 것을 회복해야 한다. 인간의 기본 권리를 회복해야 하고, 당당하게 살 수 있을 능력을 회복해야 한다. 의식주, 제대로 된 교육, 의료 체계를 누려야 한다. 이러한 기본 권리와 능력을 광범위한 영역에 단단히 고정할 수 있는 사회, 다시 말해 인간의 본성을 파괴하지 않는 사회에서 살아야 한다. 인간에 대한 존중은 바로 거기에서 출발한다.

그러나 서구 사회는 인간의 삶에서 지극히 기본적인 요소들을 무시하면서 더 중요하다고 여기는 것을 요구한다. 그러나 그것은 결국 온 세계를 파괴하며, 서구 사회 자신도 파괴한다. 서구는 입버릇처럼 인간의 존엄성을 떠든다. 그것도 무한한 존엄성이라고 하면서 말이다. 존엄한 인간이 자기 자유를 추구하겠다면서 현실의 구체적인 타인들을 부수고 파괴한다. "그리스도를 알자. 영혼을 구원하자. 자유를 갖자. 민중이 주인 되는 세상, 공산주의 세상을 세우자." 바로 이것이 서구 사회가 지향하는 최종 목적지이다. 그리고 이 목적지를 명분으로 인간이 누려야 할 가장 기본적인 권리를 제거했다. 서구 사회의 고상한 가치들은 의식주, 교육, 의료와 같은 인간의 기본권을 매우 하찮게 여기거나 사회의 고차원 이상에 반하는 저속한 물질주의 정도로 깎아내린다. 물론, 서구 사회가 제시하는 고상한 목표들을 포기하자는 말이 아니다. 중요한 것은 추구해야 할 순서이다. 즉, 인간의 생존에 필요한 기본적이고 직접적인 것을 다지는 일이 최우선이다. 기본 조건들이 먼저 갖춰져야 서구 사회의 고차원 목표들의 추구도 가능하다. 만일 그러한 조건들이 자리 잡히지 않는다면, 목표가 아무리 고상 한들 최소한의 가치도 확보하지 못할 것이다. 42

우리의 과제는 **세계의 탈(脫)서구화**이다. 나아가 교회와 사회주의도 서구식 모양새를 벗어던져야 한다. 심지어 서구가 고안한 최악의 양식인 자본주의도 서구화에서 탈피해야 한다. 민주주의 탈서구화는 두말하면 잔소리이다. 그러나 세계는 인간 생명의 세계이어야 한다. 인간다움으로 꽉 찬 세계 안에서 모든 생명체가 생존권을 누려야 한다. 모두의 생존권에 대한 인정이야말로 서구를 극복하는 여정의 출발점이 될 것이다.

이 위대한 과제와 마주한 독자들은 사실 미약하고 힘없는 존재들일지 모른다. 이를 달성하는 데 얼마의 시간이 걸릴지도 모른다. 그러나 필자는 우리 세계의 모든 부분에서 시작된 광범위한 논의에 참여하기 위해, 모든 한계를 끌어안고 그 오랜 시간을 통과하려 한다.

---

42) [역주] 이미 안정된 물적 생존 체계를 갖춘 서구 사회와 달리, 생존에 필요한 기본권, 즉 음식, 주거, 의료, 교육이 제대로 갖춰지지 않은 곳에서, 고상한 형이상학과 인권의 신장을 떠들어봐야 무의미하다는 뜻이다. 착취와 파괴의 현실을 고스란히 떠안고 살아가는 사람들의 생활을 염두에 두지 않은 이 외침은 공허할 뿐이다. 식민주의의 후유증과 극빈, 심화한 빈부 격차에서 살아가는 라틴아메리카 사람들에게 사람다운 삶을 위한 기본 요소는 육체의 삶, 즉 물질의 삶이다.

8장•해방철학과 반⒡ 물신 숭배[43]

엔리케 두셀

『해방철학』은 라틴아메리카 해방철학자 엔리케 두셀의 주저(主著)이다. 두셀은 이 책에서 체제 물신 숭배의 문제(3장)를 짚고, 라틴아메리카를 비롯한 제3세계 주변부 국가들의 종속 문제를 비판한다. 지배와 피지배 체제 혹은 중심부와 주변부 체제를 물신(物神)처럼 숭배하는 세력에 대한 저항은 "반(反) 물신 숭배적 무신론" 운동으로 나타나야 한다. 또 그것은 인식론과 윤리학을 종합하는 실천(praxis)이어야 한다. 아울러, 독자들은 본문에서 해방철학의 구성에 주춧돌 역할을 한 성서, 레비나스, 마르크스의 영향도 확인할 수 있을 것이다. 비록 1970년대 작성된 글이지만, 본문은 디지털, 금융, 기술, 의료, 과학, 정치권력 등 강력한 상호성을 토대로 '소수 과두 체제'를 이룬 현 시대의 지배층과 그들의 물신 숭배에 맞서는 우리의 저항 능력을 키우는 데 충분한 자양분이 될 것이다.

일러두기: 발췌한 본문의 원래 위치는『해방철학』의 3장에서 네 번째 절 (3.4. Antifetichismo)이나 여기에서는 글 전개에 맞춰 장과 절을 수정했으며, 필요에 따라 각주 및 본문 구성도 변경했다. 또 원문 164~165쪽의 "실재, 본질, 실존"(readlidad, esencial y existencia)은 주제와 맞지 않다고 판단해 제외했다.

---

43) 원문 출처는 다음과 같다. Enrique Dussel, *Filosofía de la liberación,* México, Edición FCE, 2011[1977], p. 154~164, 165~168.

반反 물신 숭배에 관하여

1. 문제 제기

1. 우리는 형이상학 44의 처음과 끝이다. 만일 '아르케'(ἀρχή)가 만물의 출발점이자 만물이 유지되는 지점—토대(Grund)나 원인(Ursache)이 아닌 심연(Abgrund)—을 뜻한다면, 우리는 고고학(arqueológica)에 초점을 맞춰야 할 것이다. 여기에서 본 담론은 고고학적 목표에 이를 것이고, 물신 숭배라는 현상과 만나게 될 것이다. 특정 체제가 절대화되고, 폐쇄적으로 바뀌며, 신격화되는 것으로 나타나는 과정을 '물신화'(fetichización)라 부르자. 특정한 정치 체제(전체성)가 제국이나 국가 전체주의 형태로 숭배될 경우, 이 체제에 대한 물신화가 발생한다. 성애(性愛, eros)의 체제도 남성 우월 이데올로기에서 비롯된 남근(男根) 지배의 속임수로 이뤄질 경우, 물신화된다. 제국 이데올로기나 엘리트주의의 환상이 민중 문화의 다양성을 해체하거나 민중의 자녀들을 문화적으로 거세 45할 경우, 문화 체제의 물신화가 발생한다. 전체성이나 체제의 신격화에서 비롯된 물신 숭배가 오히려 전체성과 체제를 죽음으로 내몬다. 더불어 물신 숭배는 담론과 서사의 다양성도 죽인다.

2. 물신 숭배에 대한 반대, 즉 "반(反) 물신 숭배"는 물신 숭배에 맞서 **형이상학**을 무한 긍정하려 한다. 물신 숭배는 **형이상학**에 대한 무한 긍정을 끊임없이

---

44) [역주] 두셀이 『해방철학』에서 논하는 **형이상학**은 특정 체제에 포섭될 수 없는 고유성에 대한 강조이다. 레비나스 철학에 영향을 받은 이 용어는 자아의 의식 구조나 개념에 동화될 수 없는 타자의 타자성과 맞물린다.

45) [역주] 두셀은 철학에 시간의 문제가 아닌 공간, 즉 "지정학"의 문제를 도입한다. 『해방철학』 2장에서 그는 똑같은 5세 아동이 어느 지역에 사느냐에 따라 그 존재가 달라진다는 점을 강조한다. 피그미 땅의 아이는 짐승 사냥꾼으로, 뉴욕 땅의 아이는 금융 사냥꾼으로 자란다는 선명한 대비를 통해 존재자가 발 디딘 **공간의 문제**를 제시한다. Enrique Dussel, *Filosofía de la liberación*, *op. cit.*, p. 56.

은폐하려 한다. 그러나 반 물신 숭배는 물신 숭배의 이 은폐 전략에 대항하는 부정 개념으로 대두된다. 반 물신 숭배는 화석처럼 단단하게 굳은 체제에서의 해방을 추구할 수 있는 변증법, 즉 '전체화에서의 탈출'과 '구체적인 역사'의 변증법을 지속해 보장하는 길이다. 혁신, 생산, 해방을 향하는 실천의 조건은 신격화된 체제에 대한 무신론, 즉 "반 물신 숭배"이다.

2. 체제의 물신화 작업

1. 포르투갈어에서 유래한 '물신'(fetiche)은 본래 '만들다'라는 뜻을 가진 라틴어 '파케레'(facere)에서 파생됐다. 물신은 주술이나 푸닥거리와 관련된 용어이다. 일차적으로 '사람 손으로 제작된 것'을 가리키는 이 용어는 한 걸음 더 나아가 신적, 절대적, 경배할 가치를 가진 '물건', 매력, 두려움, 떨림, 놀람과 공포, 숭배를 낳는 '물건'을 가리킨다. 모든 체제는 자신의 물신화, 전체화, 절대화를 꾀한다.

2. 특정 정치 체제가 지정학과 경제의 중심 권력을 차지할 경우, 다시 말해 군사적 중심 권력을 차지할 경우, 그 체제는 자기 신격화에 몰두한다. 원형 경기장에서 사투를 벌여야 하는 검투사들은 싸움에 앞서 "황제 만세!"를 외쳤다. 1550년 볼리비아 포토시에서 '도밍고 데 상토 토마스'(Domingo de Santo Tomás)는 "스페인 사람들은 자신들의 유일신, 즉 '황금'에게 무수한 원주민들을 제물로 바친다."라고 기록했다. 나치 독일은 갈고리 모양의 십자가에 "신은 우리와 함께 있다"(Gott mit uns)를 새겼다. 미국의 달러화에는 "우리는 신을 믿는다"(In God we trust)는 문구가 인쇄됐다. 히브리 전통에서 돈은 곧 '맘몬'이었음을 기억하자. 더군다나 미국 달러에는 신성하고 지혜로운 눈인 '이시스'와 함께 피라미드 모양의 삼위일체, 그리고 수많은 물신 숭배의 기호들이 담겨 있다. 브라질 정부는 미 중앙정보국(CIA)이 제시한 "국가 안보"를 서구 기독교 문명권의 보호라는 명

목으로 수용했다. 관료주의를 조종하는 어떤 물질이 존재하는 셈이다. 계몽주의 시대의 돌바흐(Paul Henry d' Holbach)나 이후의 엥겔스(Friedrich Engels), 심지어 괴테(Johann Wolfgang von Goethe)도 거룩한 숭배의 감정을 느꼈던 그 물질 말이다. 물질을 전체로 보는 사고에서, 전체성으로서의 '물질'과 '관념' 사이에는 어떠한 실천적 차이도, 존재론적 차이도 없음을 기억하라. 오히려 물질과 이념의 동일성을 제시하는 논리는 거룩함의 차원에 이른다. 일단 신격화된 이상, 누가 감히 절대국가(홉스가 말한 『리바이어던』)의 위엄을 모독할 수 있단 말인가?

3. 압제당하는 사람들이 수용한 역사의 영향에 따라 성애(性愛)의 체제도 신격화될 수 있다. 남성 우월주의 이데올로기에서는 남근 우선, 아내 살해를 자행하는 가부장, 자식을 거세하는 아비의 물신화가 진행되기 때문이다. 이것은 '거룩한 매춘'과 같은 '남근 숭배' 의식이다. 그뿐만 아니라 '여성 음부의 수동성'(la pasividad vagina)과 '오이디푸스의 거세'(la castración de Edipo)를 통해 여성과 아이를 남편과 아비에게 종속시키는 '일상'의 종교에도 존재한다. 신처럼 거룩한 존재의 자리에 '소외시키는 아비'가 좌정한다. '감히 누가 여성의 이름으로 남근에게 도전할 수 있단 말인가?'라면서 말이다.

4. 이반 일리치 46가 지적한 "신성한 암소"(聖牛, vaca sagrada), 즉 교육 체제가 진리 자체, 절대 진리와 동일시될 때, 그 이데올로기는 무, 야만으로 은폐되든지, 아니면 이데올로기를 통해 해석된 이들을 지배하는 수단이 된다. "존재는 존재한다. 나는 존재한다. 비존재는 존재하지 않는다." 주변부, 압제당하는 계급, 가난한 사람들, 타자는 "존재하지 않는다." 이것이 교육 물신 숭배의 신격

---

46) [역주] 이반 일리치(Ivan Illich, 1926~2002)는 오스트리아 출신의 철학자, 신학자, 교육자이다. 다양한 학문과 언어를 섭렵했고, 젊은 시절부터 가톨릭교회의 전도유망한 인재였다. 미국의 푸에르토리코 주민들의 삶을 접한 뒤, 종래의 계획을 버리고 교육 활동에 매진한다. 그의 교육 활동은 파울루 프레이리와 더불어 라틴아메리카 해방신학에 영향을 미쳤다. 또 현대 사회에서 산업화한 교육과 의료 문제를 철저하게 비판했으며, 전문가 사회의 도래가 민중의 무지를 가중한다고 맹비난했다. 오늘날 유럽에서 그는 정치생태학과 탈성장(décroissance) 운동의 선구자로 추앙받는다. 국내에 그의 글이 다수 번역됐다.

화이다. 파르메니데스는 교육 물신 숭배의 신격화를 이끈 최초의 사제였고, 루소는 가장 위대한 유럽인이었으며, 존 듀이는 이 작업에 참여한 수습생 가운데 하나였다.

5. 오늘날 엘살바도르에서 볼 수 있듯이, 우리 사회에서 자본 물신화는 주변부 국가들을 제물로 바치는 **몰록**(Moloc)과 같다. 오늘날 이러한 자본 물신화의 참상이 가장 적나라하게 드러난 곳이 바로 라틴아메리카이다.

3. 무신론적 반 물신 숭배47

1. 물신처럼 숭배 대상이 된 체제의 신성을 부정하는 일이야말로 진정한 무신론이다. 뒤에서 확인하겠지만, 이러한 체제 부정은 '부정의 부정'48이다. 반물신 숭배는 자아 투쟁이며, 자기 진리로 회귀하려는 실천이지, 헤겔이나 니체처럼 "신 죽음!"의 문제를 제기하는 작업이 아니다. 오히려 반 물신 숭배는 "어떤 신의 죽음"인지를 묻는다. 물신의 죽음인가? 신이 된 유럽의 죽음인가? 반물신 숭배는 "신은 존재하지 않는다!"라는 선언으로 발생하는 비통함을 문제삼지 않는다. "그들은 내 백성을 집어삼키지만, 굶주린 이들에게 밥 한 그릇 주지 않는다." 모순의 극치이다.

2. 따라서 **형이상학** 관점49에서 볼 때, "모든 비판의 출발이 종교 비판"50이라는 말은 지극히 옳다. 체제 종교의 모습은 분명하다. 물신이 된 종교, 키르케고르가 지적한 것처럼 기독교 신앙이 아닌 문화로서의 중세 기독교 왕국의 종

---

47) 1993년에 출간된 필자의 다음 책을 참고하라. Enrique Dussel, *Las metáforas teológicas de Marx,* El Verbo Divino, Estella(Navarra); México, XXI siglo, 2017.

48) [역주] 부정을 강조하는 표현이다.

49) [역주] 거듭 말하지만, 두셀은 본문에서 '형이상학'이라는 용어를 외재성에 거하는 타자를 염두에 두고 사용한다. 레비나스 개념의 차용이며, 마르크스와의 만남을 통해 정치경제, 사회문화적 함의를 확보한다. 체제 외부의 사람들, 굶주리는 사람들의 시각, 즉 체제에 동화, 포섭될 수 없는 "형이상학"적 시각에서 보는 시각은 본문을 비롯해 『해방철학』 전체를 관통하는 핵심어이다.

50) [역주] 마르크스의 「헤겔 법철학 비판 서문」(1844)에 등장하는 표현이다.

교와 근대 부르주아 종교가 그에 해당한다. 자본에 대한 물신 숭배는 중심부 세계의 제단 위에 있던 잡신들을 청소했다. 위대한 계몽을 일군 권력, 민주주의를 표방하는 권력, 소비에 찌들어 비둔해진 권력은 이 자본 물신을 마치 신줏단지처럼 정성스레 모신다. 이 제단 위에 금광 노동에 강제 동원된 아메리카 원주민들, 아프리카 출신의 노예들, 식민지 아시아 출신의 노동자들이 제물로 오른다. 그럴 뿐만 아니라, 남근 권력의 불필요한 사치를 위해 성적 계약을 맺어야 했던 여성—에스테르 빌라르(Esther Vilar)의 표현에 따르면 "계약된 여성 음부"(vagi-na contractual)—과 불필요한 상품들을 강제 소비해야 할 "잠재적 시장"(mercado poten-cial)으로서의 우리 자식들도 제물로 오른다.

3. 마르크스는 다음과 같이 말한다. "본질(esencialidad)의 결여를 부정하는 형태로서의 무신론은 더 이상 무의미하다. 무신론은 신들(물신)에 대한 부정이며, 이러한 부정을 매개로 인간을 긍정"하며, 억압받는 사람들 편에 선다. 마르크스와 동일선상에서, 포이어바흐는 무신론이야말로 헤겔 부류의 신학, 물신에 찌든 신학을 폐기하는 선봉장이 되고 인간학(타인)과 결부되어야 한다고 외쳤다. 물신 숭배에 반대하는 이러한 무신론은 해방을 향한 혁명의 조건이며, 현존하는 모든 지배 체제 바깥에 있는 세계를 지지할 수 있을 전제 조건이다. 또 이 무신론은 국제통화기금(IMF)이 잡신들과 쓰레기 윤리를 동원해 받들어 모시는 자본의 신성을 부정하며 신이 된 자본을 부정하는 논리를 앵무새처럼 반복하면서 신격화하려는 시도까지 배제한다. 이러한 시각에서 볼 때, 반(反)물신 숭배야말로 **절대자**(un Absoluto)를 긍정할 수 있는 필수 조건이다. 51

---

51) [역주] 자본 절대성에 대한 부정은 자본에 환원될 수 없는 영역에 대한 긍정이다. 여기에서 두셀은 자본의 독식으로 비탄에 빠진 타자들을 염두에 둔다. 본서에서 계속 반복되는 "형이상학", "절대(타)자" 등은 동일 궤도를 그리는 용어들이다. 그 점에서, 반물신 숭배는 자본에 포섭되지 않는 외재성에 존재하는 "절대(타)자"를 긍정할 수 있는 선행 조건이다.

4. 혁명의 실천을 위해 필요한 가설

1. 프루동(Pierre-Joseph Proudhon)은『빈곤의 철학』에서 "침묵 가운데서 배운 인간의 혁명적 신비, 위대한 익명성, 즉 '신'은 내게 가설이 됐다. 다시 말해, 신은 변증법적 필연성의 단면이 됐다."라고 고백했다. 프루동의 이러한 고백은『카르멜 산을 오르며』에서 십자가의 요한(Juan de la Cruz)이 "만물의 배후에는 무(無)가 존재한다."라고 말했던 이유나 최초의 사회주의자인 바뵈프(François-Noël Babeuf)가 프랑스 혁명의 기운이 차고 넘쳤던 1794년에 "아무것도 없는 밤"에 자신이 사라졌다고 말한 이유를 설명해 준다. 체제의 무, 모든 존재 너머, 전체성 초월, 형이상학, 루트비히 비트겐슈타인이 말한 "말할 수 없는 것에 대한 침묵 유지"는 모두 비존재 혹은 비존재로 간주한 타자 취급을 받는다. "무"(無)와 "근원적 니힐리즘"[52]에 대한 개방성은 절대 자유[53]라는 형태로 그 모습을 드러내며, 현실 체제는 결코 이 자유의 조건이 되지 못한다.

2. 위대한 익명성, 즉 "신"은 요청된 존재 혹은 필요 가설이다. 만일 체제의 신격화가 이뤄진다면, 이 신격화는 절대 불변을 지향할 것이다. 그러나 체제의 신격화가 이뤄지지 않는다면, 우리는 신격화에 목매는 이 체제에 무신론으로 맞대응할 수 있을 것이다. 그러나 '신적인 것'은 '체제'와 동일시되지 않는다. 둘이 '다르다'는 점을 수긍하지 않는다면, 우리는 현실 체제와 미래 체제, 훗날 출현할 수 있는 체제 등에 숨은 '신성'을 부정하기 어려울 것이다.[54] 실천이 먼저 이뤄지고, 형이상학적 이론 작업이 그 뒤를 따르는 방식을 긍정할 필요가 있

---

52) [역주] 여기서 말하는 "무"는 앞에서 언급된 지배자의 피지배자에 대한 비존재 취급을 가리키지 않고, 자신의 모든 것을 비운 상태와 같은 절대 자유의 차원을 가리킨다. 또한 니힐리즘은 자신을 던져서 세상을 구하려는 혁명가의 시각을 가리킨다. 19세기 러시아의 "니힐리스트"에서 그 실체를 확인할 수 있다.

53) [역주] 참고로, 이 "절대 자유"를 위해 투쟁한 대표자들이 "아나키스트"이다.

54) [역주] 체제의 신격화가 "신적인 것" 혹은 "거룩한 것"과 완벽하게 동일시될 수 없다는 저자의 생각이다. 왜냐하면 후자의 경우 억압받는 타자들의 얼굴에 담긴 "신의 현현"이라는 초월적, 형이상학적 차원이 존재하기 때문이다. 그러한 점에서 해방철학의 무신론은 "신성" 자체를 삭제하려는 시도와 거리가 멀다.

다. 이러한 긍정이 물신 체제에 맞서는 혁명과 해방 운동을 실제로 가능케 할 유일한 보증이나 조건일 것이다.

3. '실천 차원에서의 무신론 긍정'의 다른 이름이 있다. 바로 "정의를 위한 투쟁"이다. 그것은 "인간을 부정하는 시류에 대한 부정"이기도 하다. 실천 관점에서 볼 때, 가난한 사람의 해방을 위한 투쟁은 체제의 불의를 가로지르는 투쟁이며, 체제가 결코 신성시될 수 없음을 주장한다. 헤르만 코헨(Hermann Cohen)은 『이성과 종교』에서 정치경제체제 내부의 예언자들은 어디에서 가난한 사람들을 만날 수 있는지 고심하며, 그곳을 출발점으로 삼아 "국가의 병리 증상을 진단"한다고 말한다. 말하자면, 타자를 발견하고, 타자를 위해 위험도 감수하는 일은 압제하는 전체성의 '비신격화'를 인식하는 일이다. 왜냐하면 신성과 전적 타자는 개념 규정에서 볼 수 있듯이 "완전한 정의"(la justicia perfecta)이어야 하기 때문이다.

4. '종교'의 진정한 '전수자들'이 있다. 첫째, 압제당하는 사람들을 위한 '책임자'로 나서는 자들이다. 둘째, 전적 타자와 마주하면서 체제 내부에서 희생되는 타자들을 위해 '인질'(rehén)을 자처하는 삶을 존재 기반으로 삼는 자들이다. 셋째, 세상에 존재하는 모든 선천적 요소에 선행하는 **형이상학적 수동성**(레비나스)을 두려움과 떨림으로 받아들이는 자들이다. 이들이 전하는 종교는 마르크스가 비판한 물신을 숭배하는 종교가 아닌, 지금보다 더 정의로운 체제에서 비롯되는 **형이상학 종교**이다. 불가피한 책임(la responsabilidad ineludible)은 죽음보다 더 강력한 힘이다. 이러한 책임은 역사에 새로움을 낳는다. 즉, 기존에 존재하지 않았던 새로움을 낳는 **형이상학적 출산**(la facundidad)이다. 미래 조국의 해방을 위해 투신한 영웅은 압제에 허덕이는 민중과 대면하고, 그들을 위한 책임감에 사로잡힌다. 어머니는 순수한 호의로 자식들의 현실적 삶을 담보해야 할 책임을 지며, 교육자는 제자와 민중에게 비판 의식을 부여해야 할 책임을 진다. 체제에

맞서는 피압제자를 위한 책임, 박해, 투옥, 고문, 가난한 사람들을 위한 책임으로 인한 암살 등, 이러한 사람들을 위한 책임은 에마뉘엘 레비나스가 썼던 것처럼 전체성(체제) 속에서 "무한의 영광"(la Gloria del Infinito)을 "증언"(testimonio)하는 일이다.

5. 무한자와 동의어인 타자에 대한 긍정이 필요하다. 타자에 대한 긍정이 모자란 순수 무신론만으로는 비판 작업에 충실할 수 없기 때문이다. 풀어 말하면, 순수 무신론은 미래의 어느 순간에 '물신화'(fetichización)로 되돌아갈 가능성이 농후하다. 거룩한 신이 모든 체제와 같지 않다는 사실이 수긍되어야만 해방을 위한 혁명도 가능할 것이다. 우리에게 신이 필요하다면, 그 신은 이집트의 모세에게 나타난 신처럼 압제당하는 이들을 해방하는 신이어야 할 것이다. 따라서 물신에 대한 무신론은 타자를 포섭할 수 없는 외재성에 대한 긍정을 통해 확립되어야 한다. 유럽, 미국, 러시아 등, 이념으로서의 일자와 재료로서의 타자 구도가 설정된 중심부 세계는 아메리카 원주민, 아프리카 사람들, 아시아 사람들과 같은 인류학적 외재성을 부정하며, 동시에 절대 외재성도 부정한다. 따라서 반물신 숭배는 '외재성 부정에 대한 부정'이다. 앵무새처럼 같은 말만 반복하면서 해방을 향한 외침을 부인하고, 해방을 외치는 이들의 길을 폐쇄하는 자들이 있다. 이 폐쇄를 돌파해야 한다. 우리가 말하는 절대 외재성에 대한 긍정이란 바로, 이 돌파 작업을 뜻하기도 한다. 절대 외재성은 프루동의 말처럼 모든 혁명에 필요한 '가설'이자 '요청'이다. 좌파가 정치 해석 작업에서 종종 곤란을 겪는 이유는 '민중의 상상계'(el imaginario popular)를 간과하기 때문이다. 그러나 절대 외재성은 민중의 상상계 속에 주어졌다. 민중에 반하는 무신론은 제아무리 좌파 딱지를 붙였다 하더라도 얼마든지 반동이 될 수 있다. 반(反)민중 무신론은 우고 아스만(Hugo Assmann) 55)이 말한 민중 속에 존재하는 "상징적 잉여 가치"(plusvalía

---

55) [역주] 브라질의 해방신학자, 교육학자이다. 특히, 자본주의의 종교성 문제에 집중했다. 동료 신학자이자 경제학자인 프란츠 힌켈라메르트와 함께 신학과 경제 분야의 고전이라 할 수 있을 『시

simbólica)를 우파에게 양도한다. 아스테카 여신에 반대하고 농민들의 상징이 된 '과달루페의 성모'(La Virgen de Guadalupe)는 스페인 정복자의 '구원 성모'(La Virgen de los Remedios)에 맞섰다. 그것은 미겔 이달고(Miguel Hidalgo)의 깃발, 1910년 에밀리아노 사파타(Emiliano Zapata)의 깃발, 캘리포니아의 세사르 차베스(César Chávez)의 깃발과 맞닿는다. 결국, 그것은 "민중을 해방하는 정치적 상상력"과 관련된다. 이러한 상상력에 대한 부정은 곧 민중의 정치적 기억에 대한 부정이다.

5. 역사적 결집에 관한 '형이상학' 이론

1. 물신 숭배에 대한 무신론은 혁명의 부정 조건이다. 반면, **외재성**은 혁명의 긍정 조건이자 규정 조건이다. 다만, 양쪽 모두 실천적이라는 점을 짚어 두자. 압제당하는 사람을 위한 책임에 사로잡힌 존재에게, 물신 부정과 **외재성** 긍정은 구체적인 행동을 통해 가시화될 것이다. 이제 해방을 위해 필요한 이론 분야의 조건들을 다뤄보자.

2. 그리스나 로마 시대와 같은 고대 시대에 물신 숭배는 비극의 범신론이었다. 이러한 형태의 물신 숭배는 체제의 신격화를 꾀했을 뿐 아니라, 갖은 도구들, 용품, 제도들을 신성시했다. 요컨대 체제 전체와 부분 모두가 신성시된다. 덧붙여, 체제 안에서는 체제의 현실 자체를 특정 사건의 완결로 여기곤 한다. 그리고 이렇게 완결된 형태를 영원히 유지하려 한다. 기원전 2세기에 마카베오 형제는 헬라 제국에 맞서 무장 혁명을 일으켰다. 마카베오 형제와 그 모친은 전적 타자가 "'무'의 상태에서 만물을 창조"했다고 표현한 최초의 인물들, 다시 말해 "무"의 거룩함을 이야기한 최초의 인물들이다. 전제 군주가 다스린 헬라 제국에서 이들은 미약한 존재들이었다. 이들은 제국의 세상과 지배 정치의 비신격화를 꾀했다. 이들은 압제당하는 계급에 속한 수배자, 가난한 사람의 상황

장 우상 숭배』(*A idolatria do mercado*)를 썼다.

에서 이러한 비신격화 작업을 긍정했다. 카르타고의 테르툴리아누스는 헤르게메노스에 반대해 로마 제국의 빈민들 가운데서의 창조를 이야기했다. 이러한 배경에서 테르툴리아누스는 만물은 "무에서"(ex nihilo) 창조된다고 외쳤다. '창조하다' 는 뜻을 가진 히브리어 동사 "바라"는 '기존의 재료 없는 상태에서의 실재를 부여함' 을 의미한다. 창조의 출처는 **타자의** 무조건적 자유이다. 또 창조는 [체제에 의해] 구축되지 못한 것에서 비롯되며, 체제와 사회 구조 외부의 존재들에서 비롯된다.

3. 창조에 관한 **형이상학** 이론이 해방하는 혁명을 보증한다. 한 마디로, 혁명을 위한 가장 완벽한 구성이라 할 수 있다. 아무리 태양이고, 지구라 떠들어도, 그 어떤 것도 어떤 체제도 영원하지 않다. 그러한 영원성은 우연히 발생하지도 않을 것이며 가능성조차 없다. 즉, 앞으로도 존재할 수 없으며, 어떤 시대에도 존재하지 않을 것이다.

4. 우주 체계의 우발성과 **형이상학적** 가능성이 사회 구조 및 제도의 우발성과 가능성을 폭넓게 보증한다. 덧붙여, 그것은 정치, 성애, 교육, 심지어 종교에 이르는 체제의 우발성과 가능성도 보증한다. 이러한 우발성은 국가나 압제 자본을 신격화하려는 의도를 돌파하려 한다. 그것은 국가나 압제 자본의 영원성을 부수며, 해방을 추구하는 변증법 운동에 자리를 잡는다.

5. 이처럼 창조는 전체와 부분에 유연성을 부여하는 **형이상학** 이론이다. [외부의 절대 자유 혹은 타자성을 뜻하는] "무"(無)는 우주, 세계, 전체성, 체제가 아니다. 지금 우리가 말하는 "무"는 거룩하다. 이러한 무와 관련된 창조론은 '물신 숭배 무신론' 을 긍정하고 보충한다. 다시 말해, 물신 자체가 피조물이며, 인간의 손으로 제작된 것에 불과하다는 사실을 폭로한다. 물신은 피조물이며, 제작된 것이다. 만물이 창조된다면, "무"는 설령 절대 외재성이 아니라고 할지라도 거룩하다 여김을 받을 것이다. 이론상으로 창조는 우주와 세계에 대한 "무

신화"(ateización)를 말한다.

6. '이와 같이' 절대자가 세계를 창조했다. 훗날 중세 체제는 이 교리를 적극 사용했다. 그리고 창조는 점차 형이상학적 비판 능력을 상실하고 물신주의 이 데올로기로 변질했다. 생생한 사유를 낳는 힘이 아니라 일종의 신화로 박제됐 다.

6. 세계(cosmos)의 윤리, 문화, 경제를 구성하는 문제에 관하여

1. 압제당하는 사람을 위해 책임을 지고 위험을 감수하는 이들에게 '무'는 저지 세력으로 작용한다. '무'는 불의하게 빵을 소유한 자들의 사적 소유, 자연 스럽게 소유했을 뿐이라고 떠드는 자들의 사적 소유, 역사의 현실과 물신 숭배 로 점철된 현실에서 신격화된 소유물 타령에 신명 난 자들의 사적 소유를 막지 않는다. 사적 소유를 가로막기는커녕, 책임과 위험을 등에 지고 굶주린 사람에 게 먹을 것을 주려는 이들의 행동을 저지한다. 압제당하는 사람에 대한 봉사, 즉 이 사람의 해방을 위해, 모든 것이 바뀔 수 있다. 이러한 체제 변화 혹은 세계 변화는 우주적 기획이다. 우리는 우주 자체를 창조적 자유와 같은 원초적 자유 로 체험한다. 이 창조적 자유는 해방하는 사람과 압제당하는 사람에게 그들이 살 수 있을 세계와 물질을 부여한다. 다시 말해, 세계와 물질은 이들의 보금자 리이다. 세계와 자연을 매개로 삼은 이러한 구성은 정치 담론에 이 세계의 경제 와 제의의 통합, 즉 문화의 통합을 이루려 한다.

2. 세계(cosmos)는 현실의 총체이며, 사물들을 결속하거나 연결한다. 또 세계 는 그 자체로 구성단위 및 '초월' 단위를 유지하고 있는 실제 사물들의 총체이 다. 이러한 세계는 첫째, 해방하는 이의 해석이나 실천의 무조건적 자유를 통 해 창조됐다. 둘째, 세계는 예배 혹은 봉사의 전당으로 등장한다. 셋째, 세계는 배고픈 사람의 굶주림을 진정시키는 물질로 등장한다. 이처럼 세계는 특정한

'윤리 규칙'을 확보한다. 이는 자유를 동반하며, 타자에 대한 봉사에 활용되기 위한 절대 자유에서 비롯된다. 알 파라비(Al Farabi), 마이모니데스, 둔스 스코투스는 '셈족의 비판 전통'을 사유한다. 또 이들과 유사하게 마르크스는 정치경제학에서 "잉여가치"를 "창조적 샘"(schöpferische Quelle) 56, 살아있는 노동, "비존재", "자본의 무"(어떤 기본급도 받지 못하므로)에서 결정된다고 말한다. 57

3. 이제 인간은 그리스인, 로마인, 이집트인, 아스테카인, 잉카인, 인도인, 중국인이 행했던 세계나 자연에 대한 숭배를 따르지 않는다. 이제 인간은 세계를 예배와 제사의 매개체로 활용한다. 특정 창조자가 존재하는 한, 세계는 윤리 규칙을 갖는다. 또한 정의로운 노동이 존재하는 한, 세계는 제의와 문화의 규칙을 갖는다. **자유로운 실천의 형이상학**은 이 세계에서 구체적인 역사의 방식과 물신 숭배를 벗어난 방식대로 산다. 필자는 **물질**(Materia)을 마치 영원한 신으로 여겨(괴테나 엥겔스의 순진한 유물론) 그 앞에 부복할 생각이 없다. 오히려 필자는 물질을 단순 매개체로 사용할 뿐이다.

7. 비판 유물론과 경제로서의 봉사

1. 체제가 닫힌 체제로 전체화될 때, 우리는 모든 것이 물신으로 변하는 상태를 마주하게 될 것이다. 타자와 가난한 사람의 편에서 제기하는 문제만이 기성 질서와 지배자의 양심을 부순다. 압제당하는 사람의 해석, 가난한 사람의 항의가 바로 **절대자** 계시의 현현(顯現)이다. '계시한다.'라는 말은 해방을 실천하자는 호출 용어이다. 다시 말해, 물질을 매개체로 삼아 피압제자도 살 수 있는 세계를 만드는 실천을 위한 호출이다. 그렇게 '전체성'이 아닌 '외재성'에 '호소'

---

56) [역주] 본서 원문에는 독일어 철자 표기를 'schaefferisch'로 했다. 이는 분명 철자 표기 오류이다. '창조적' 혹은 '독창적'이라는 의미의 독일어 형용사는 'schöpferischschöpferisch'이다.

57) 이 주제와 관련해 『해방철학』 출간 이후에 멕시코의 21세기 출판사에서 출간된 필자의 다음 저서들도 확인하라. Enrique Dussel, *La producción teórica de Marx*(1985); *Hacia un Marx desconocido*(1988); *El último Marx*(1990).

하는 일이 바로 우리가 사용하는 '계시'의 참뜻이다.

2. 순수 유물론, 우주론 유물론이나 무비판 유물론에서는 만물을 물질로 주장한다. 어떤 것이 무한한 질량, 거대한 암석으로 존재하는 이 신비로운 현실에 대한 이해는 오로지 물질을 통해서만 가능하다. 엥겔스가 『자연변증법』에서 말한 것처럼, 만물이 물질이고 인간은 그것의 부대현상(附帶現象)에 지나지 않는다면, 그리고 물질이 무한(이것은 용어상의 모순이다)하다면, 물질이 영원하다면(즉, 원리나 종말 없이 "시종일관" 지속된다면), 물질이 생명, 지성, 아름다움 등을 지닌다면, 잠재성이나 행동 면에서 그것은 이제 물질이 신성—자신에게 귀속될 수 있는 여러 속사를 지닌—을 의미한다고 말할 것이다. '현실적인 것'은 물질의 근원적 동일성에서 비롯되며, 차이를 통과한다. 만물은 물질 내에 있다. 거기에는 자유도 없고, 책임도 없다. 이러한 유물론에서 지존의 자리에서 군림하는 것은 '규정'과 '필연성'이다. 만물이 신성시되며, 그와 동시에 압제 제국, 거세하는 남성 우월주의, 아이 살해를 자행하는 교육학도 신성시된다. 감히 누가 물질의 영원한 지혜에 반기를 들 수 있는가? 역설적으로, 물신화는 순수 유물론을 끝장내며, 마치 다른 형태의 범신론이나 관념론처럼 행동한다.

3. 반대로, 진정한 유물론 혹은 비판 유물론은 자연을 노동의 '재료'로 삼는다. 우리는 비판 유물론을 진정한 무신론 혹은 근본 무신론과 쌍을 이룬다고 생각한다. 현실에 필요한 체제를 넘어서 타자 자체가 필요로 하는 것이 "사물과 함께" 제조되는 한, 인공물이 그 물질이나 재료와 함께 제조되는 한, 사물들은 중요하다. 무의미한 것을 다루는 유물론이 아닌 "의미 부여된 것"을 다루는 유물론, 이러한 유물론의 가능성, 타자에 대한 봉사와 관계된 매개물은 앞에서[58] 우주의 문화 규칙 혹은 경제 규칙에 해당하는 부분에 정확하게 맞물린다.

4. 헤겔 사상에서 최고의 예배는 절대 종교의 완전한 행위에 종속됐다. 절대

---

58) [역주] 앞의 "세계(cosmos)의 윤리, 문화, 경제를 구성하는 문제에 관하여"의 세 번째를 참고하라.

종교에 대한 예배에도 나름의 "확신"이 있다. 여기에서 말하는 "확신"은 절대 국가의 주체가 자신의 신앙생활을 통해 확보한 것이다. 이를테면, 인식론적 표상이 곧 절대 '이념'이라는 말에 대한 "확신" 같은 것 말이다. 헤겔의 이 표현을 우리 식으로 바꾸면, 신 존재에 대한 "확신" 정도일 것이다. 이러한 물질의 출현에 대한 확신은 관료주의의 구성원을 유지하는 역할을 하거나 기독교의 문명을 옹호하는 북미 정부를 뒷받침하는 역할을 한다. 파시즘을 속에 담은 이런 종류의 "확신"은 해방 투쟁의 영웅들을 암살하는 것으로 그 예배 의식을 거행한다.

5. 반대로, 타자에 대한 절대 예배인 '경제'는 타자에게 노동 재료를 주는 정의의 또 다른 이름이다. 히브리어의 '봉사하다'(habodáh)는 압제당하는 사람을 '해방하다'는 의미와 거룩한 제사를 '올리다'는 의미를 동시에 포함한다. 정의로운 경제란 인간 노동 생산물들의 결합이자 지배자 없는 인간 간의 균등 분배를 말한다. 즉, 이 경제야말로 무한자에 대한 예배요 제사다. 이방 형제, 가난한 사람, 보호받지 못하고 방치된 여성과 과부, 노숙인, 고아에게 먹을 것을 '주는' 일이 바로 절대자에 대한 예배이기 때문이다.

6. 우리가 노동 생산물을 타자에게 제공한다면, 진정한 유물론이 이 세계를 가꾸고 경작하게 될 것이다. 이를 '문화 유물론'이라 부르자. 필자가 볼 때, 이러한 문화 유물론은 더 이상 이신론과 싸울 이유가 없다. 이신론의 신은 인간의 공덕을 행복으로 보상하는 "지존"(따라서 "이 세상"에서 불행한)이다. 또 칸트가 『실천 이성 비판』에서 요청한 "최고 선"의 역사적 의미나 다름없는 이신론의 신은 자본주의 사회의 노동자처럼 소외됐다. 절대자는 지배 이데올로기를 정당화하는 "존재"(이신론)가 아니다. 우리는 포이어바흐의 이성을 무기 삼아 그러한 신을 부수고, 파괴해야 한다. 자신의 해방을 압제당하는 사람, 가난한 사람, 민중을 해방하는 원동력으로 삼는 절대자는 이신론에 반(反)하는 신이다. 덧붙여, 그 신은 라틴아메리카 민중의 상상력에서 솟아난 신화의 신이다.

8. 잔치

1. 여기서 우리는 니체가 말했던 "놀이하는 인간"(homo ludens)나 그와 관련된 주석들에 대해 언급하지 않을 것이다. 포도주가 넘치는 잔치나 술에 취해 비틀대는 '디오니소스의 잔치'나 '박쿠스의 잔치'가 초점이 아니기 때문이다. 필자가 부각하려는 잔치는 압제당하는 이들의 잔치, '여유'(otium)를 누리고 '휴식'(σχολή)을 취하는 잔치이다. 이러한 잔치는 니체의 방식과 전혀 다르다.

2. 해방 자체가 **타자**에 대한 예배와 봉사이다. 해방을 통해 얻는 환희와 기쁨이 바로 **타자**의 잔치이다. 프란츠 로젠츠바이크(Franz Rosenzweig)의 말처럼, 해방된 민중만이 해방의 시간을 축하하고 기억한다. 타인을 정복한 압제자의 축하 연회를 결코 잔치라 부를 수 없다.

3. 노래하고, 춤추고, 달리고, 뛰고, 기쁨을 맘껏 발산하는 민중의 해방 잔치는 압제의 사슬을 풀고 옥에서 나와 벌이는 잔치와 같다. 즉, 조국을 새롭게 다진 자매와 형제의 정치적 잔치, 서로에 대한 불같은 사랑과 아낌없는 섬김을 통해 성적 전희를 느끼는 부부나 연인의 사랑의 잔치, 저항하는 청년의 교육적 잔치이다. 억압 없이 출입이 자유로운 세계와 지금보다 정의롭고 인간다운 세계와 접촉할 때라야 우리는 이러한 잔치를 맘껏 즐길 수 있을 것이다. 1979년 7월 19일 니카라과의 '산디니스타 민족해방전선'(FSLN, Frente Sandinista de Liberación Nacional)의 지도로 즐겼던 축하 잔치는 말 그대로 해방의 잔치였다.

4. 우우리가 중요하게 여기는 잔치는 일요일 휴식과 같은 형태가 아니다. 주중 노동에서 하루를 괄호 치는 식의 휴식을 해방의 잔치라고 할 수 없다. 책임도 없고, 정의도 없이 이 땅에서 천국을 살자고 떠드는 무의미한 낱말 놀이도 해방의 잔치와 무관하다. 이러한 괄호 치기(Einklammerung) 놀이는 현상적이다. 서커스 같은 놀이이며, 앞에서는 타인을 기쁘게 하고 뒤에서는 고독과 불안의 가면을 쓰고 눈물을 훔치는 광대놀이와 같다. 이는 지금 지배를 받고 있는 이들의 잔치

풍경이다. 이들은 일상생활의 망각을 원한다. 설령 몇몇 구간에서 승리한 것처럼 보이더라도, 그러한 것들이 허구에 지나지 않으며, 물신에 불과하다는 사실을 알기 때문이다.

5. 최고의 예배, 최고의 봉사, 최고의 섬김, 즉 해방의 실천이 최고의 기쁨과 환희를 선사한다. 민중 해방의 잔칫날은 한도 끝도 없는 기쁨의 날이다. 그 어떤 것과도 바꿀 수 없는 날이다. 차원이 전혀 다른 기쁨으로 충만한 잔칫날이요, 우리의 삶이 계속 이어지리라는 희망의 날이다. 이러한 잔치에는 절대자에 대한 기쁨과 환희가 가득하다.

9장•마르크스의 성서 은유[59]

우고 아스만

저자 우고 아스만은 라틴아메리카 해방신학 초기부터 신학과 경제의 문제를 연구했다. 그는 브라질을 비롯한 라틴아메리카 대륙의 심각한 빈부 격차와 가난 문제를 신학 윤리에 국한하지 않고 현실 경제 구조와 이 구조를 정당화하는 경제 이론에 대한 비판을 단행한다. 그 결과물로 오랜 벗이자 동지인 프란츠 힌켈라메르트와 함께 『시장 우상 숭배: 경제와 신학에 관하여』(1989)를 출간한다. 이 책은 엔리케 두셀, 성정모와 같은 관련 분야의 동료 연구자들에게 큰 영향을 줬을 뿐 아니라 경제 내부에서 작동하는 신학 구조, 경제 체제를 정당화하는 경제(신)학 이론에 대한 포괄적 비판을 수행했다. 신학은 타 학문과의 지속적인 대화를 추구해 왔다. 그러나 경제와의 대화는 크게 드러나지 않았다. 설령 대화를 추진해도 "경제 윤리"라는 항목으로 일정한 선을 긋는 식이었다. 기독교 경제 윤리는 주어진 경제 환경에서 어떻게 행동할 것인가를 이야기할 뿐, 경제의 틀 자체를 문제 삼지 않는다. 그렇게 되면, "적응"의 문제만 남을 뿐, 체제라는 전체 집합을 문제 삼기 어렵다. 아스만은 이러한 문제의식을 바탕에 깔고 마르크스의 시선을 빌어 자본주의에 뿌리내린 우상 숭배의 문제를 분석한다. 마르크스 이론에 대한 동조와 반대를 넘어서, 자본 패권에 짓밟힌 인간다움의 문제를 고민하는 사람들이라면 숙고해 볼 만한 글이다.

---

59) 원문은 강연 원고였으며, 출처는 다음과 같다. Hugo Assmann, "O uso de símbolos bíblicos de Marx", in Hugo Assmann e Franz Hinkelammert, *A idolatria do mercado. Ensaio sobre economia e teologia,* São Paulo(Brasil), Editora Vozes, 1989, p. 388-412.

1. 서론

본 강연의 주제는 학문 활동 초창기부터 이어진 제 관심사와 깊이 관련돼 있습니다. 상당히 광범위한 주제입니다만, 몇 가지 주안점을 설정해 다루도록 하겠습니다. 저는 해당 주제에 관한 단순 정보 수집이나 정교한 학문 논리 제작에 큰 관심을 두지 않습니다. 현시대의 기독교, 특히 라틴아메리카 기독교 현장에서 순간마다 접하고 마주하는 현실을 연구하기 위해, 그리고 현 세계가 넘어야 할 장애물에 관한 연구를 위해, 몇 가지 필수 요소를 선별해야 한다고 생각했을 뿐입니다. 주제의 핵심을 요약하면, "생명의 하나님에 대한 신앙은 죽이는 물신과 우상에 맞선 투쟁의 장으로 우리를 초대한다."입니다. 저는 이 명제를 바탕으로 "해방신학"이라 불리는 영성 운동의 핵심부에 접근해 보려 합니다.

지금 우리는 거대한 우상을 생산하는 시대, 바야흐로 '우상 숭배의 시대'를 살고 있습니다. 이미 기독교 교회를 점령한 신보수주의 사고는 억압 체제를 추종하는 '시간증 우상'(ídolos necrófilos)과 '문화 흡혈귀'(sanguinários cultuados)를 합리화하는 중이지요. 우리는 이 문제를 보다 광범위한 상황에서 분석할 필요가 있습니다. 우리가 새로운 종교적 관심을 바탕으로 죽음의 힘에 서린 깊은 의미를 탐구한다면, 우리 현실에서 실제로 벌어지는 일들의 정체를 꿰뚫어 볼 수 있을 겁니다. 현재 초국적 기업의 탈을 쓰고 자행되는 "국가 안보"의 문제를 봅시다. 신학의 눈으로 이 문제를 본다면, 다음과 같은 평가가 가능할 겁니다. 작금의 "국가 안보"는 세계의 소수 압제자는 교회에서 외치던 교훈과 "똑같은 방식으로 교훈"을 모방하고, 마치 교회가 진리를 선포하듯 그들만의 진리를 선포합니다. 교회는 시대를 향한 진정성과 진실을 잃었고, 그 자리를 압제자들의 진정성과 진실이 차지했습니다.

레이건 정부는 "종교민주주의연구소" 산하에 종교자문위원회를 배치했습니다. 오늘날 "북미기업연구소"는 「이 세상」(This World)과 같은 자체 발간지 및 다양한 소책자를 출간합니다. 이 연구소 안에도 신학분과위원회가 활발하게 활동합니다. 세계를 단일 시장으로 싹쓸이하려는 "전체 시장"에 "신학적 정당성"을 부여하는 작업이 지금도 진행 중입니다. 이러한 "시장 신학화" 작업이 경제 이론의 주된 요소를 이룹니다. 사람을 죽이는 우상들이 생명을 약속합니다. 기만과 사기이지요. 그렇지만 이 논리에 복무하는 신학이 우상을 생명의 신으로 재가공합니다. 따라서 '생명에 대한 긍정'과 '죽음의 권력에 맞서는 싸움'이 현시대 신학 논쟁과 사목/목회 현장에서의 선택을 좌우하는 문제가 됐다고 할 수 있습니다. 지금 시대에 "반(反)우상 숭배"는 "전복"(顚覆)과 동의어입니다.

이 문제에 관해 마르크스와 마르크스주의자들은 우리에게 무엇을 말할까요? 저는 적어도 종교 비판에 관해서만큼은 이들의 지적이 유의미하다고 생각합니다. 마르크스는 종교 비판을 단행하면서 인간의 희생을 계속 요구하는 우상들에 맞서 어떻게 싸웠을까요? 그를 계승한 마르크스주의자들은 압제 종교에 대한 싸움을 감행하면서 어떤 부분을 강조했을까요?

저는 이 부분에 초점을 맞추겠습니다. 물론, 이 강연의 제목처럼 제 주제는 포괄적인 주제가 아니라 선별된 주제라는 점도 간과하지 않겠습니다. 지금 이 분야를 전문적으로 연구하는 신학자나 경제학자가 많지 않습니다. 저는 1970년대 초반부터 지금까지 이 문제를 연구했고, 그 결과물로 '마르크스와 마르크스주의 시각으로 본 종교 비판'에 관련된 책을 겁도 없이 두 권이나 출간했습니다. 연구서를 발간하는 과정에서 스페인 출신의 제 친구인 레이예스 마테(Reyes Mate)의 도움이 컸습니다. 중구난방으로 진행되던 제 연구에 체계적인 틀을 마련해 준 사람이 그였으니까요. 저는 단순한 분파주의에 맞설 수 있는 여러 자료를 수집하고, 정리했습니다. 방금 단순한 분파주의라고 이야기했는데요. 이 분파주의에는 우파, 좌파가 따로 없더군요. 묘하게 둘이 일치하는 현상도 봤습니다. 쉽게 말해, 우파의 대표인 기독교 전통주의와 좌파의 극단주의가 내용만 다를 뿐 형식과 사고 구조가 거의 일치하는 모습을 봤습니다. 그러한 사고 형식에 내용물만 달리하면 똑같은 이야기가 나올 것 같더군요. 좌파 진영에서는 마르크스와 마르크스주의가 종교에서 확인한 내용을 "소외"와 "이데올로기" 문제로 제한합니다. 마르크스의 유명한 정식인 "종교는 민중의 아편(opio do povo)이다"라든지 레닌주의가 표방한 "종교는 민중을 위한 아편(opio para o povo)이다"와 같은 구호밖에 없는 형편입니다. 60

그러나 종교 비판의 문제는 복잡합니다. 그리고 현 상황에서는 더 세밀하고 깊은 독서를 거쳐 이 비판을 수행해야 합니다. 저는 바로 이 점을 이야기하려 하며, 제가 출간한 책도 그러한 의도를 담았습니다. 복잡해진 상황은 더 깊은 독서를 요구합니다. 종교 비판 문제에 대한 탐구는 유용합니다만, 여전히 걸음마 단계를 벗어나지 못했습니다. 분발이 필요합니다. 종교 비판과 관련해, 저는 '우선성'과 '특수성'을 일치시켜야 한다고 봅니다. 쉽게 말해, 마르크스와 마르크스주의 종교 비판의 규정 요소는 "반 우상 숭배"(antiidolatria)입니다.

본 주제에 대한 포괄적인 시야를 확보하기 위해, 저는 그동안 인용했던 책들을 참고하겠습니다. 연구를 진행하면서 한 가지 조심해야 할 부분이 있어 미리 말씀드립니다. 저는 연구를 통해 마르크스주의와 기독교의 손쉬운 화해가 가능하다고 단정 짓지 않겠습니다. 또 화해할 수 있는 지점을 쉽게 발견할 수 있다고 단언하지도 않겠습니다. 오히려 마르크스, 엥겔스, 레닌 등의 사유에 담긴 한계들에 대한 지속적 대립과 비판의 지점을 빠뜨리지 않아야 함을 강조합니다. 이러한 대항과 비판의 지속성이 정통 마르크스주의와 마찰을 피할 수 없을 때, "유화책"을 채택하는 자들의 선한 의지는 결단코 답이 되지 않습니다. 이 점을 미리 짚어둡니다.

---

60) [역주] 종교 비판에 대한 정밀한 분석 없이 마르크스와 레닌의 공식만 앵무새처럼 읊어대는 "좌파 문자주의자"들(혹은 교조주의자들)에 대한 지적이다. 기독교 근본주의자의 성서 문자주의 독해를 연상케 하는 대목이다.

2. 주요 참고문헌

인용의 편리를 위해 아래 약어를 사용합니다.

MEW : *Marx-Engels Werke*, Berlin, Dietz Verlag, 총 43권.

Gr : *K. Marx, Grundrisse der Kritik der politischen Ökonomie*, Frankfurt, Europäische Verlagsanstalt.

OF : C. Marx-F. Engels, *Obras Fundamentales*, t. I. México, Fondo de Cultura Económica, 1982(현재까지 부분적으로 간행되었으나, 전체적으로 미간행 원고로 남아있는 청년기 마르크스의 글 모음집).

R/1 : Hugo Assmann-Reyes Mate, *Marx y Engels sobre la Religión*, Salamanca, Ed. Sígueme, 1974, 2aed.,1979(457p.).

R/2 : Hugo Assmann-Reyes Mate, *Sobre la Religión II* (Jaurès, Lênin, Gramsci, Mao, etc.), Salamanca, Ed. Sígueme, 1975(675p.).

Dussel/1 : Enrique Dussel, "O ateísmo dos profetas e de Marx", em : Idem, *Para uma ética da libertação latinoamericana*, vol. V : Uma filosofia da religião antifetichista. Ed. Loyola/Editoria UNIMEP, 1983, p. 148-163.

Dussel/2 : Enrique Dussel, "El fetichismo en los escritos du juventud de Marx", em : Idem, *Praxis latinoamericana y filosofía de la liberación*, Bogotá, Editorial Nueva América, 1983, p. 185-191.

Lima Vaz : Henrique C. de Lima Vaz, "Marx e o Cristianismo", em Leandro Konder e outros(org.), *Por que Marx?*, Ed. Graal, 1983, p. 133-146.

Hinkelammert : Franz Hinkelammert, *As armas ideológicas da morte*, Ed. Paulinas, 1983. 같은 저자의 다음 책도 참고하십시오. *Crítica a la razón utópica*, DEI [Costa Rica], 1984. 이 책에서 힌켈라메르트는 정치적 신보수주의, 경제적 신자유주의, 아나키즘 사상, 소비에트 사상을 통해 현존하는 여러 신학 사조를 폭로하고, 해방신학의 특수한 성격을 조명합니다.

이 논문의 주제와 맞물리는 중요 저서로 아래 책을 참고하십시오.

P. Richard, F. Hinkelammert, H. Assmann e outros, *A luta dos deuses. Os ídolos da opressão e a busca do Deus Libertador*, Ed. Paulinas, 1982.

3. 포괄적 주제 분석에 필요한 몇 가지 단서

우리는 마르크스의 종교 비판을 종교에 비판의 칼을 마구 들이댄 몇몇 구절로 축소할 수 없습니다. 그의 종교 비판은 단계를 거치며 발전합니다. 그러나 마지막 순간까지 비판의 급진성은 사라지지 않았습니다. 우리는 여러 방면에서 역사와 결합하는 비판이 중요하다고 강조합니다. 즉, 우리는 마르크스의 종교 비판, 특히 당대 유럽 기독교 비판을 역사의 맥락에서 봐야 합니다. 그렇다고 마르크스가 종교의 핵심부를 타격했다는 사실을 축소할 수는 없습니다. 청년기 마르크스의 저작에는 "소외" 개념을 매개로 한 종교에 대한 철학 비판이 우세합니다. 이 시기는 특별한 창조성이 발휘되지 않았습니다. 쉽게 말해, 마르크스의 논의는 당시 저명했던 청년 헤겔 좌파 논의의 재탕입니다. 종교 비판 2기에 이르면, 마르크스는 기존의 태도를 상당 부분 벗어 던집니다. 물론 여전히 철학적 시각을 유지하지만, 이 시기의 종교 비판에는 정치적 시각이 드러납니다. 철학 단계의 마르크스는 종교의 본질 측면을 겨냥하면서 비판의 항목이나 결론을 도출했습니다. 포이어바흐가 단행한 종교 비판에 독창성을 덧붙였지만, 여전히 그의 비판을 답습하는 단계였지요. 그러나 정치적 비판에 이르러 마르크스의 종교 비판은 진일보합니다. 종교 비판 3기에 이르면, 마르크스는 기존의 철학, 정치 비판을 지속하면서 경제 비판에 강세를 두기 시작합니다. 자본주의 경제의 신비적 차원이나 이 경제의 "종교적" 아우라를 분석합니다. 바로 "물신 숭배" 문제이지요.

요컨대 교회, 기독교, 마술 종교에 대한 비판을 다양한 측면에서 수행한 마르크스는 기존의 비판을 반복했습니다. 민중의 의식에 대한 통제와 교권의 책임에 관한 문제에 있어, 마르크스의 종교 비판은 아직 정밀 타격 수준은 아닙니다. 불충분한 무기이지요. 그렇지만 많은 그리스도인과 신학자들이 이론과 실천 분야에서 마르크스의 종교 비판에 공감했습니다. 그러나 그리스도인들이 공유하겠다는 마르크스의 핵심 비판을 넘어서서, 실제로 마르크스는 자신의 모든 비판을 일종의 "종교 비판"으로 이해했습니다. 저는 이 점을 강조하고 싶습니다. 마르크스의 이러한 의지는 단순한 종교 현상에 대한 비판이 아닌, 종교의 본질에 대한 비판과 직결되기 때문입니다. 마르크스에 따르면, 우애와 투명성을 갖춘 인간과 인간의 상호 관계가 구축되고 새 세상이 도래하면, 종교를 뒷받침해 온 물적 토대가 소멸하고 종교 자체도 사라집니다. 이 예언은 지금도 실현되지 않았습니다. 정통 마르크스주의자들이 입버릇처럼 반복하는 "자유의 나라", 즉 공산 사회의 물적 토대가 아직 무르익지 않았기 때문입니다. 이 상황에서 마르크스의 이론을 평가해 봐야 합니다. 과연 마르크스의 이론에 비일관성은 없는지, 논리적 논증에 문제는 없는지 점검해야 합니다. 사실, '마르크스가 일관성이 없었다. 그는 논리적 논증에 대해 무관심하다'라는 식의 근거 제시는 별로 어렵지 않습니다. 철학과 정치 분야에서 "반(反)포이어바흐주의자"를 표방한 마르크스는 역설적으로 포이어바흐의 도식에 걸렸기 때문입니다. 또 헤겔을 날카롭게 비판하면서 헤겔의 변증법을 물구나무 세운 마르크스는 신과 종교에 관한 헤겔의 시각과 단절될 수 없었습니다. [61]

의식 차원에서 보면, 마르크스는 분명 확고한 무신론자였고 미래 종교의 소멸을 외친 강성 비판가였습니다. 그러나 저는 이론 차원의 마르크스와 실천 차원의 마르크스의 변증법적 결합의 논리 연관성을 포기합니다. 다시 말해, 이론 차원의 마르크스를 어떻게든 "기독교화"하려는 기획을 의심합니다만, 실천 차원의 마르크스가 기독교의 근본적이고 심오한 요구들과 연관된 사회 변혁의 시각을 지속해 옹호하려 한 점을 존중합니다. 이러한 관점에서, 저는 참고문헌으로 제시된 호세 포르피리오 미란다의 주장에 크게 동의하지 않습니다. [62] 저는 오히려 다른 곳에서 근본적인 질문을 찾으려 합니다. 확고한 무신론자인 마르

---

61) Lima Vaz, 139s; R/1, 서론.

62) José Porfirio Miranda, *El cristianismo de Marx*, México, 1978.

크스는 미래에 종교가 소멸하리라 예상했습니다. 이 말은 상당히 도발적이지요. 그렇지만, 마르크스의 이 도발은 토론장마저 폐쇄하고 말았습니다. 사실, 미래 시대의 종교 소멸이라는 그의 도발은 이론 차원의 토론으로 해결될 문제가 아닙니다. 토론에서 이론으로 우위를 점하는 일이 오히려 교란 작전의 재현으로 이어질 수 있기 때문입니다. 결국 마르크스의 도발에 담긴 진의와 그에 따른 실천의 의미에서 계속 어긋날 가능성이 높습니다. 따라서 저는 10년 전에 쓴 글의 마지막 문장 한 단락을 여기에 다시 인용하려 합니다.

"마르크스의 종교 비판은 모든 비판의 핵심이다. 그 비판은 급진적이면서 근본적이다. 왜냐하면 종교가 아닌 혁명을 쟁점으로 삼았고, 현상적 사건에 대한 공격이 아닌 독점적 유일성을 가진 전제들에 대한 공격이기 때문이다. 따라서 그 비판이 기독교적이지 않다고 하여 반기독교적이라고 쏘아댈 이유가 없다. 인간 해방의 미래는 그 자체로 종교적 사태의 중요성에 대해 혹은 그 진부함에 대해 말한다. 지금 중요한 일은 압제의 전제들에 대한 거부이다. 다시 말해, 세 가지 주요 비판(교회, 기독교, 마술 종교에 대한 비판)과 압제의 전제들을 박멸하고, 그것에 참여할 수 있는 것을 수용하고, 미래가 개인의 신념에 기초한 확신이 아닌 정의에 이르는 길인지를 확인하는 작업을 포함해야 한다." [63]

엥겔스, 특히 마르크스 사후인 1883년의 엥겔스, 『자연변증법』시기의 엥겔스는 또 다른 복잡한 주제입니다. 많은 사람이 "초기 기독교"를 "노예의 종교"로 본 엥겔스의 목가적 관점에 열광합니다. [64] 자연법칙들에 투영되고 범신론을 규탄하는 엥겔스의 "변증법 유물론"을 구하는 일은 난감하고 어려운 일입니

---

63) Hugo Assmann, R/1, p. 37.

64) Ibid.

다. 그렇지만 레닌을 포함한 정통마르크스주의자들의 사상에 엥겔스는 지대한 영향을 미쳤습니다. 저는 이를 사상의 패권으로 봅니다. 그러나 정작 엥겔스 본인은 어떤 형태로든 전투적 무신론(ateismo militante)을 선호하지도 않았고, 강조하지도 않았습니다. 이 부분을 중요하게 봐야 한다고 생각합니다. 엥겔스와 마찬가지로, 마르크스도 전투적 무신론을 명목으로 반종교적 공세를 펴는 시위와 선동 선전에 우려를 표했습니다.

보다 이전 시기로 올라가 보죠. 「헤겔 법철학 비판 서문」을 출간한 1844년의 마르크스는 아직 포이어바흐에 대한 비판이 무르익지 않았습니다. 그는 이 글에 종교는 "민중의 아편"이라는 유명한 문구를 남겼지요. 사실, 이 문구는 종교 비판이 이뤄지는 곳에는 약방의 감초처럼 등장합니다. 저는 이 문구가 마르크스의 초기 저작에 있었다는 점을 중요하게 봅니다. 왜냐하면 다른 사상가들도 비슷하게 이야기한 "민중의 아편"으로서의 종교 문제를 마르크스가 여러 저작을 통해 더욱 풍성하게 이야기했음에도, 정작 연구자들은 앵무새처럼 "종교는 민중의 아편이다. 종교는 민중의 아편이다"만 반복하기 때문입니다. 마르크스는 "독일에서 종교 비판은 사실상 끝났다. 종교 비판이 모든 비판의 조건이다."라는 충격적인 문장으로 논의를 시작합니다. 이어지는 문단에서 그는 포이어바흐의 성찰을 되새기면서 내용을 반복합니다. 마르크스의 생애를 두고 볼 때, 이미 이 시기에 사상의 다차원성이 존재했음을 이야기할 수 있습니다. 그의 유명한 문구에 대한 주석을 인용해 보겠습니다.

"'종교'의 비참함에는 현실의 비참함에 대한 '표현'이 담겼다. 또 거기에는 현실의 비참함에 맞서는 '항의'의 목소리도 담겼다. 종교는 곤경에 빠진 피조물의 한숨이며, 심장 없는 세계의 심장, 정신이 사라진 상태에 대한 정신이다. 그러나 작금의 종교는 민중의 '아편'이다.

종교는 민중의 착각을 먹고 자라며, 행복하다는 느낌에 불과하다. 이 '종교'를 '부정'하는 일이야말로 참된 행복을 위해 꼭 필요하다. 자기 상황에 대한 망상을 부수라는 요구는 망상을 갈구하는 상태 그 자체를 타파하라는 요구와 같다. 따라서 종교 비판은 거룩한 빛을 차려입은 종교에 대한 비판이며, 이 종교를 사실상 먹고 입히는 소재인 '눈물 골짜기'에 대한 비판이다." 65

마르크스에게 호의적인 글이 빈번하게 간과하거나 은폐하는 해석의 요소들을 굳이 끌어들이지 않더라도, 마르크스의 성숙기 문서(경제 문서) 66중에는 현실 억압의 분석에 관련된 기초 범주 및 인간학 범주를 결여한 문서들이 있습니다. 종교가 민중의 아편이라는 공식이 꾸준히 영향을 미쳤다고 하여, 성숙기의 마르크스도 과학적 사회주의 이전의 수사법에게 지배와 평가를 받는다고 말할 수 있습니까? 만일 그렇다고 답한다면, 그것은 종교 비판과 관련해 충분한 논의가 되지 못할 겁니다. 저는 이 문제를 굳이 감출 생각이 없습니다. 글이란 소통 구조이면서, 동시에 환상을 만드는 힘이지요. 우리 그리스도인들이 사목/목회 활동과 정치 활동에 필요한 영감을 얻기 위해 글을 읽고 연구해야 하는 이유가 바로 그 때문입니다.

저는 마르크스 종교 비판의 본질을 성숙기 저작에서 찾으려 합니다. 특히 그가 금융 자본이나 이윤 자본의 문제를 다루면서 탐색했고 "물신 숭배 이론의 최고봉"이라 할 수 있을 상품, 화폐, 자본의 "물신 숭배론" 문제야말로 마르크스 종교 비판의 절정이라 할 수 있습니다. 경제학자이자 정치학자인 마르크스는

---

65) Ibid., p. 94.

66) [역주] 알튀세르가 구분한 '청년기 마르크스'와 '성숙기 마르크스' 도식을 적용하면, 전자에 해당하는 문서라고 말할 수 있다. 알튀세르의 도식에 관해, 당시 프랑스 공산당에 만연한 '마르크스 토템주의'를 비판하고 마르크스주의 내부 갱신을 위한 시도로써 유효하지만, 과연 인식론적 단절이 날카롭게 일어났는지에 관한 의문점은 여전하다.

객체가 주체로, 주체가 객체로 바뀌는 상품 관계에서 작동하는 끔찍하고 폭압적인 힘을 가감 없이 폭로합니다.

불투명한 세계, 곧 물구나무선 세계는 여태껏 보지 못한 것을 폭로할 수 있을 이론을 요구합니다. "물신 숭배론"은 마르크스가 자본주의를 토대로 수행한 경제 분석의 절대 요소이자 핵심 요소입니다.

어떤 사람들은 마르크스의 종교 유비 사용을 헛되다고 평가합니다. 즉, 이미 존재하는 다른 경제 범주들에 맞는 표현을 강화한 꼴이 됐다고 깎아내립니다. 그러나 이러한 평가는 오류입니다. 마르크스의 이론은 자본주의 생산관계에서 물질로 구체화한 압제 권력을 다룹니다. 그리고 저는 이 부분에 신학적 가설들이 있다고 봅니다. 자본 물신 숭배 현상을 분석하면서 도달점까지 마르크스와 동행했던 마르크스주의자들은 극소수입니다. 다소 낯설게 느껴질 말입니다만, 시사점은 분명합니다. 인류에게 봉사한다는 확신과 명분으로 벌어진 잔혹극은 사건 배후에 존재하는 종교적, 신학적 뿌리에 대한 정당화 작업으로만 설명할 수 있습니다. 여기서 말한 종교적, 신학적 뿌리란 일부 교회가 권력에 의존하는 행위와는 전혀 다릅니다. 오히려 그것은 현실에 깊이 각인된 신격화, 고유한 현실이 물신으로 탈바꿈된 상태를 가리킵니다. 마르크스는 자본주의에서 사회의 지속적 구성을 확인합니다. 이 구성은 실체를 감추고 겉모습만 번식시키는 사태를 말하지요. 나아가 마르크스는 사회의 지속적 구성을 "일상생활 종교"라 부릅니다.

물신 숭배에 관한 제 연구의 결과에 따라 솔직히 말씀드리면, 마르크스 읽기 작업은 "물신 숭배"를 중심으로 둘로 갈리는 것 같습니다. 수많은 마르크스주의자는 "물신 숭배"라는 마르크스 경제 이론의 핵심을 간과했습니다. 이들은 사실상 물신 숭배를 외친 마르크스를 포기했습니다. 마르크스주의자들이 포기한 마르크스가 발생한 셈입니다. 마르크스의 물신 숭배 이론을 가치 이론이나 노동 이론에 결탁시키는 시각은 마르크스 경제 이론의 핵심에 대한 기만입니다. 나아가 그의 혁명 사상을 기만하기도 합니다. 더 심각한 부분이죠. 따라서 우리는 단호하게 선을 그어야 합니다. 마르크스의 물신 숭배 이론에 대한 무지(無知)는 삶의 근본 논리에 대한 포기나 마찬가지입니다. 왜냐하면 물신 숭배 이론은 시간증과 자본주의의 죽음 논리를 뿌리까지 들추는 데 매우 중요한 이론이기 때문입니다.

성숙기의 마르크스는 소외를 낳는 종교, 이데올로기, 종교 현상 등에서 반사된 문제에 대한 비판을 늦출 수 없었습니다. 차후 마르크스가 비판했던 종교는 더 이상 교회의 종교가 아니었습니다. 그가 비판한 종교는 자본주의 생산에서 비롯된 각종 사회적 관계 속에서 현실을 지속해 물신으로 추앙하는 **"일상생활 종교"**입니다. 이러한 주장의 범위를 이해하려면, 프란츠 힌켈라메르트의 저작에 등장하는 연구를 참고하면 유용합니다. 앞에 제시된 힌켈라메르트의 책을 참고하시기를 바랍니다.

성숙기 마르크스의 종교 비판 문제와 관련해, 우리는 본문의 첫 부분으로 되돌아갈 필요가 있습니다. 저는 종교 비판 문제의 복잡성, 단순성, 분리의 시각에 존재하는 피상적이고 상이한 세 가지 전통을 구별합니다. 로자 룩셈부르크는 특별한 자리를 차지합니다. 이 마르크스주의자는 정치 분야에서 작용하는 종교의 동원력 문제를 분명하게 다룬 인물입니다.

4. 마르크스의 무신론 : 우상에 반대하는 싸움

오늘날 "우상 반대 투쟁"은 교회에서뿐 아니라 현실 사회에서도 매우 중요한 주제입니다. 이 주제는 현재 진행형입니다. 성서의 눈으로 우상, "압제하는 신들"(deuses que orimem), "죽이는 우상들"(idolos que matam)에 대한 예배를 이해할 때, 그리고 '사람 목숨의 희생'이 '우상에 대한 예배'의 핵심으로 등장할 때, 우상 반대 투쟁이라는 주제는 실제적인 논의의 비중을 확보할 겁니다.

이미 언급한 것처럼, 우상 혹은 우상 숭배 반대 투쟁은 마르크스 종교 비판의 핵심 주제입니다. 우상에 맞서는 싸움으로서의 종교 비판은 마르크스의 저작 대부분을 관통하는 주제입니다. 마르크스는 이미 청년기 문서에서 이를 강력한 어조로 표현했지요. 그뿐만 아니라 성숙기 문서에서는 이 용어를 더욱 날카롭고 예리하게 다듬었습니다. 무엇보다 저는 두 가지 내용을 주장하려 합니다. 첫째, 마르크스의 사상은 '우상 숭배' 문제를 다루면서 금송아지, 맘몬, 바알, 몰록, 계시록의 짐승처럼 성서에 나타난 풍성한 소재를 적재적소에 활용합니다. 덧붙여, 그 중심에는 언제나 '인간 생명의 희생' 문제가 있습니다. 둘째, 마르크스는 우상에 대한 예배를 비판합니다. 이러한 비판은 더욱 심오한 인문주의와 혁명의 기준을 만듭니다. 이러한 기준의 생산에는 수단에 불과한 화폐, 자본에 희생된 인간들을 낳은 현실에 대한 마르크스의 반항심이 담겨 있습니다. 라틴아메리카의 여러 사상가는 지난 몇 년 동안 마르크스 저작의 이 부분을 꾸준히 강조했습니다.[67] 이 사상가들의 이러한 강조와 함께, 마르크스의 종교 비판은 새로운 시각을 확보했습니다. 아래 예시를 확인해 보겠습니다.

"무신론을 주장했다는 이유로 누구도 비난받을 수 없다. 오히려 우리는 질문의 방향을 바꿔야 한다. 곧, '어떤 신을 부정하는가?'와 같은 형태로 바꿔어야 한다. 이유가 무엇인가? '신'을 부정하려는 사람은 얼마든지 있을 수 있다. 그러나 이러한 태도는 특정 형태의 신성에 대한 부정에 한정될 뿐이다. 이와 마찬가지로, 신에 대한 부정은 사실상 부정되지 않는 신에 대한 긍정과 근본적으로 신성에 대한 긍정을 표하는 초등학문에 지나지 않는다. 왜냐하면 우리는 신에 대해 결코 알지 못하기 때문이다. 마르크스의 상

---

67) 참고문헌에 기록된 Dussel 1, 2; Hinkelammert의 저작을 보라.

황이 딱 이랬다. 『경제학 철학 수고』(1844)에서 마르크스는 다음과 같이 쓴다.

'자연과 인간을 근본적으로 결여한 무신론은 이미 의미가 필요하다. 무신론은 신에 대한 부정이다. 또한 신에 대한 부정을 방법으로 삼아 인간의 실존을 긍정한다.'

이 점에 관해 마르크스는 '새 시대의 과제란 신학을 인간학으로 전환하는 일이며, 인간학으로 신학의 문제를 푸는 일'이라고 말한 포이어바흐의 주제를 충실하게 따른다. 신학을 인간학으로 전환하는 작업이 바로 '무신론'이다. 그러나 앞에서 이야기한 신에 대한 부정 문제와 관련해 우리는 질문을 새로 제기해야 한다. 왜냐하면 무신론 문제에서 이데올로기 부정만 핵심 문제로 삼는다면, 이 무신론은 인간학을 통과하는 데 불과한 초등학문이자 정의를 통해 숭배할 수 있는 신(대안적 신)만 긍정할 줄 아는 초등학문일 것이기 때문이다." 68

우리는 생명의 신에 대한 믿음의 사전 고찰로서의 우상 숭배 반대 문제를 무효로 하지 않아야 합니다. 그런데도, 또 다른 질문을 던져야 합니다. 과연 인간론에서 출발해 순수 인간론 너머로 어떻게 이동할 수 있을까요? 우상 숭배에 물들지 않은 신학 담론임과 동시에 하나님의 자기 계시(Selbstoffenbarung Gottes)를 억압받는 이들의 얼굴에서 발견할 수 있는 새로운 신학을 어떻게 찾을 수 있을까요? 사실, 가난과 압제에 허덕이는 타자들의 얼굴에서 하나님의 계시를 발견하는 문제는 마르크스와 직결된 문제는 아닙니다. 다시 말해, 마르크스가 직접 제기한 질문은 아닙니다. 마르크스는 이를 '필연성'으로 보지도 않고 '가능성'으로도 여기지 않습니다. 왜냐하면 마르크스는 이미 서구 유럽식 개념에 경도됐

---

68) Dussel 1. p. 149 이하.

기 때문입니다. 그는 억압 체제의 논리가 버리고 부정한 인간들에 대한 "신학 공간"(locus theologicus)을 구체화하는 작업을 허용하지 않습니다. 마르크스의 변증법은 근본적으로 전체성과 모순이라는 범주와 더불어 작동합니다. 이 변증법은 지금 라틴아메리카에서 우선시하는 외재성의 변증법 범주를 우선시하지 않습니다. 제가 언급한 "외재성"은 전체성 논리, 즉 체제 논리 내부에 어떤 공간도 갖지 않음을 의미합니다. 오히려 체제가 부정한 사람들, 나그네처럼 떠도는 이방인들, 억압 체제의 논리에 힘없이 희생된 사람들에게 외재성의 자리가 있습니다. 69

하지만 자본주의 체제의 우상들이 수많은 사람을 희생 제물로 삼고 그 생명을 제단에 불사른 부분과 관련해, 마르크스는 시체마저 철저하게 발라먹는 체제의 만행을 꿰뚫어 봤습니다. 바로 그 점에서, "가난한 사람들의 복음화하는 힘"(푸에블라 주교회의)으로 표현된 신학 주제는 이미 마르크스를 통해 제시됐다고 해도 무방합니다. 마르크스는 인간을 희생시키는 종교 현상과 우상 숭배라는 형식을 비판적으로 분석합니다. 그의 이 작업은 평소 선호했던 성서 범주들의 사용과 분리되지 않습니다. 종교에 대해 아예 문을 닫은 것일까요? 아니면 절반가량 열어 둔 것일까요? 아마도 그 평가는 그의 우상 숭배 비판의 효력과 관련해 오늘날 우리가 어떤 가치를 부여하느냐에 따라 달라질 겁니다. 그는 순수하게 인간론 영역에 서서 문을 닫은 것처럼 보입니다. 또 한 가지 질문이 있습니다. 마르크스에게 종교가 무의미하다면, 잠긴 이 문을 열고 자유롭게 드나들 수 있을 열쇠가 그의 사상에 있을 것이라 말할 수 있을까요? 마르크스의 입을 빌어 이야기하자면, 소수의 변증법적 마르크스주의자들이나 보수 반동 그리스도인들이나 그 나물에 그 밥이라고 말하는 사람들은 무신론에 환원될 수 없는 마르크스주의를 무조건 무신론 딱지를 붙여 놓으려 합니다. 그 모습을 보는 것 자체

---

69) [역주] 아스만의 '외재성' 이해는 프랑스의 타자철학자 에마뉘엘 레비나스(Emmanuel Levinas), 라틴아메리카의 해방철학자 엔리케 두셀(Enrique Dussel)의 시각과 궤를 같이 한다.

가 우리에게는 비극입니다.

이러한 제 시각은 엔리케 두셀의 시각과 일치합니다.

"우리는 다음 주제를 표명하면서 논의를 시작하려 한다. 마르크스는 첫
단계인 '예언자적 변증법의 부정 단계'를 표명한다. 말하자면, 물신에 대
한 '부정', 우상의 신성에 대한 '부정'을 선언한다. 그러나 마르크스는 부
정 단계에서 긍정 단계나 실증 단계로 이동하지 않는다. 오히려 그가 도착
한 곳은 '인간론'이다. 마르크스는 물신 숭배 긍정에 대한 대안으로 특정
'신'을 주장하지 않는다. 신을 물신 숭배 긍정의 대안으로 제시하는 일은
물신 숭배를 긍정하는 일을 뒤집을 수 없는 일에 불과하다. 심하게 말해,
물신 숭배의 긍정을 필연과 근본으로 만드는 꼴이 되고 만다. 왜냐하면 마
르크스에게 신이란 인간의 투영이자 존재 불가능한 것이기 때문이다. 마
르크스가 이런 행보를 보인 이유는 아마 그 역시도 시대의 인물이기 때문
일 것이다. 특히 '헤겔의 신'과 '포이어바흐'의 신을 극복하지 못했기 때문
이다. 전자는 신격화된 총체성과 별로 다르지 않은 신관을 보였고, 후자는
이스라엘과 기독교의 신을 포함해 현세에 존재할 수 있는 모든 '신'을 혼
합하는 신관에 머물렀다. 결국 그는 가난과 압제에 허덕이는 이들을 해방
하는 신을 긍정하지 못한다. 이러한 신의 타자성(他者性)을 긍정하지 않아,
변증법 유물론을 주장한 스탈린주의와 같은 관료주의의 질서 체계를 넘어
서지 못하는 한계에 봉착할 수 있다. 다시 말해, 마르크스가 친히 수행한
비판을 지지해 줄 수 있을 어떤 외부 세력과 만날 가능성이 사라진다. 요컨
대 현실 사회주의의 질서를 한 치도 넘어서지 못하는 폐쇄성에 갇히고 만
다. 구체적인 사례로, 라틴아메리카를 들 수 있다. 70 이 대륙에서 마르크

---

70) 여기에서 두셀은 필자의 글 가운데 하나를 인용한다. 참고문헌 H. A.를 보라.

스주의는 지식인 엘리트 운동이 됐다. 이 운동은 신화나 종교 상징과 밀접하게 연결된 민중의 창조성과 결합할 수도 없고, 그 창조성에 봉사할 수도 없다."[71]

a. 마르크스의 성서 이미지 사용: 지속과 발전

마르크스는 1818년 독일 트리어(Trier)에서 태어났습니다. 그는 6세가 된 1824년에 세례를 받았습니다. 부친은 유대 혈통이었으며, 카를 마르크스가 태어나기 1년 전인 1817년에 루터파 개신교로 개종했습니다.[72] 초등학교 시절 마르크스는 정기적으로 종교 교육에 참여했고, 요한복음에 나오는 비유를 고교 졸업 논문으로 제출했습니다.[73] 우리가 분명하게 짚어야 할 부분이 있습니다. 바로 마르크스는 생애 전반에 걸쳐 정기적으로 성서를 참고했다는 사실입니다. 이 표현이 아니고서는 성서를 자유자재로 다루는 그의 탁월한 솜씨를 설명할 방법이 없습니다. 24세가 되던 해인 1842년에 마르크스는 샤를 드 브로스[74]의 『물신들에게 드리는 제사에 관하여』(Du culte des dieux fétiches)를 읽었으며, 「본대학

---

71) Dussel 1, p. 155 이하.

72) [역주] 마르크스의 친가와 외가 모두 유대 혈통에 대대로 랍비를 배출한 가문이다. 독일 트리어에 있는 마르크스의 생가는 지금도 마르크스 기념박물관으로 운영 중이다. 3층 건물 중 1층과 2층을 사용했으며, 주택의 가운데 공간에 작은 뜰이 있고 사방으로 통행할 수 있는 구조이다. 평범한 유럽 부르주아의 주택이다(2015년 9월 7일 방문).

73) R/1, p. 39~42; MEW EB 1, p. 598~601. [역주] 마르크스는 트리어의 가톨릭계 김나지움(중고등학교)을 졸업한다. 독일 예수회 소속 사제인 프리드리히 쉬페(Friedrich Spee)를 기념한 이 학교에서 1830년~1835년까지 공부한다. 당시 졸업 시험 응시자 32명 가운데 마르크스를 포함한 7명이 개신교 출신이었고, 나머지는 가톨릭 출신이었다. 마르크스를 포함해 22명이 최종 시험을 통과했다. 마르크스의 졸업 논문 제목은 「요한복음 15장 1~14절에 나타난 그리스도와 신자들의 연합」이다. 당시 마르크스의 종교 사상에 영향을 준 선생은 개신교 자유주의 신학자 요한 아브라함 퀴퍼(Johann Abraham Küpper)이다. 마르크스의 졸업 논문은 포도나무 가지의 비유를 통해 "그리스도와 신자의 연합" 문제를 다룬다. 이 주제는 신자들의 인간적 연합, 즉 "공동체" 구성의 형태로 확장된다. 선생인 퀴퍼의 삼위일체 연합에 기초한 도덕 신학의 영향이 분명해 보인다.

74) [역주] 원문에 기재된 '샤를 데브로스'(Charles Debrosses)는 '샤를 드 브로스'(Charles de Brosses)로 바로 잡는다.

교 재학시절 노트」 75에 독자적인 논평을 작성했습니다. 이 시기부터 "물신"(fe-tiche), "물신 숭배"(fetichismo), "물신화"(fetichização)라는 용어가 "신"이나 "우상"보다 지배적으로 등장하기 시작합니다. 물론 "신" 혹은 "우상"과 같은 용어도 드문드문 계속 등장합니다. 새로운 용어는 "상품들에 감춰진 비밀스러운 물신 숭배의 특징"을 다룬 『자본론』 1권의 첫 장의 네 문단에 농축되어 있습니다. 세밀하게 공들여 작성한 흔적이 역력한 이 문단들에는 성숙기 마르크스의 주요 사상이 압축됐다고 해도 과언이 아닙니다. 거기에서 물신 숭배 이론은 단순한 은유가 아닌 정치경제의 범주입니다. 물신 숭배 이론이 중요한 역할을 하는 곳은 "기계적 물신"(fetiche automático) 혹은 "물신 숭배의 정점"에 관한 설명입니다. 우리는 『자본론』 3권의 "금융 자본"(capital financeiro), 특히 "복리 이자 자본"(capital a juro composto)과 『자본론』 1권의 "잉여가치론"에서 이를 확인할 수 있습니다.

그러나 마르크스는 젊은 시절부터 즐겨 사용한 성서 상징들을 결코 포기하지 않습니다. 또 이 상징들을 통해 희생자들의 희생과 관련된 우상 숭배에 맞서는 투쟁을 강력히 주장합니다. 우리가 간과하지 말아야 할 부분입니다. 마르크스는 맘몬, 즉 돈을 "세상을 다스리는 신"으로 적시했습니다. 맘몬은 증권거래소와 금융 기관을 "바알의 신전"으로 만듭니다. 맘몬은 희생자를 요구하며, 제 모습을 자본으로 바꾼 돈과 피비린내 풍기는 살육(殺戮)의 신을 동일시합니다. 죽이는 자본은 인간의 살아있는 노동을 뜯어먹으며 제 살을 불립니다. 마찬가지로, 물신은 자본의 제단에서 희생된 이들의 피에 흠뻑 취하고 그 피로 연명합니다. 또 이따금 성서는 유일신과 참신이 아닌 신들을 이야기할 때 몽땅 "이방신"(deus estrangeiro) 76이라 부르곤 하는데, 마르크스의 글에서도 이 표현을 확인할 수 있습니다. 그리고 마르크스는 "금송아지"도 상징으로 사용합니다.

마르크스는 요한계시록에 나오는 "짐승"도 활용합니다. 이 "짐승"은 자본 논

---

75) OF, p. 540.

76) 예컨대 창 35:2, 출 20:3, 수 24:23, 렘 11:10, 16:11, 5:19, 신 32:12.

리 내부를 점유합니다. 이를 보여주기 위해 마르크스는 계시록의 두 구절을 연결합니다. 계시록의 "짐승"과 같은 것이 자본의 역할을 맡는다는 점을 보이기 위한 시도입니다. 다음 구절을 읽어 봅시다. "이들은 오직 하나의 뜻으로 그들의 능력과 권세를 짐승에게 주더라. [...] 그것은 표시 혹은 짐승의 이름이나 그 이름의 숫자를 지닌 자들 이외에 누구도 매매를 금하기 위함이다." 77 마르크스는 적어도 열 살 때부터 이러한 인용을 준비해왔다고 할 수 있습니다. 78

마르크스는 성서의 상징을 자유자재로 활용합니다. 그러나 다양하게 활용되는 이 상징들이 사실은 적재적소에 있다는 점을 이해할 필요가 있습니다. 마구잡이로 사용하지 않는다는 뜻입니다. 마르크스가 사용하는 성서 상징들은 대부분 결정적이고 구체적인 분석 기능을 담당합니다. 뒤에서 확인하겠지만, 마르크스는 각각의 상징에 담긴 고유한 의미에 가장 근접한 방식으로 성서의 상징을 활용합니다. 예컨대 "신", "신성", "맘몬"과 같은 용어는 단순히 화폐를 나타내는 데 쓰이지 않고, 그보다 더 추상적이고 자율적인 차원에 있는 상품의 보편 매개 기능을 나타내는 데 쓰입니다. "금송아지"와 "바알"은 문란한 제의나 우상 숭배에 대한 완전한 헌신을 강조하는 상징들로 활용됩니다. 우리가 바로 앞에서 확인한 계시록의 "짐승"은 시장의 논리에 굴복한 자들을 겨냥한 표현입니다. 또한 "몰록"은 무제한으로 희생자를 요구하는 자본의 만족할 줄 모르는 특징을 상징합니다.

다소 빠른 속도로 성서를 훑겠습니다. 이 점 양해하시기를 바랍니다. 신약성서에서 "맘몬"(재물)은 누가복음에 3회(눅 16:9, 11, 13), 마태복음에 1회(마 6:24) 등장합니다. 모두 예수께서 직접 하신 구문들입니다. 신약성서가 그리스어 기록

---

77) 계 17:13, 13:17; MEW 23, p. 101 = 『자본론』 I권. [역주] 원문에서 마르크스는 해당 본문을 라틴어로 인용했다: *"Illiunum consilium habent et vitutem et potestatem suam bestiae tradunt. Et ne quispossit emere aut vendere, nisi qui habet characterem aut nomen bestiae, autnumerum nominis ejus."*

78) Gr, p. 148; Ibid., p. 895.

이지만, 당시 예수께서는 민초의 언어이자 방언인 "아람어"를 사용하셨습니다. 따라서 "맘몬"은 분명 아람어 계통의 용어입니다. 사회의 밑바닥을 이루던 이들의 말에서 '맘몬'은 우상이라는 멸시받아도 싼 호칭과 결합했고, 이는 부자들에 대한 모욕을 담은 말일 가능성이 있습니다. 이를 뒷받침하는 증거들도 존재합니다. 따라서 "맘몬"을 단순히 "돈"이나 "재물" 정도로 번역한다면, 본래 이 용어에 담긴 의미가 퇴색될 것입니다. 즉, 강력한 성토 대상이 사라지고 맙니다. 왜냐하면 맘몬 역시 우상처럼 "숭배"를 포함하기 때문입니다. **맘몬은 단순히 "돈"이라는 물질에 그치지 않고, "돈에 대한 숭배"까지 확장된 표현입니다.** 예수께서는 "하나님과 맘몬을 동시에 섬길 수 없다"(마 6:24, 눅 16:13)라는 단호한 말씀을 통해, 구약성서에 자주 등장하는 야훼 하나님 신앙과 이방 신 숭배의 대립(신 6:13, 7:16, 10:2) 문제를 청중들에게 환기하게 시킵니다. 사도 바울도 "탐심은 곧 우상 숭배"(엡 5:3, 골 3:5)라 말하며 돈의 문화적 차원을 강조합니다.

가나안의 신 '바알'은 구약성서에 수시로 등장합니다. 구약에서 '바알'은 우상 혹은 우상 숭배의 대명사나 다름없습니다. 따라서 특별한 우상에게 드리는 제사라는 의미 이외에도, 바알 숭배는 일상에 녹아든 우상 숭배를 의미하기도 합니다(삿 6:25~32; 왕상 16:31; 호 2:15, 11:2 등). 암몬의 신 '몰록'은 지속해 희생자들을 요구하는 '피 칠갑의 우상'입니다. 몰록과 비슷한 우상인 밀곰(또는 몰렉)은 단순히 몰록의 다른 이름일까요? 아니면 그와 다른 우상일까요? 이 물음은 아직 해결되지 않았습니다(레 18:21, 20:2~5; 왕상 11:7, 13; 왕하 23:10, 13; 렘 32:5, 49:13; 삼하 12:30; 습 1:5). 신약성서에서 몰록에 대한 언급은 사도행전 7장 43절에 단 1회 등장합니다.

b. 마르크스 사상에 나타난 반우상 숭배 용어의 구체적 사례들

여기에서 저는 마르크스의 사상에 나타나는 우상 숭배 반대와 관련된 몇 가지 용어를 사례로 제시하겠습니다. 이러한 사례를 들지 않고 다음 단계로 건너 갈 수 없다고 생각합니다. 마르크스의 여러 본문에 인용된 문구 몇 가지를 제시 하는 정도로 사례를 제한하겠습니다. 왜냐하면 제 의도는 마르크스의 성서 상 징 사용에 나타나는 가변성과 구체적인 분석 방식을 동시에 제시하는 데 있기 때문입니다. "맘몬"의 경우, 마르크스는 거의 평생토록 이 용어를 사용했습니다. 그에 관한 증거 자료도 제시하겠습니다. 마지막으로, 아래 제시될 사례에 해당하는 구문들은 제가 직접 번역했습니다.

① "신", "신성", "우상"

"화폐는 가시화된 신성이다." [79] 요한복음이 말하는 "세속의 신", 즉 "이 세상의 신" [80], 우리의 "욕구를 충족하는 데 필요한 신, 이기주의의 신이 있으니, 바로 화폐이다." [81]

"감상적 부르주아는 소유라 불리는 자기 신 앞에서 혁명을 완전히 희생시 켜 버렸다." [82]

"화폐는 늙어빠진 유럽의 가짜 신에 봉헌된 제단 위에 있는 '이방 신'이다. 이 신은 인간의 궁극적이고 유일한 목표로 잉여 가치의 생산을 외친다." [83]

"화폐는 보편 매춘이다. [...] 화폐에는 신성한 힘이 있는데, 그 근원은 인

---

79) MEW EB 1, p. 565 = vol. complementar.

80) MEW 1, p. 372.

81) Ibid., p. 374.

82) MEW 9, p. 38.

83) MEW 23, p. 782.

간을 소외시키는 화폐의 본질 자체에 있다." 84 "화폐라는 존재는 그 자체로 전능하다. 이 전능함이 곧 화폐의 보편성이다." 85

"화폐는 상품들의 신이다." 86 "사람들은 이 금과 은으로 우상을 만든다." 87 이 우상이 바로 "세상의 신" 88이 된다.

"화폐는 인간이 제작한 모든 신들을 굴복시켰고 상품으로 바꿨다. 화폐는 모든 물건의 보편 가치이다." 89 또 "돈은 인간을 지배하는 낯선 본질이며, 인간의 경배를 받는다." 90

재물 축재자는 "우상 숭배자" 91입니다. 라인강 유역을 소유한 부자들이 가난한 사람들의 벌목과 토끼 사냥을 금지하는 법안을 통과시켰습니다. 이 법안에 분노한 마르크스는 소논문을 하나 작성합니다. 이 글에서 마르크스는 바르톨로메 데 라스 카사스의 『아메리카 원주민 파괴에 관한 간략한 보고서』에 나오는 일화를 소개합니다. 마르크스도 라스 카사스의 글을 읽었다는 증거이기도 하지요. 어쨌든, 그는 라스 카사스의 글에 등장하는 쿠바섬의 원주민 추장 아투에이(Hatuey)의 일화를 언급합니다. 92 또 마르크스는 스페인 사람들에 대한 원주

84) OF, p. 643.

85) Ibid., p. 641.

86) Gr, p. 132.

87) MEW 13, p. 103.

88) OF, p. 445.

89) Ibid., p. 487.

90) Ibid.

91) Ibid., p. 499.

92) "De la isla de Cuba", *Obras Escogidas*, BAE, Madrid, t. V, 1958, p. 142. 다음 자료도 참고하라. Dussel 2, p. 189.

민들의 조롱도 "찬양"합니다. 황금에 환장한 스페인 사람들을 본 아메리카 원주민들은 이들을 "물신 숭배자"로 여겼습니다.

마르크스가 작성한 중요한 글 하나가 또 있습니다. "쿠바섬의 원주민들은 황금을 통해 스페인 사람들의 물신을 보았다. 원주민들은 흥에 겨워 잔치를 벌이고, 황금 주변을 돌며 노래를 부르고(바르톨로메의 기록), 마지막에는 그것을 바다(실제로는 강)에 던진다. 그러나 라인 의회라면, 쿠바섬의 야만인(원주민)들에게 물신 숭배와 동물숭배를 결합하는 법을 가르쳤을 것이다. 그리고 이 야만인들은 사람을 구하기 위해 토끼들을 바다에 던졌을 것이다." [93]

또 다른 구절에서도 마르크스는 성서에서 차용한 우상이라는 상징어를 사용합니다. "묘목들이 물주의 구미에 맞게 사용될 것이다. [94] 결국 나무로 만든 우상들이 승자가 될 것이며, 인간은 이 우상에게 희생될 것이다." [95]

② "금송아지"와 "바알"

"영국의 증권가는 프랑스의 증권가를 찬양했다. 증권 시장의 투기꾼이며 사도들인 이들은 서로를 칭찬하더니만, 결국에는 손을 맞잡았다. 우리는 이 대목에서 주식의 '주술 제사'와 같은 특징에 주목한다. 확신컨대 금송아지는 전능한 신의 반열에 올랐고, 금송아지 제작자 아론이 프랑스의 새로운 독재자가 됐다." [96]

---

93) OF, p. 283; MEW 1, p. 147. [역주] 마르크스는 황금 물신 숭배에 빠지지 않았던 원주민들이라면, 라인강 유역의 벌목과 토끼 사냥을 금하고 가난한 사람들을 빈곤에 방치시키는 법안을 바다에 던졌을 것이라고 말한다. 스페인 사람들이 황금과 물신 숭배를 결합하는 법을 가르쳤어도 따르지 않았던 전례와 마찬가지로, 물주들의 대리자인 의원들이 물신 숭배와 동물숭배를 결합하는 법을 가르쳐도 따르지 않을 것이라는 풍자이다.

94) [역주] 가난한 사람들의 생존을 위해 사용되지 못한다는 표현이다.

95) OF, p. 250.

96) MEW 13, p. 284s.

그러나 프랑스의 주가 가치가 바닥을 쳤을 때, "비굴하고 천박한 이 금송아지 신봉자들"[97]—마르크스가 주식 투기꾼이라 불렀던 자들처럼—은 정반대 태도를 보였습니다. 마르크스는 "불행하게도 최근 프랑스의 주식 시장이 내림세에 접어들었고, 사람들은 국채, 신용 금고, 철도 회사 주주권을 어떤 값을 치르더라도 처분하기 위해 앞다퉈 바알 신전에 머리를 조아렸다."[98]라고 말합니다.

③ "맘몬"

1842년: 마르크스는 뉴잉글랜드의 두 기둥을 "신과 맘몬"[99]이라 말합니다. 다른 책에서 마르크스는 "황금 맘몬"[100]을 언급합니다.

1853년 : 마르크스는 밀라노의 부르주아에 대해 "맘몬의 자식들이 피에 취해 춤추면서 부른 배를 딱딱 두드린다."[101]라고 말합니다.

1858년 : 마르크스는 식민지 지배자들이 "맘몬의 원리"[102]를 사용한다고 주장합니다.

1859년 : "맘몬에게 예배하는 이 교회들을 보라."[103]

1864년 이후 : "18세기 중엽, 당대 저명한 경제학자인 터커 목사도 맘몬에게 집중해야 한다고 변명한다."[104]

1877년 : "맘몬이 지배하는 땅, 바로 잉글랜드이다."[105]

---

97) MEW 9, p. 235.
98) MEW 13, p. 169.
99) MEW 1, p. 373.
100) Ibid., p. 101.
101) MEW 8, p. 527.
102) MEW 12, p. 552.
103) MEW 13, p. 203.
104) MEW 23, p. 645, 각주 75.
105) MEW 34, p. 302.

④ "몰록": 인간의 희생을 강요하는 우상

마르크스가 몰록의 형태를 활용해 분석한 내용을 명확하게 확인하려면, 그가 실제 사용한 구절들을 인용하는 편이 가장 나을 겁니다. 마르크스는 몰록이라는 상징어를 사용해 '자본 흡혈귀'의 모습을 그립니다. 마르크스에게 자본주의는 공포로 가득 찬 "귀신의 성"과 같습니다.

화폐가 자본으로 활용될 때, "가치 상승의 신비한 특징을 확보하는 것처럼 보인다. 왜냐하면 화폐는 가치이기 때문이다."106 자본은 인간의 생생한 "노동에서 신선한 피를 빨아먹는 굶주린 흡혈귀"107와 같습니다. 이러한 희생은 우발적이지 않습니다. 희생은 필연이며, 따라서 '죽음의 논리'가 형성됩니다. 마르크스는 "자본가는 과거의 노동, 대상화된 노동, 죽음의 노동인 가치를 자체 평가 가치인 자본으로 바꾼다. 자본가는 육체의 열망을 지닌 괴물이며, 노동을 파괴하는 영혼을 가진 괴물이다."108라고 말합니다.

마르크스의 글을 계속 보겠습니다. "자본은 흡혈귀와 같은 방식, 살아있는 노동을 착취하는 방식으로만 생명력을 확보하는 죽음의 노동이다. 자본은 살아있는 노동의 피를 빨며 살아간다."109 "어떤 면에서 자본은 가치의 불멸성이라는 성을 쌓는다. 그러나 자본은 흡혈귀처럼 살아있는 노동의 피를 끝도 없이 빨면서 그 힘을 확보한다."110 마르크스가 계속 거론하는 노동자의 "살아있는 노동"(Das lebendige Arbeit)은 자본을 살리는 영혼과도 같습니다.

폭력의 출발점은 자본의 "본원 축적"입니다. 이 본원 축적은 식민지의 금과 은을 축적하면서 가능했지요. 이 문제에 관해서도 마르크스는 신학 상징을 사용합니다. 그는 "정치경제학에서 본원 축적의 역할은 신학에서 원죄(原罪)의 역

---

106) MEW 23, p. 169.

107) Ibid., p. 171.

108) Ibid., p. 209.

109) Ibid., p. 247.

110) Gr, p. 539.

할과 거의 유사하다." 111라고 말합니다. 단지 원죄만 있었다면, 매우 작은 형태의 죄에 머물고 끝났을지 모릅니다. 그러나 이 죄는 지속적으로 작동해 '잉여 가치를 멈추지 않고 추출'하고 '지속적인 가치 판단을 제도화'하는 "사회적 죄"가 됐습니다. 저는 이것을 큰 문제로 봅니다.

마르크스에 따르면, "다듬어지지 않은 형태로 자본을 신비화" 112하는 상태, "그 자체로 가치 평가되는 가치의 기계적 물신" 113에 이르는 상태가 형성됩니다. 즉, "자본이 물신의 순수 형태에 도달할 때, 이자를 낳는 금융 자본" 114의 상태를 낳습니다. 마르크스의 글을 통해 제가 논하려는 부분은 이러저러한 우상이 아닙니다. 저는 특별한 우상을 겨냥합니다. 바로 희생자들의 피를 요구하는 우상 '몰록'입니다.

마르크스가 이 상징을 어떻게 사용하는지 확인할 텐데, '점강법'(漸降法) 형태로 서술하겠습니다.

"티레와 카르타고의 전제 군주들은 신들의 진노를 달래기 위해 자신을 희생물로 삼는 대신, 가난한 집의 유아들을 매매했다. 그들은 이 아이들을 불타는 몰록 신의 품에 던졌다. 오늘날 잉글랜드가 민중에게 그와 똑같은 짓을 한다." 115

"절대 군주제의 발흥기에 모든 세금이 화폐로 전환됐다. 이 시기에 화폐가 몰록의 모습으로 등장했다. 사람들은 몰록에게 자기의 실제 부를 제물로

---

111) MEW 23, cap. 24.

112) MEW 25, p. 405.

113) Ibid..

114) Ibid.,, p. 406.

115) MEW 11, p. 132s,

바쳤다. 금융 분야의 공황 상태가 그 방증이다."116

"이자를 낳는 자본은 자본의 총체적 '사물화'(Versachlichung), '전도'(Verkeh-rung), '발광'(Verrücktheit)이다. 그런데도 이 자본을 통해 자본주의 생산의 내적 본질과 광기가 만질 수 있는 모양으로 나타난다. 이 자본은 온 세상을 향해 오로지 자기를 위한 희생만을 강요하는 '몰록'의 모습으로 등장하며, '복리 이자'(compound interest)를 포함한다."117

"이자를 낳는 자본이라는 특성을 생각하자. 자본은 생산할 수 있는 모든 부에 관한 소유권을 주장한다. 지금까지 자본이 취한 모든 것은 자본의 잡식성 식욕을 돋우기 위한 전채 요리에 불과하다. 자본 자체가 지닌 내재적 법칙을 따르면, 인류가 제공할 수 있는 모든 잉여 노동은 자본에 속한다. 자본은 분명 몰록이다."118

마르크스의 이러한 구문들은 오늘날 브라질 '국영주택은행'(Banco Nacional de Habitação)에게 빚을 진 국가를 이해하는 데 적절하지 않을까요? 굴복하는 자들은 그득하고, 반항하는 자들은 희박한 이유는 무엇일까요? 마르크스의 사상에서 종교 상징 분석의 의미를 밝히는 데 이러한 질문들이 어떤 가치를 갖는지 알 필요가 있습니다. 뒤에서 차차 확인하도록 하지요. 어쨌든, 마르크스는 사회적 생산관계에 대한 공동체의 통제를 중요하게 생각합니다. 이에 대해 그는 다음과 같은 비유를 듭니다. "죽은 자의 머리뼈까지 쪼개 골수를 뽑아 먹는 이방 신

---

116) Gr, p. 113.

117) [역주] 원문에는 MEW 26, p. 488로 기재됐다. 그러나 마르크스-엥겔스 전집(MEW)에서 26권은 I—III까지 있다. 해당 본문은 정확히 MEW, 26/III, 488쪽에 기록됐다.

118) MEW 25, p. 410.

의 미친 질주를 멈출 수 있는 유일한 길은 인간의 진보밖에 없다." 119

c. 자본주의 우상 숭배의 핵심 요소: 인간 생명의 희생

마르크스에게 우상 숭배란 무엇을 의미할까요? 지금 우리는 이 문제를 확실히 이해하기 위한 조건들을 짚어가는 중입니다. 단순히 가짜 신들의 문제에 한정되지 않습니다. 예배하는 자들은 자신들의 신을 참 신으로 여깁니다. 정말 중요한 문제는 압제하는 신들, 가짜 신들입니다. 우상은 압제하는 신입니다. 따라서 우상 숭배의 중앙에는 생명의 매매와 파괴가 있습니다. 마르크스는 "고대인들에게 성전은 상인들의 신이 거주하던 공간이었다." 120라고 말합니다.

"생명의 희생" 121이라는 주제는 이미 청년기 문서에 등장합니다. 이른 시기에 등장한 주제이지만, 사실상 마르크스의 전 저작을 관통하는 공통의 주제입니다. 엔리케 두셀은 "마르크스가 생애 전반에 걸쳐 관심을 가졌던 영역이 있다. 거의 절대 차원으로 봐도 무방한 영역이다. 바로 생명이다." 122라고 강조합니다. 두셀은 마르크스를 인용하며 "물신 숭배자들과 경제학자 '리카르도'에게 인간은 별 가치 없는 존재, 아무것도 아닌 존재일 뿐이다." 123라고 논의를 잇습니다. 인간은 오직 생산자로서 가치를 갖습니다. 그러나 인간의 힘으로 생산한 것이 '낯선 힘이 되어 그들에 대항' 124합니다. 과연 '이 낯선 힘은 신들' 125일까요? 아닙니다. "자본"입니다. 126

마치 귀신 들린 것처럼 부를 축적하는 데 혈안이 된 축재자들, 자본주의 논리

---

119) MEW 9, p. 226.

120) MEW 23, p. 146, 각주 90.

121) OF, p. 3~4.

122) Dussel 2, p. 187.

123) OF, p. 581.

124) Ibid., p. 602.

125) Ibid.

126) Dussel 2, p. 190.

의 충견인 이 축재자들도 사실은 희생자들입니다. 왜냐하면 "그 삶에는 자기밖에 없고, 생활의 알맹이는 사라진 채 껍데기만 수북하기"127 때문입니다. 마르크스는 "배금주의에도 나름의 고행, 자포자기, 자기희생이 뒤따른다. 절약과 검소를 바탕으로 속세의 욕망을 일시적으로 덧없는 것으로 여기며, 영원한 보화를 추구하는 자세가 필요하다. 따라서 '돈벌이'는 영국의 청교도주의, 네덜란드의 개신교와 관련된 문제"128라고 말합니다. 또 "축재자는 황금 물신에게 속세의 모든 욕망을 희생 제물로 드렸다."129라고 지적하고, "고명하신 우리 재산 축재자들은 교환가치를 순교자로 여기며 황금 기둥 꼭대기에서 고고하게 단식하시는 고행자들"130이라고 비난합니다.

지금까지는 모든 것이 순조로웠습니다. 왜냐면 로빈슨 크루소와 같은 "외딴 섬에 고립된 사람"의 이야기가 없음에도 재물 축재자는 자기 자신을 주적으로 규정해 희생시켜 왔기 때문입니다. 마르크스는 몇 가지 중요한 특징을 보이기 위해 추상적인 시각을 제작합니다. 그 연구에 따르면, 중세와 근대의 고리대금업자는 자본주의 시대의 축재자와 그 성격이 다릅니다. "고리대 자본은 생산 양식 없이도 자본의 착취 수단들을 소유하기"131 때문입니다. 따라서 고리대 자본 시대의 1차 희생자는 빚 진 사람들, 즉 이 자본에 낯선 타자들입니다.

그러나 자본주의의 도래와 맞물려 모든 것이 급격히 바뀝니다. 마르크스는 "보물 지킴이와 비슷한 상품 소유자는 우스꽝스러운 배역도 마다하지 않는다. 그러나 그가 자신이 아닌 이웃을 돈의 합산이 실현된 존재 정도로 여길 때, 그리고 역시 자신이 아닌 이웃을 교환가치의 순교자 정도로 여길 때, 사태는 끔찍하

---

127) OF, p. 527.

128) Gr, p. 143.

129) MEW 23, p. 147.

130) MEW 13, p. 111.

131) MEW 25, p. 611.

게 돌변한다. 이제는 신자는 채권자가 되며, 종교는 법학으로 추락한다."132라고 말합니다.

자본주의 생산 체제에서 "물신 숭배자"133가 물신에게 예배하지 않을 때가 옵니다. 그때 이 숭배자는 더 이상 물신을 파괴할 수 없는 상황에 부닥칩니다. 모든 것을 게걸스럽게 삼켜도 무방할 권리까지 확보한 물신은 제멋대로 모든 것을 물신화합니다. 마르크스는 예리한 눈으로 이 상황에 주목했습니다. 그는 "자본주의 경제가 원래의 도달 목적에서 이탈해 노동자를 수탈하는 쪽으로 가닥을 잡았다. 이는 자본주의 이전에 주어진 전제 조건이다. 다시 말해, 노동자에 대한 철저한 수탈이 자본주의의 실제 출발점이다. 우리는 이 사실을 너무 쉽게 잊는다."134라고 말합니다. 쉽게 말해, 죽음의 논리는 자본주의 내부에 새겨져 있는 '본질'과 같습니다.

마르크스는 『정치경제학 비판 요강』(1859)에서 부아기유베르(Boisguilbert)의 글을 길게 인용합니다. 그가 부아기유베르의 논의에 상당한 만족을 드러내는 모습도 볼 수 있는데요. 어쨌든, 부아기유베르의 사상은 생명의 희생을 우상 숭배 문제와 연결한 마르크스의 시각을 일관성 있게 확인하는 데 중요한 역할을 합니다. 마르크스는 "사람들은 이 금속들로 우상을 만들었다. 그리고 이제 자기 목적과 목표를 이 우상에게 맡긴다. 우리가 사사건건 이 우상을 호출하는 이유는 무엇인가? 곧, 상호교환과 양도의 증거로 이 우상을 신봉하는 이유는 무엇인가? 사람들은 우상을 거룩한 존재로 만들기 위해 우상의 이러한 임무를 해제했다. 눈이 먼 고대인들이 가짜 신들에게 바친 적이 없던 '특상품'이나 '귀중품', 심지어 '인간'마저도 이 우상에게 이 우상에게 넙죽넙죽 제물로 바쳤다.

---

132) MEW 13, p. 117.

133) OF, p. 224.

134) MEW 25, p. 609.

그리고 이러한 희생은 현재도 지속되는 중이다."135라고 정리합니다. 136

d. 자본주의 우상 숭배에 대한 분석 없이 자본주의를 이해할 수 없다.

자본주의 체제에서는 '인과관계'가 뒤바뀌며, 현실이 불투명해집니다. 이 체제에서 우리는 사회 현상들의 본질이 아닌 겉모양만 구분하고 삽니다. 이 체제에서는 물건이 사람을 조종합니다. 왜냐하면 자본주의는 대상(물건)을 주체(사람)로, 주체를 대상으로 바꾸기 때문이죠. 마르크스는 이러한 자본주의의 근본 특성을 "종교적 착각"137이라고 부릅니다. 현실에 대한 물신 숭배를 낳는 체제인 자본주의 체제는 뼛속까지 우상 숭배적인 체제입니다.

자본주의 체제의 이러한 특징을 이해하기 위해, 마르크스의 "물신 숭배" 범주를 경제 분석의 범주로써 성찰하는 작업이 필요합니다. 후빙(Rubin)은 "물신 숭배 이론 자체가 마르크스 경제학의 기본 토대이다. 특별히 그의 가치론을 이해하는 데 물신 숭배 이론이 중요하다."138라고 강조하지요. 덧붙여, 그는 "마르크스는 상품 물신 숭배 이론을 통해 우리에게 자본주의 정치경제학의 전반적인 특징을 제시했다. 상품 물신 숭배 이론은 상품과 자본주의 경제의 생산관계를 총체적으로 정확하게 그린 이론이다."139라고 말합니다.

이러한 근본 지점을 제대로 이해하지 않고서는 자본주의의 시간증 논리, 우상 숭배 논리, 희생 논리를 온전히 파악하기 어렵습니다. 140 앞에서 언급한 것처럼, 마르크스의 물신 숭배 이론을 두고 해석은 크게 둘로 나뉩니다. 저는 앞

---

135) MEW 13, p. 103, 각주.

136) [역주] 마르크스는 피에르 드 부아기유베르의 『부, 돈, 공물의 본질에 관한 논고』(*Dissertation sur la nature des richesses, de l'argent et des tribus,* 1707)에서 인용한다.

137) MEW 26/3, p. 484.

138) I. I. Rubin, *A teoria marxista do valor,* Brailiense, 1980, p. 19.

139) Ibid., p. 16.

140) Hinkelammert, 1부를 보라.

에서 몇 가지 예를 들어 설명했다시피, 물신 숭배에 대한 반대를 표명하는 상징 활용이 마르크스의 자본주의 분석의 보편 범주에 해당한다고 생각합니다. 따라서 이를 분석의 보편 범주나 토대로 보지 않고 단지 "은유와 비유" 정도에 국한하려는 시각 141에는 동의하지 않습니다.

앞에서 제기한 질문으로 되돌아가 보겠습니다. 앞에서 저는 "왜 굴복하는 자들은 그득하고 반항하는 자들은 희소한가?"라고 물었습니다. 이 질문을 되풀이하는 이유는 질문 자체가 자세한 설명을 요구하기 때문입니다. 정념(情念) 없는 상태처럼 단순히 도덕적 교훈을 주는 설명으로는 부족합니다. 만약에 개인이 "자발적으로 복종"했다고 하면, 각 개인이 처한 상황과 이들의 구조적, 객관적 조건들이 분리되지 않는 점을 설명해 달라는 요구가 자연스럽게 발생할 겁니다. 저는 본 강연에서 이 부분에 대한 해설로 시간을 지체하고 싶지는 않습니다. 차라리 핵심 부분 몇 가지를 간단히 짚는 편이 나을 것 같습니다.

마르크스의 자본주의 분석에서 우상 숭배의 이미지를 제거하기는 불가능합니다. 본 강연은 이 문제를 전제로 설정했지요. 저는 이러한 전제를 바탕으로 우리 가까이에서 이뤄지는 우상 숭배의 정체를 보려 합니다. 우상 숭배란 "숭배자"와 "우상"의 상호작용입니다. 혹자는 우상 숭배를 할 수 없다고 이야기할 수도 있습니다. 우상에는 주체성이 없고, 우상은 단순한 물건이나 대상에 불과하다고 본다면 말이죠. 만약 우상이 실제 힘을 갖지 않는다면, 숭배자와의 상호작용에 어떤 힘도 발휘하지 못할 겁니다. 그렇지만 앞에서 꾸준히 짚어왔던 것처럼, 자본주의는 대상을 주체로 바꾸고, 주체를 대상으로 바꿉니다. 자본주의 체제의 이 물구나무 세우기 작업을 쉽게 부인할 사람은 없을 겁니다.

"물신 숭배 이론"은 사람에게 미치는 사물의 낯선 힘을 설명하는 이론입니다. 사람이 돈 갖고 일하는 것이 아니라, 돈이 사람을 부립니다. 말하자면, 돈이

---

141) 대표적으로 리마 바스의 견해에 동의하지 않는다. Lima Vaz, p. 134.

열심히 "일하는" 셈이지요. 자본도 큰 열정을 품습니다. 자본은 한 몸뚱이처럼 똘똘 뭉쳐 행동하지요. 142 다시 말해, 물신 숭배 이론은 사물에 "귀속된" 힘이 마치 실제 힘처럼 작용한다고 말합니다. 물신은 이제 역사 안에서 현실적인 것이 됐습니다. 왜냐하면 우리 현실은 물신화됐고, 이제 물신의 법칙들에 따라 작동하기 때문입니다.

[물신 숭배의 성서적 표현인] 우상 숭배는 어떨까요? 우상 숭배를 빌미로 짐 승에게 "권세와 권위"를 부여(계 17:13)한 자는 짐승의 실제 권세인 "매매" 표식(계 13:17)을 담당하는 힘이 됐지요. 정리하면, 물신과 그 숭배자의 상호 관계는 양자를 동시에 규정하는 관계입니다. 즉, 숭배자를 규정하기도 하고, 물신과 자본을 규정하기도 합니다. 사람들이 실제로 생각하는 것이 바로 물신들입니다. 물신의 힘은 역사 안에서 실제 힘이 됩니다. 물신들이 역사적으로 구성됐듯이, 물신들의 힘도 역사적으로 구성되기 때문이죠. 따라서 물신 숭배 없이 현실을 설명하기는 더 이상 쉽지 않습니다. 현실도 물신 숭배의 자장 안에서 작동합니다. 그러므로 "권세 있는 자들의 화관을 벗길 수 있을"(눅 1:52) 유일한 길은 권력을 쥔 물신들을 뒤엎는 길밖에 없습니다. 이러한 물신 숭배(우상 숭배) 반대 행동이 없다면, 생명의 하나님에 대한 참된 믿음도 없고, 물신 숭배로 점철된 이 현실의 심층 변화도 요원할 겁니다.

조금 더 구체적인 의미로 들어가죠. 저는 모든 혁명의 성격을 "무신론"이라 말합니다. 혁명에는 체제 신격화에 맞서는 "무신론"이 꼭 필요합니다. 또 모든 혁명에는 현상 유지와 깊게 연관된 우상들에 대한 배교 행위가 포함됩니다. 이러한 무신론, 우상들에 대한 배교를 통해서 우리는 신앙의 가장 근본적이고 깊은 차원인 "정치" 차원과 접촉할 수 있습니다. 우리가 죽이는 우상들을 포기하지 않는다면, 생명에 하나님에 대한 신앙에 접촉할 수 없을 겁니다. 마찬가지

---

142) [역주] 단락의 첫 문장에서 여기까지 역자는 각 문장의 숨은 의미를 풀어서 번역했다.

로, 억압을 합리화하는 물신들과 압제자의 편에 선 물신들을 포기하지 않는다면, 사회 혁명은 불가능할 겁니다. 요컨대 생명을 위한 투쟁에 대한 "믿음"과 소망의 체계가 빠진 혁명은 세상에 존재하지 않습니다.

상품 교환에 참여하는 모든 상품, 지속적인 자율성, 자체 가치를 지닌 자본으로 전환되는 화폐가 과연 자본주의 탄생의 기원일까요? "자본"이라 불리고 투자를 가능케 할 거대한 부를 낳기까지 점점 축적되는 화폐 때문에 자본주의가 탄생할까요? 이러한 평가가 주를 이루는 것처럼 보입니다. 그러나 마르크스의 생각은 전혀 다릅니다. 오히려 마르크스는 우리에게 매우 낯선 내용을 전합니다. 그가 볼 때, 현실은 화폐를 은폐합니다. 쉽게 말해, "돈"은 "비가시적"입니다. 마르크스는 화폐와 자본의 중요한 특징인 물신과 물신 숭배 "때문에" 화폐와 자본의 역사적 활동이 가능하다고 말합니다. 핵심은 화폐와 자본의 물신적이고 물신 숭배적인 특징과 거기에 포함된 의의일 겁니다.

따라서 우리는 '물신 숭배(혹은 우상 숭배)라는 자본주의의 특징을 분석하지 않는 자는 결코 자본주의의 기능을 이해하지 못한다' 라는 마르크스의 주장에 동의합니다. 의심의 여지 없습니다. 자본주의의 이러한 기능은 마르크스의 시대보다 지금 시대에 더 부합합니다. 왜 그럴까요? 물신 숭배의 문제는 지난 세기의 강조에 한정되지 않기 때문입니다. 오늘날 우리는 한 층 강화된 자본주의, 복잡해진 자본주의, 전능한 힘을 확보한 자본주의를 봅니다.

현대인은 텔레비전의 세상143에 사는 '이상한 나라의 앨리스' 와 같습니다. 텔레비전에서 우리는 상품에 대한 '상업 광고' 를 접합니다. 상품은 말하는 주체, 심지어 사람과 대화할 수 있는 주체처럼 작동합니다. 자본주의의 총체적 위기란 물신들이 요동치는 순간이여, 그로 인해 물신 숭배의 재강화 전략이 흔들리는 순간이다. 이를 간파하는 눈이 필요합니다. 지금까지의 논의를 통해 우리

---

143) [역주] 지금이라면, 인터넷 세상으로 고쳐 쓸 수 있을 것이다.

는 말 그대로 **"신들의 투쟁"**(luta dos deuses) 시대를 산다고 말할 수 있습니다. 경쟁과 잔혹극으로 점철된 이 신들의 투쟁 한 가운데 우리가 서 있습니다. 또 우리는 믿을 수 없을 정도로 범람하는 우상들의 시대에 삽니다. 초국적 기업이 세계를 종횡무진 활보하고, 국가 "주권"(governabilidade)의 위기를 맞은 시대입니다. 이제 자본주의는 우상에 대한 숭배를 감추지 않습니다. 우상 숭배를 동반한 현시대 자본주의는 언제나 물신들에게 기도할 것을 강제하지요. 드러내 놓고 종교를 뒤에서 조종한 레이건 대통령과 새로운 종교 보수주의 노선의 거센 파도도 이러한 상황과 맞물립니다.

5. 결론

강연을 맺으면서 저는 마르크스의 딸 엘레아노어가 작성한 「마르크스를 추억하며」(Lembran as de Marx)에서 발췌한 내용을 여러분께 들려 드리려 합니다. 어린 엘레아노어의 순진함이 고스란히 묻어난 글입니다. 경청해 주시기 바랍니다.

"다섯 살 아니면 여섯 살 무렵이었을 거예요. 당시에 저는 가톨릭교회 미사에서 장엄한 음악을 들은 후에 종교에 대해 소박한 의심을 하였습니다. 또렷하게 기억이 납니다. 저는 아버지를 '무어인'이라 부르곤 했는데, 이 '무어인'에게 제 의심을 솔직하게 털어놨습니다. '무어인'은 조용하지만 명쾌하게 설명하시더군요. 지금까지도 제 뇌리에 선명하게 박혀 있는 아주 투명한 설명이었어요.

아버지께서는 어떤 목수의 아들 이야기를 해주셨습니다. 이 사람을 부자들이 죽였대요. 부자들에게 죽은 목수의 아들 이야기는 전에도, 지금도, 그리고 앞으로도 나올 수 없는 탁월한 이야기였다고 생각해요. 그는 '난

그래도 기독교를 몇 번이고 용서할 수 있단다.'라고 말씀하셨습니다. 그리고 '왜냐고? 기독교는 어린아이들을 사랑하는 법을 가르쳤기 때문이야.'라고 이유를 다셨죠. 저는 자라면서 아버지께 이 말씀을 여러 번 들었습니다."[144]

삶은 복잡합니다. 저는 삶의 복잡성이 인간의 순수성에 위협을 가할 수 있으리라고 생각하지 않습니다. 또 마르크스가 모든 의구심을 없앨 수 있는 '만능열쇠'라고 생각하지도 않습니다. 저항과 비판 없이 그를 맹종(盲從)할 생각도 없습니다. 그러나 '우상 숭배'와 '생명의 신에 대한 믿음'의 결정적인 차이를 도출할 수 있다면, 마르크스는 이미 충분한 조력자 역할을 수행했다고 말할 수 있다고 생각합니다.

---

144) 발췌한 글의 출처는 다음과 같다. "Erinngerungen an Marx", citado em Iring Fetscher, *Marxistische Portraits,* Stuttgart, Frommann, 1975, p. 27.

10장•신학의 자본주의 우상 숭배 비판[145]

성정모

본문은 한국계 브라질 해방신학자 성정모의 박사학위논문을 개정, 출판한『신학과 경제』의 발췌문이다.『신학과 경제』는 이전 세대 해방신학의 한계와 오류를 비판하고 해방신학의 본류를 잃지 않으려는 저자의 시각이 돋보이는 책이다. 저자의 비판에 따르면, "가난한 사람에 대한 우선적 선택"이라는 표어를 내걸고 경제 억압과 소외 문제를 신학의 출발점으로 삼았던 해방신학은 현실 문제의 토대인 경제 억압의 문제를 더 치밀하게 파고들지 않았다. 또 저자는 형이상학과 영성 혹은 여러 인권 운동 등으로 미분화되는 현상을 해방신학의 경로 이탈, 즉 "변칙 현상"이라 진단했다. 이 현상은 해방신학 내부에서 경제 문제에 관한 정밀 연구를 소외시키거나 경제 문제를 세부 주제와 단절시키는 모순을 낳고 말았다. 저자는 신학과 사회과학의 대화를 강조하면서, 경제 문제를 신학 윤리나 도덕 차원에서 논하기 전에 사회과학의 분석을 관통하는 방법론을 채택할 필요가 있다고 강조한다. 역자가 발췌한 본문은 그러한 저자의 사회과학 분석을 거친 이후에 다룬 신학의 과제 부분에 해당한다. 저자는 당대(1990년대) 해방신학의 과제를 두 가지로 제시한다. 첫째, '생명을 죽이는 물신'으로 등장한 자본 우상 숭배에 대항해야 한다. 둘째, 자본 우상 숭배의 체제화를 꾀하는 권력을 극복할 수 있을 다른 세계를 구현해야 한다. 요컨대 경제 현실을 직시하고 철저하게 분석한 해방신학은 절망을 넘어설 수 있도록 한 종말론적 "유토피아의 소망"을 끝없이 갱신해야 한다.

---

145) 원문 출처는 다음과 같다. Sung Jung Mo, *Teologia e economia. Repensando a teologia da libertação e utopias*, Petrópolis(Brasil), Editora Vozes, 1994, p. 234-242.

신학과 우상 숭배 비판

해방신학의 역사에서 우상 숭배를 신학의 핵심 주제로 다룬 중요 저작을 꼽으라면, 『신들의 투쟁』(*A luta dos deuses*)일 것이다. 여러 저자들의 논문을 모은 이 책에서, 파블로 리차드는 "자본주의는 무신론이 아닌 우상 숭배"[146]라고 주장하며, "종교가 된 현대 자본주의 체제와의 대결을 통해, 하나님 문제에 관한 신학적 합리화 작업을 추진할 수 있다."[147]라고 강조한다. 이 책을 공동으로 집필한 저자들(Equipe Dei)은 서론에서 다음과 같이 말한다. "무신론보다 더 비극적인 문제는 체제에 번식하는 가짜 신들에 대한 믿음과 이 신들에게 품은 희망"이며, 우리를 해방하는 하나님에 대한 믿음은 "가짜 신들을 부정하고 이 신들과 단절해야만 가능하다. 우상 숭배에 대한 철저한 반대가 곧 믿음'이다."[148] 저자들은 다음과 같은 말로 서론을 마무리한다.

> "압제하는 우상들의 문제와 해방하는 하나님을 추구하는 문제는 오늘날 복음의 과제에서나 정치의 과제에서나 새로운 차원을 확보한다. 해방신학은 바로 그 지점에서 가장 번식력 높은 문제 중 하나를 만난다."[149]

다시 말해, 자본주의 사회 안에 있는 신학은 자본주의 경제 체제에 작동하는 우상 숭배와 정면 대결을 펼칠 때라야 비로소 역사적 중요성을 확보할 수 있다. 우상 숭배에 대한 비판은 복음화를 위해서도 필요하지만, 정치 비판을 위한 조

---

146) Pablo Richard, "Nossa luta é contra os ídolos", in Pablo Richard(org.), *A luta dos deuses,* São Paulo, Paulinas, 1982, p. 37.

147) Ibid., p. 10.

148) Ibid., p. 7.

149) Ibid., p. 8.

건을 마련하기 위해서도 필요하다. 왜냐하면 마르크스의 말처럼, "종교 비판은 모든 비판의 사전 예비 조건" 150이기 때문이다.

1. 우상 숭배: 존재론적 문제

'우상 숭배는 현대 무신론을 대체하는 신학의 변증법적 기본 축이다.' 그러나 이러한 전제만으로는 산적한 문제를 해결할 수 없다. 무엇보다 우상 숭배는 특정 존재(ente)를 단순히 절대화하는 문제가 아니다. 특정 사물이나 사람에 대한 절대화는 이해의 지평과 사회 전체를 절대화하는 데 필요한 매개체에 불과하다. 철학 용어로 정리하면, 우상 숭배는 '존재'(ôntica)의 문제가 아닌 '존재론'(ontológica)의 문제이다. 엔리케 두셀은 철학의 눈으로 이 문제를 본다. 그는 "우상"과 "우상 숭배"라는 종교 개념과 등가(等價) 개념인 "물신"과 "물신화"를 사용한다. 두셀은 다음과 같이 말한다.

"권력 의지로 충만한 사람이 체제를 '만든다.' 그가 '만든' 체제의 토대를 절대화하려 하고 타인들에 대한 지배의 합리화를 절대화하려는 작업이 바로 체제 '물신화'의 과정이다. [...] 그러나 이러한 체제 물신화는 체제에 대한 '절대화' 작업임과 동시에 사람들의 행위와 숭배를 낳는 밑바탕을 이루기도 한다. [...] 물신이란 지배 체제의 '실행'을 보증하는 데 필요한 매개물인 사물의 신격화이다." 151

사람 손으로 만든 물건의 절대화는 지배 체제의 절대화를 지향한다. 절대화

---

150) Karl Marx, "Introdução à Crítica da Filosofia do Direito de Hegel", in Karl Marx e Friedrich Engels, Sobre a religião, Lisboa, Ed. 70, 1976, p. 45.

151) Enrique Dussel, *Para uma ética da libertação latino-americana,* vol. 5, São Paulo-Piracicaba, Loyola-Unimep, s/d, p. 48. 마르크스의 『정치경제학 비판 요강』(1859)을 분석한 글에서, 두셀은 다음과 같이 말한다. "마르크스 사상에서 유통의 지평, 즉 시장은 자본주의를 구성하는 존재론적 요소였다. 마르크스는 눈 감을 때까지 이 생각을 버리지 않았다. 자본주의 사회에서 살아가는 존재들의 존재론적 구성 요소는 바로 '시장'이다." Enrique Dussel, *La producción teórica de Marx,* México, Siglo Veintiuno, 1985, p. 97.

된 우상은 사람 목숨을 희생 제물로 요구하며, 가난한 사람들과 체제에서 배제된 사람들의 피를 요구한다.

2. 전통 사회와 현대 사회에서의 우상

두 번째 지점은 이 책의 연구 내용과 직결된다. 바로 전통 사회의 우상 숭배와 현대 사회의 우상 숭배의 차이이다. 모든 우상들은 낙원을 위한 조건으로 인간의 목숨을 희생 제물로 요구하는 압제의 신들이다. 그러나 성서가 비판했던 전통 사회의 우상들과 현대 사회의 우상들 사이에는 중요한 차이가 있다. 전통 사회의 우상들은 인간 행위의 산물이다. "그 땅에는 우상도 가득하므로 그들이 자기 손으로 짓고 자기 손가락으로 만든 것을 경배하며"(사 2:8)라는 이사야의 말처럼, 우상은 사람 손으로 만든 물건이다. 반면, 현대 사회에서는 "인간의 생산물이 신앙의 대상이 된다. 이는 인간이 '의도치 않은' 결과이다. 문자적 의미에서도, 현대 사회의 우상은 '행위'의 산물이 아닌, 인간 '상호작용'의 산물이다." 152 따라서 성서 시대의 우상과 구별되는 부르주아적이고 비가시적인 사회의 우상은 구체적이고 가시적인 자연의 요소들로 제작된다.

이러한 우상과 우상 숭배의 비가시성은 현대 사회를 세속화 사회와 무신론 표방 사회로 만든다. 153 동시에 현대 사회는 "기독교 전통의 수많은 핵심 요소를 흡수해 물신 숭배의 요소로 전환한" 154 사회가 됐다. 다시 말해, 현대 사회는 이웃 사랑과 같은 기독교 신앙의 핵심 요소를 물구나무 세웠다. 우상이나 시

---

152) Franz Hinkelammert, *Las armas ideológicas de la muerte,* San José, DEI, 1977, p. 158. 우상 숭배 개념으로 연구를 잇는 모든 신학자는 이러한 차이를 명확히 인지한다. 예컨대 구티에레스는 마태복음 22장 15~22절("카이사르의 것은 카이사르에게 주라")을 분석하면서 예수가 돈에 대한 모든 종속의 근절을 주장하고, "하나님 백성에게 돈에 대한 우상 숭배는 '항구적이고 현실적인' 유혹"이라고 말한다. Gustavo Gutiérrez, *O Deus da vida,* São Paulo, Loyola, 1990, p. 88. 작은따옴표는 저자(성정모) 강조.

153) [역주] 세속화와 무신론의 문제가 현대 사회의 밑바탕에 깔린 핵심 문제인 우상과 물신으로 탈바꿈한 경제 종교의 문제를 은폐하는 수단이 될 수도 있다는 우려가 섞인 표현이다.

154) Franz Hinkelammert, *Las armas ideológicas de la muerte, op. cit,* p. 158.

장 우상 숭배가 눈에 보이지 않는 이유는 경제 범주들의 물신 숭배적인 특징 때문이다. 쉽게 말해, 경제 범주들에 덧붙여진 "신학적 아우라"나 "환영" 때문이다. 이러한 아우라와 환영이 경제의 여러 범주를 구성하며, 거기에서 사람들은 "이 범주들을 세운 '타락한 무한자'와 만난다. 이 '무한자'는 경제 관점에서 보편 담론을 합리화한다. 일단 보편 담론을 정립한 뒤, 도덕과 정치를 멸시하고, 도덕과 정치에 대한 중립을 표방한다. 정확히 말해, 중립인 척한다. 이처럼 보편화와 중립을 표방하지만, 실제로는 이미 특정 입장과 한 통속이다." [155] 따라서 우고 아스만은 '비가시적인 것의 가시성'을 지적한다. 또 그는 사회과학에서 집단 개념을 거론한 마르크스의 물신 숭배 이론을 "경제의 우상 숭배적 특징을 밝히는 데 가장 중요한" [156] 요소로 여긴다. 프란츠 힌켈라메르트 역시 고전이 된 책 『물신: 죽음의 이데올로기적 무기』에서 마르크스의 물신 숭배 이론을 중요한 분석 도구로 활용한다.

전통 사회에서 우상의 기능은 정적인 질서에 대한 신격화였다. 반면, 현대 사회에서 비가시적인 우상의 기능은 내재화된 초월적 유토피아를 수반한 동적인 질서에 대한 신격화와 실제 운영이다. 따라서 현대 자본주의 사회의 유토피아를 파악하지 않고서는 이 사회의 우상과 우상 숭배의 기본 특징을 이해할 수 없다. 자본주의 사회의 유토피아를 실현하는 길은 결국 시장 체제 안에서 기술 진보의 최댓값에 도달하는 것이다. 최댓값을 지향하는 기술 진보와 함께 시장 체제는 성스럽고 절대적인 지존의 자리에 앉는다. 그러나 현대 자본주의 사회의 우상 숭배는 과학적이고 세속적인 특징을 보인다. 기술 진보가 자본주의 사회의 유토피아를 실현하는 일종의 추진체로 작용하기 때문이다. 따라서 인간을 희생 제물로 바치는 제사는 더 이상 눈에 보이는 제단에서 거행되지 않는다. 전

---

155) Hugo Assmann e Franz Hinkelammert, *A idolatria do mercado*, Petrópolis, Vozes, 1989, p. 220~221.

156) Ibid., p. 173.

통 사회에서 지배와 희생의 과정을 정당화했던 종교의식의 장소는 이제 없다. 현대 자본주의 사회의 인신(人身) 제사는 "과학적", 세속적, 비종교적 필연성을 내세운 제사이다. 세속적 희생 제사로 바뀐 것이다. 따라서 현대 자본주의 사회의 우상 숭배는 전통 종교의 사원들에서 거행되는 예식의 형태가 아니다.

경제 종교로서의 자본주의가 희생 제사 종교나 타 종교의 표현을 완전히 해부하거나 소멸시키고 독자적인 표현을 쓴다는 말이 아니다. 자본주의는 전통 종교의 표현을 그대로 사용한다. 특히 자본주의를 정당화하는 여러 이차 연구를 보면, 자본주의는 서구 기독교의 표현을 그대로 답습한다. 이러한 전통 종교의 활용은 자본주의의 자기 정당화에 늘 필요한 작업이다.

현대의 경제 종교와 전통 종교적 표현의 관계를 제대로 이해하려면, 무엇보다 정치 투쟁과 종교 투쟁의 관계가 전통 사회에서 현대 사회의 이행과 맞물려 바뀌었다는 점을 지적할 필요가 있다. 예컨대 중세 기독교 왕국에서 교리 논쟁은 사회 내부의 중요한 자리를 차지했다. 이 시기의 정치 투쟁의 핵심은 교리 논쟁이었다고 해도 과언이 아니다. 전통 사회의 토대는 "하늘(천국)"이었기 때문이다. 1819세기 부르주아 혁명으로 건설된 부르주아 사회는 "땅에서 하늘"을 향하는 사회였다. 부르주아 사회는 더 이상 이념들의 내용을 요구하지 않고, 부르주아 이념인가 아닌가를 따졌다. 부르주아 이념의 요체는 다양한 종교와 교리적 입장에 대한 관용이었다. 자체 모순이 아닌 이상, 다양성이 용인되었다. 그리고 다양성은 시장 체제의 기본 법칙들과 양립할 수 있다.

3. 해방신학과 경제

'경제 종교로서의 자본주의'와 전통 의미의 '종교들' 간의 관계에 존재하는 가장 근본적인 요소를 꿰뚫어 본 학자는 프란츠 힌켈라메르트이다. 우리는 그의 "이론적 범주"에 관한 분석을 연구하려 한다. 힌켈라메르트에 따르면, "사회

경제적 현실에 대한 우리의 인식을 사전에 규정하는 것이 바로 이론적 범주들이다. 우리는 이 범주들의 한계 안에서 현실을 해석한다."[157] 말하자면, 사회의 현실은 더 이상 있는 그대로의 현실이 아니라 특정 관점을 통해 인식된 현실이다. 이러한 사회 인식은 의식을 갖춘 주체의 순수 규정도 아니고 우발성의 산물도 아니다. 오히려 그것은 현실의 소유 체제와 연결된 전략적 유지이다.

> "우리는 특정한 소유 체제 속에서, 오로지 그 체제에 상응하는 일정한 정치적 목표를 구현할 수 있을 뿐이다. 거기에 다른 목표들의 실현은 불가능하다. 마찬가지로, 현실에 대한 해석을 위해 사용되는 이론 범주도 특정한 현상들만 보도록 할 뿐, 다른 현상들을 보지 못하게 한다. 또 특정인의 행위 목표만 인지할 뿐, 다른 목표를 인지하지 못하게 한다."[158]

우리가 지금 논하는 '이론의 범주'는 세계에 대한 해석을 가능케 함과 동시에 행동할 수 있는 목표들을 식별하도록 한다. 이러한 범주의 틀은 사회의 현상들에서 파생된다. 다시 말해, 사회에서 발생하는 현상들이 이 틀이 출현하는 곳이다. 힌켈라메르트는 이를 아래와 같이 표현한다.

> "이론의 범주들은 사람들이 특정 소유 체제에 맞는 현실을 실제 수용할 수 있는 현실로 인식하도록 한다. 이 범주들의 틀을 목표로 삼지 않는 체제는

---

157) Franz Hinkelammert, *Las armas ideologicas de la muerte, op. cit.*, p. 1. 범주적 틀에 관한 힌켈라메르트의 분석은 그의 책 서문에 등장한다. 우고 아스만은 이를 사회과학과 신학자들의 연결 작업에 제시된 "참신 행보", "핵심부"라 칭했다. Cf. Hugo Assmann, "La tarea común de las ciencias sociales y la teología en el desenmascaramiento de la necrofilía del capitalismo", in Elsa Tamez y Saúl Trinidad(orgs.), *Capitalismo: violencia y antivida*, tomo I, San José(Costa Rica), Educa(col. DEI), 1978, p. 29.

158) Franz Hinkelammert, *Las armas ideologicas de la muerte, op. cit.*, p. 1.

존속할 수 없다." 159

쉽게 말해, 특정 체제에 적합한 범주의 틀은 소유 체제에도 있을 수 있고, 사람들이 이 소유 체제와 사회의 현실을 언급하는 이데올로기의 작동 방식에도 있을 수 있다. 사회에 통합된 종교들 역시 이러한 범주의 틀과 공존할 수 있다. "특정 체제에 부합하는 범주의 틀이 현상들에 의미를 부여하고 그 의미를 중심으로 종교적 이미지와 신비의 구조가 만들어진다면, 종교는 이러한 소유 체제와 척지지 않고 오히려 체제와 어울려 살 수 있다." 160

시선을 잠시 라틴아메리카 대륙의 현실로 돌려보자. 아마도 이 대륙이 긍정한 소유 체계, 활용한 범주의 틀 및 종교적 이미지와 신비 간의 밀접한 관계에 대한 분석이 필요할 것이다. 우리는 그러한 분석을 통해 자본주의에 통합된 집단들, 기독교 단체들, 교회들 사이의 조화, 연합, 갈등의 관계를 이해할 수 있을 것이다.

신비와 관상의 왕국과 현실 제도를 통해 지배하려는 왕국으로 "나뉜" 이른바 "두 왕국"의 세상에서, 우리는 신학 담론을 "천상계"에 "환원"시키는 오류를 범하지 말아야 한다. 필자가 이렇게 주장하는 이유는 다음과 같다. 전통 사회든 현대 사회든 신 "자체"에 관한 담론이나 세계를 향한 하나님의 뜻에 관한 신학 담론을 사회적 관계들과 관련된 판단에서 이해해야 하기 때문이다. 분명히 말하지만, 하나님에 관한 담론인 신학은 우리 사회의 범주적 틀에 관한 판단 작업도 수행해야 한다. 즉, 신학은 "자연스러운 것"으로 여기는 사회의 관계들, 소유 체계의 토대들, 우리의 행동과 지각을 이러한 소유 체계 속에 제한하려는 이유를 꼼꼼히 따져야 한다. 이러한 과제를 수행해야 할 신학은 자본주의 체제와 오랜 세월 동안 공생해 온 기독교 신학들에 대한 비판도 단행해야 한다. 후안 루

---

159) Ibid., p. 1.

160) Ibid., p. 2.

이스 세군도의 표현을 빌리면, 이 작업이 곧 "신학의 해방"(libertação o da teologia)이다. "신학의 해방" 작업을 더 풀어서 말하겠다. 신학의 해방은 첫째, 자본주의 범주에서 기독교 신학을 해방하는 작업이다. 둘째, 끝없이 희생자를 만들어내는 제도를 정당화하는 이론 범주에서 신학을 해방하는 작업이다. 셋째, 자본주의 우상 숭배를 철저하게 비판하는 작업이다. 161

우고 아스만에 따르면, 우상 숭배 경제 체제와 도덕규범들을 동일시하는 사회, 이러한 규범들을 신격화한 우상 숭배의 사회, 과학과 초월주의 시장의 이름으로 인간의 희생을 요구하는 종교인 "경제 종교"의 사회에서, "경제 범주들과 함께 작동하는 경제 신학에 맞서지 않는 신학은 모두 불구 상태이다." 162 우리에게는 아래 내용을 꿰뚫는 신학이 필요하다.

> "경제 측면에서 볼 때, 시장 우상 숭배의 본질은 경제 패러다임 안에 서식하면서 성장하는 신학에 있다. 시장 우상 숭배는 이러한 신학을 구성 재료로 삼는다. 경제와 한 몸을 이룬 시장 우상 숭배의 행위는 우상 숭배 패러다임을 요구하는 자들의 일상생활에서 경건 활동까지 모든 것을 포괄한다. [...] 그러므로 경제 이론 자체를 출발점 삼아 우상 숭배 신학의 표현을 연구해야 한다는 점이 자명해진다. 그런데도, 오늘날 신학과 종교는 보충 요소들을 신속하게 동원해 시장 경제 신학의 공백을 메운다." 163

이러한 신학은 경제를 신학의 핵심 주제로 설정한다. 또 경제 이론 내에서 성장하는 우상 숭배 신학들의 가면 벗기기 작업을 신학의 제1과제이자 근본 과제

---

161) Cf. Hugo Assmann, "Econom a y teolog a: algunas tareas urgentes", *Cristianismo y Sociedad*, n. 87, 1986, M xico, p. 29~36.

162) Hugo Assmann e Franz Hinkelammert, *Idolatria do mercado, op. cit.*, p. 308.

163) Ibid., p. 253~254.

로 제시한다.

따라서 첫 번째 단계에서 우리는 여러 이론과 정치경제 영역을 관통하는 "신성"의 다양한 이미지를 확인해야 한다. 두 번째 단계로, 우리는 신과 신의 갈등과 적대 상황을 직시해야 한다. 현시대는 신들의 전쟁 시대이다. "신들은 늘 싸운다. 왜냐하면 신학적 상상에 따른 인간의 이념들 사이에 갈등이 발생했기 때문이다. 이는 역사 내에 존재하는 신들에 관한 해석과 관련된 갈등이다." 164 세 번째 단계는 가치 평가에 대한 참여이다. 이 참여는 다양한 신들의 활동에 따른 결과를 따지는 작업이다. 이 단계에서 우리는 신들의 특별한 유용성을 발견할 수 있다. 왜냐하면 사회의 다양한 기능과 작동에 신들이 유용하게 쓰이기 때문이다. 네 번째 단계에서 우리는 이러한 기능들의 구체적인 이름을 확인한다. "어떤 것은 해롭고, 어떤 것은 해롭지 않다. 심지어 역사 계획에 아무런 도움이 되지 않는 것도 있다. [...] 우상 숭배에 관한 신학 담론은 바로 이 단계에서 출현한다." 165 다섯 번째 단계는 기독교 사상과의 일관성 연구이다. 다양성과 모순의 기능은 이미 기독교의 역사와 기독교의 신에게 부여됐다. "어제와 오늘의 기독교의 현실에서 해방하는 하나님을 발견하고, 압제하는 우상을 구분해야 한다. 그리스도인이 짊어져야 할 과제이다. 어려운 과제이지만, 피할 수 없는 과제이다." 166

훌리오 데 산타 아나는 이러한 방향에서 신학을 "'해석' 훈련"으로 전제한다. "신학을 해석학 범위에 포함한 일은 매우 적절하다. 해석학은 다양한 경향이 갈등하거나 대립한다. 다양한 공동체와 그 구성원들에게 해석학은 세계 속에서 자기 상황을 파악할 수 있도록 돕는다." 167

---

164) Ibid., p. 12.

165) Ibid., p. 13.

166) Ibid., p. 13.

167) Júlio de Santa Ana, "Teologia e modernidade", in Silva, Antonio Ap.(org.), *América Latina: 500 anos de evangelização: reflexões teológico‑pastoriais,* São Paulo, Paulinas, 1990, p. 197.

신학 성찰의 특수성을 잃지 않되, 신학과 해방 실천의 관계에서 가난한 사람들의 문제를 논하는 데 가장 유용한 방법은 "해석학"이다. 물론, 신학의 중심은 여전히 하나님이다. 따라서 해석학을 도구로 삼은 신학은 일차적으로 현 시대에 현존하는 하나님의 형상들을 식별하는 작업에 집중해야 한다. 덧붙여, 해석학은 정치와 종말론의 변증법 관계를 논하는 토론에서 기독교 사상에 큰 도움이 될 것이다.

해방신학은 그 출발부터 경제 문제와 마주했다. 우리는 여전히 경제 문제를 해방신학의 과제로 본다. 경제와 관련된 오늘날 해방신학의 과제를 세분화한다면, (1) 자본주의 종교에 대한 통제, (2) 우상 숭배에 대한 비판, (3) 신학을 이데올로기적 조건들에서 해방하는 소위 "신학의 해방" 작업과 관련된 주제들의 재발견, (4) 정치와 종말론에 관련된 주제들로 해방을 위한 싸움에 이바지하는 기독교 사상, (5) 하나님 나라 구현이라는 유토피아 기획, (6) 이를 실현하기 위한 구체적이고 일관된 역사적 계획의 제작 등을 들 수 있다.

클로드 제프레는 『오늘날 신학을 어떻게 할 것인가?』에서 훌리오 데 산타 아나와 같은 논조로 다음과 같이 말한다. "에드바르트 시힐러베익스와 데이비드 트레이시처럼, (...) 우리는 신학의 현재 기능을 기독교 전통에 대한 해석과 오늘날 우리의 경험에 관한 해석의 비판적, 상호적 관계로 이해한다"(p. 7). 또 "지식으로서의 신학에서 해석으로서의 신학으로 이동하는 작업은 새로운 영역의 출현이라 할 수 있다. 여기에서 말하는 새로운 영역이란 기독교의 전언에 담긴 의미를 생산하는 영역이자 그 전언을 확인하고 증명하는 영역이다. 즉, 기독교의 지식과 '실천'이다. 우리는 신학을 '하나님 말씀을 현재화하는' 해석학으로 정의한다. 그러나 신학을 해석학으로 정의했다고 하여, 그리스도인의 실천을 추상화하는 성서 해석 이론을 용인하겠다는 말은 아니다. 그런 해석을 결코 용납할 수 없다. 그리스도인의 믿음과 자비의 '실천'이 지식으로서의 신학에 선행한다. 신학은 실천에 선행하지 않는다"(p. 28). Claude Geffré, *Como fazer teologia hoje*, São Paulo, Paulinas 1989.

11장•근대 초기 자본주의에서의 소유 시장 사회의 출현[168]

울리히 두크로

독일의 신학자이자 철학자인 울리히 두크로는 세계화 경제의 독점 구조와 이로 말미암아 발생하는 불평등, 빈곤, 실업, 권리 박탈의 문제를 줄기차게 비판해 왔다. 저자는 본문에서 자본주의 시장 사회의 출현을 역사적으로 간략히 짚은 뒤, 시장 사회가 어떻게 '소유 시장 사회'로 전환됐는지를 추적한다. 이 과정에서 사적 소유의 제도화와 합법화에 복무한 이론가들을 다룬다. 그가 겨냥하는 이론가들은 토머스 홉스, 버나드 맨더빌, 애덤 스미스처럼, 소유주 독점 자본주의가 가장 먼저 활성화된 영국과 네덜란드의 이론가들이다. 홉스, 맨더빌, 스미스 모두 인간의 자연 상태를 협력과 공생이 아닌 사익 추구와 경쟁으로 봤다. 어떻게 보면, 당대 약탈과 정복에 선두 주자였던 지역의 문화적 산물이지만, 향후 이들의 생각은 서구권의 여러 나라에서 수용되고 보편화됐다. 저자는 본문의 마지막 부분에서, 이러한 소유로 말미암은 균열과 파괴를 "파시즘"이라는 용어로 정리한다. 소유 시장 사회의 귀결이 바로 "파시즘"이다. 권력의 규제를 받지 않는 사익 추구 세력이 권좌에 앉으면, 결국 더 큰 규제 권력으로 바뀌어 모두의 삶을 통제한다. 오늘날 시장 전체주의(기업 파시즘)를 체감하는 독자라면, 숙고해 볼 만한 글이다.

---

168) 원문 출처는 다음과 같다. Ulrich Duchrow und Franz Hinkelammert, *Leben ist mehr als Kapital. Alternativen zur globalen Diktatur des Eigentums*, Oberursel(Deutschland), Publik‐Forum, 2005[2002], p. 40-54.

1. 이해를 위한 다양한 접근

우리는 다양한 측면에서 자본주의 시장 사회의 출현을 생각할 수 있다. 시장 제도 자체에 초점을 맞출 수도 있고, 이 제도의 변화에 초점을 맞출 수도 있다. 나아가 시장에 속한 다양한 요인과 요소를 설명할 수도 있다. 칼 폴라니의 『거대한 전환』(*The Great Transformation*) 169은 바로 이러한 내용을 출발점으로 삼았다. 폴라니는 자유주의와 신고전주의 경제 이론을 반박한다. 반박 이유는 다음과 같다. 곧, 자유주의와 신고전주의 경제 이론은 시장을 모든 민족과 시대에 무차별적으로 적용하려 했고, 이를 토대로 보편적인 사회 범주와 인간 범주를 전제하려 했기 때문이다. 그러나 폴라니에 따르면, 이러한 보편 범주를 전제하려는 시도는 오류이다. 왜냐하면 자기 경제와 경제 관계들을 상호성이나 재분배처럼 전혀 다른 형태로 조직하고 조정할 줄 알았던 사람들과 문화들이 엄연히 존재했기 때문이다. 더욱이 지역 시장이나 원거리 교환 시장과 같은 형태의 시장들은 상당히 오랜 시간 동안 지속되기도 했다. 이러한 시장 중에는 근대 시대까지 지속된 것도 있었다. 자본주의 국가가 내수 시장의 단일화를 관철하는 상황에서도, 이러한 시장들은 자본주의 세계 시장에 동화되지 않고 명맥을 유지했다. 12~13세기부터 시작된 초창기 원거리 교환 시장들 역시 전체화를 꿈꾸는 자본주의 시장의 논리를 따르지 않았다. 요컨대 이 시장들은 영국의 철학자 토머스 홉스가 경제학, 정치학, 인간학, 심리학의 의미를 총동원해 분석(사상 최초)했던 이 논리에 복종하지 않았다.

조반니 아리기는 『장기 20세기: 돈, 권력, 그리고 우리 시대의 기원들』170에

169) Karl Polanyi, *The Great Transformation*, New York, Farrar & Rinehart, 1944. [국역] 칼 폴라니, 『거대한 전환』, 홍기빈 역(도서출판 길, 2009).

170) Giovanni Arrighi, *The Long Twentieth Century: Money, Power, and the Origins of Our Time*,, London/New York, Verso, 1994. [국역] 조반니 아리기, 『장기 20세기』, 백승욱 역, 서울: 그린비, 2014. 또 필자의 다음 글도 참고하라. *Alternativen zur kapitalistischen Weltwirtschaft. Biblische Erinnerung und politische Ansätze zur Überwindung einer lebensbedrohenden Ökonomie*, Gütersloh, Matthias‐Grünewald‐Verlag, 1997².

서 다른 출발점을 채택한다. 그는 금융 자본가와 정치권력이 다면적 동맹을 맺었다는 사실을 기준으로 자본주의 역사의 출현과 주요한 역사 국면을 설명한다. 그는 북부 이탈리아의 은행과 상업 도시 국가를 출발점으로 삼는다. 베네치아는 십자군 원정을 발판으로 동방 무역을 장악하고 지역의 교역을 통제한다. 이후 제노바와 피렌체의 금융 자본은 스페인 왕국의 권력자들과 결탁하여 신대륙 정복 사업에 뛰어든다. 아리기는 이 부분에서 중요한 문제를 제기한다. **금융 지배 자본주의**는 언제부터 그리고 어떤 이유로 **생산 자본주의**를 "장기간"(langen Jahrhunderten) 동안 대체할 수 있었는가?

그러나 고대의 '소유화폐 경제'와 구분된 '특수 자본주의 경제'와 '사회'의 형식이 보편적으로 수용될 수 있었던 이유는 무엇인가? 효용성 계산은 어떻게 나머지 요소들을 모조리 무릎 꿇릴 수 있었는가? 소유와 권력을 축적한 개인을 화폐와 시장의 작동 방식을 통해 발전시킬 수 있었던 이유는 무엇인가? 여기에는 분명 '몇 가지' 요인이 있다.

로마 교황청과 북부 이탈리아의 상업 도시들은 십자군 전쟁으로 서로 손을 잡았다. 게다가 둘은 고대의 교부 시대 이후로 줄곧 합법화됐던 "고리대금 금지"를 무효화했다. [171] 폭리 사채업인 고리대금에 대한 무효화에 발맞춰 신학적 해법과 영적 해결책도 등장했다. 신학과 교회는 현금 지급을 통해 "연옥"에서도 속죄가 가능한 "면죄부"(Ablass)를 교리와 실천으로 확장했다. 이러한 관행은 교회로써는 '윈윈 게임'(winwingame)이었다. 왜냐하면 자본 소유자들은 막대한 수익을 올렸고 교회는 거기에 기생해 공짜 떡고물을 챙길 수 있었기 때문이다. 명목상 고리대금업은 여전히 죄로 간주했다. 그러나 영혼의 영원한 복을 물질을 통해 매수할 수 있다는 분위기가 발생했고 무럭무럭 자랐다. 금융 자본주의의 원조라 할 수 있을 피렌체는 한술 더 떠 "복리 이자 계산법"을 도입했다.

---

171) 다음 자료를 보라. Jacques Le Goff, *La bourse et la vie. Économie et religion au Moyen Âge*, Paris, Librairie Arthème Fayard/Pluriel, 2010[1986].

피렌체에서는 사상 최초로 '개인'이 예술 작품에 등장한다. 최초의 근대 인물화를 그린 화가는 마자초(Masaccio)였다. 14세기 중반에 산타 마리아 델 카르미네 성당에는 유명 인사를 소재로 한 마자초의 그림이 있다. 마자초의 인물화는 사실상 성당 헌금의 역사에 대한 그림이다. 덧붙여, 근대 시기의 태동은 정확히 이 시기와 맞물린다.

카를 게오르크 친은 『대포와 전염병』172에서 이 시기 유럽 근대성의 새로운 개성(근대식 개별성)에 특별한 영향을 미친 두 요소인 전염병(페스트) 대유행과 화포 발명에 주목한다. 1347년에서 1352년 사이에 유럽 인구의 절반을 집어삼킨 '페스트'는 심각한 외상을 남겼다. 또 전염병으로 말미암아 타인과 맺는 관계성에도 변화가 발생했다. 감염자와의 접촉은 누군가를 또 감염시킬 수 있고 죽일 수도 있다. 따라서 이웃 사랑은 위험한 행동이 됐고, 타인과의 거리두기는 자기의 생존 가능성을 높인다. 심지어 식사 습관에서도 이러한 관계의 변화가 나타났다. 사람들은 더 이상 같은 접시에 음식을 담아 먹지 않고 개별 식사 도구를 사용하기 시작했다. 총기를 포함한 '화포'는 적과 직접 대면하지 않고도 원거리 타격으로 사살할 수 있는 무기였다. 화포의 발달은 '살생 금지'의 문턱을 낮춘 사건이었다.

전염병과 화포는 집단 사망과 관련해 새로운 관계를 불렀다. 14세기는 죽음의 신비가 발생한 시기일 뿐 아니라 타자를 집단으로 학살할 준비를 완료한 시기였다. 요컨대 폭력성이 유럽의 특징이 된 시기였다. 십자군 원정대는 이슬람교도뿐 아니라 유대인과 동방교회 소속 그리스도인에게 잔인한 폭력을 행사하였다. 교회는 십자군의 폭력에 대한 신학적 정당화를 추진했다. 그러나 유럽은 반성은커녕 한술 더 떠 아메리카 '정복'(conquista)에 나서 전대미문의 대량 학살을 저질렀다. 도시 국가의 경제는 장비의 생산으로 말미암아 농촌 경제를 압도

172) Karl Georg Zinn, *Kanonen und Pest. Über die Ursprünge der Neuzeit im 14. und 15. Jahrhundert,* Opladen, Westdeutscher Verlag, 1989.

했다. 그에 따라 화포와 총기에 관한 관심이 증가했다. 이는 경제 수익과 직결됐다.

2. 소유와 그 결과들

본 연구는 정치경제법적 틀의 변화에 집중한다. 아울러 이러한 틀과 함께 자본주의 발전에 필요한 기본 '소유제도'에도 주목한다. 그 이유는 화폐의 작동 방식과 얽힌 이 제도가 '계산하는 개인'을 지지하는 물적 토대이기 때문이다. 크로포드 브라프 맥퍼슨이 자본주의 발전을 연구하며 "소유 시장 사회"(Eigentumsmarktgesellschaft)라는 개념을 사용한 크라포드 브라프 맥퍼슨이 옳았다. 173 맥퍼슨의 연구에 따르면, 자본주의 시장은 오로지 소유와 계약서라는 기본 제도와 맞물려 작동한다. 생산관계, 화폐, 자본, 노동, 토지를 발전시키거나 개발하려면, 가장 확실하고 중요한 부분이 전제되어야 한다. 바로 "소유"이다.

우리는 봉건 지주제에서 부르주아 소유제로의 변화를 확인할 수 있는 가장 이른 형태이자 중요한 형태를 영국에서 볼 수 있다. 14세기는 변화의 맹아기였고, 근대 초기와 연결될 수 있을 여러 요소가 효력을 발휘하던 시기였다. 이러한 변화에 영향을 미친 근원은 기후 변화였다. 북부 도서 지역의 농민들은 생존 자체가 불가능할 정도의 생활고에 시달렸다. 이로 말미암아 종래의 조세 체계의 근간이 흔들렸다. 또 '페스트'의 창궐로 농민의 숫자가 급감했다. 1381/2년 롤라드파 174의 반란이 터졌다. 하인존과 슈타이거에 따르면, 이 사건은 근대

---

173) Crawford Brough Macpherson, *Democratic Theory: Essays in Retrieval,* Oxford, Clarendon, 1973.

174) [역주] 종교개혁의 선구자 가운데 하나인 존 위클리프의 사상을 따르던 제자들의 반체제 운동이다. 당시 가톨릭교회에서 금한 신구약성서를 모국어(영어)로 번역했고, 부패한 교회를 성토했으며, 가난한 사람들에게 순회 설교를 하는 등의 민중 계몽 운동을 폈다. 1382년 그리스도 승천 주일 설교에서 니콜라스 히어포드는 라틴어가 아닌 영어로 설교한 첫 번째 '롤라드'가 됐다. 당국의 핍박이 일었고, 급기야 사상의 태두인 위클리프의 부관참시가 거행되기도 했다. 이후 롤라드파는 유럽 곳곳으로 흩어져 종교개혁의 씨앗을 뿌리는 중요한 역할을 한다.

소유제 사회의 신호탄이었다. 왜냐하면 이 사건들 이후로 근대 시기에는 최초의 농노(villains) 해방이 이뤄졌고, 졸지에 농노를 잃은 영주들은 허울뿐인 지주로 전락했기 때문이다. 175

당시에 시작된 부르주아 토지 소유로의 전환은 생활 관계의 격변을 의미하지 않았다. 오히려 그것은 뒤에 이어질 근대 시대를 건설하는 토대가 된 사건이었다. 중세 농민들이 공동 경작했던 농촌의 공유지에 담장과 울타리(enclosure)를 쳤다. 공유지가 사유지로 바뀌었다. 칼 폴라니의 『거대한 전환』은 이러한 변화를 설명한다. 특히, 이러한 변화와 맞물려 사람들 간의 전통 관계가 어떻게 바뀌는지를 탁월한 문체로 서술한다. 농민의 상호 협동과 공동 노동이 돈을 통한 계약 관계와 경쟁으로 조정됐다. 새로운 경제 방식은 모든 농민에게 성공을 보장하지 않았다. 경쟁에서 밀려난 농민은 농촌이나 도회지에서 일자리를 구해야 했다. 그 경우, 이들은 임금 노동자 자격으로 고용 계약을 맺어야 했다. 당시 사유화로 인해 사회에서는 '실업'이 만연했다. 이와 동시에, 봉건 영주는 대지주가 됐다. 경쟁을 재편된 새 환경에서, 옛 영주들은 토지에서 이익을 확보했다. 대지주는 막대한 금융을 확보한 상인들과 은행가들과 공조해 공유지를 사들였다. 이들이 공유지를 사들인 이유는 직물 산업에 필요한 양모 생산 때문이었다. 양모를 생산하려면 먼저 목초지를 충분히 확보해야 했다. 이들은 구매한 공유지를 즉각 초지로 전환한다. 유럽 전역의 생활 관계가 점점 상업화되기 시작했다. 제러미 리프킨은 이 문제를 아래와 같이 쓴다.

"유럽 문명은 경제 보장의 토대와 인간의 삶에 대한 인식을 바꿨다. 인클로저 운동은 이러한 상황에 새로운 인간관계 개념을 도입했다. 토지는 더 이상 사람에게 속한 것이 아니다. 이제 토지는 사람 소유의 상품이 됐다. 사

---

175) 다음 자료를 보라. Gunar Heinsohn und Otto Steiger, *Eigentum und Zins, Geld-Ungelöste Rätsel der Wirtschaftswissenschaft*, Reinbek bei Hamburg, Rowohlt Verlag, 1996, p. 108ff.

람들은 토지를 양으로 환산했고 교환가치에 따라 측정했다. 토지뿐만 아니라 사람도 마찬가지였다. 관계가 전면 재조직됐다. 이웃은 피고용인이자 계약자가 됐고, 상호성은 시간제 임금으로 대체됐다. 과거에 서로 노동력을 나눴던 곳에서, 이제 자기의 시간과 노동력을 판다. 인간은 금융의 용어들로 서로를 보기 시작한다. 사물을 볼 때도 마찬가지였다. 사람이든 사물이든 모조리 협상할 수 있는 물품이 되고 적정가로 구매되는 상태로 바뀌었다."[176]

당시에 상업 토지 경제라는 형식이 등장했다. 필자는 경제 관점에서 몇 가지 요소들을 간추려 그 특징을 서술하겠다.[177]

① 공유지의 사유화로 인해, 영주는 대지주가 됐고 자유농민은 중간 규모의 독립 농민으로 도약했다. 옛 농노의 대다수가 자유민이 됐다. 이들이 임금 노동자와 소단위 수공업자를 이룬다. 노동자와 수공업자로의 새 출발은 결코 옛 소작농 시절과 같지 않았다. 화폐를 매개로 한 고용 계약과 임대차 계약이 인간관계를 설정했다. 인간관계는 법적 관계로 이동했다. 임금 노동의 출현은 고대 경제와 근대 경제를 가르는 결정적인 차이였다. 고대 경제는 노예 노동이나 기껏해야 일용직 노동을 고집했었다.

② 농민과 대지주는 자급자족 생산에 머물지 않고, 도시의 시장 판매를 위해서도 생산했다. 직물 생산에 필요한 '양모'가 주력 생산 분야였다. 양

---

176) Jeremy Rifkin, *The Biotech Century: Harnessing the Gene and Remaking the World*, New York, J. P. Tarcher, 1998, 40 f.

177) 이와 관련해, 중세부터 오늘날까지 소유법의 역사를 연구한 헬무트 리츠티히의 책을 참고하라. Helmut Rittstieg, *Eigentum als Verfassungsproblem. Zu Geschichte und Gegenwart des bürgerlichen Verfassungsstaats*, Darmstadt, Wissenschaftliche Buchgemeinschaft, 1975, 21 ff.

모 생산은 내수용과 수출용을 동시 겨냥했다. 왜냐하면 양모 생산이 농업 생산보다 더 많은 수익을 내기 때문이다.

③ 지주는 더 이상 명문가 귀족이 아니었다. 옛 기사들과 신분 상승한 하급 시민 계급 출신들이 주를 이룬 "하급 귀족"인 "젠트리"(Gentry)가 지주로 급부상했다.

직물 생산 분야에서도 무역과 제조업이 발달했다. 분업화된 제조 공장들과 임금 노동도 등장했다. 물론, 가내 수공업도 존재했다. 이러한 산업에서 원자재와 생산물은 고용주에게 속하였지만, 노동자는 임금을 받았다. 협동조합은 석탄과 철 생산에서 자본주의 생산관계로 이동했다. 17세기에 잉글랜드 주민의 거의 절반이 임금 노동자였다. 여기에 가내 수공업에 종사하는 노동자까지 합산하면, 그 비율은 75%까지 치솟는다. 178 당시 잉글랜드 지역에 나타난 특징은 다음과 같다. 예속된 노동자 계급은 공동의 소유권을 행사하는 귀족, 젠트리, 부르주아 계급에 대항했다. 또 이 유산자 계급은 유럽 대륙의 상황과 달리, 국왕에게서 공동 소유를 보호하려 했고 때로 왕실에 대립하면서 사익을 불렸다. 그러나 그것은 귀족과 부르주아의 계급 동맹을 맺는 식으로 이뤄지지 않았다.

바로 이러한 배경에서 시장 사회의 중요한 제도인 소유와 계약이 발달했다. 사법 기관은 이를 발판으로 소유권의 절대 '재량권'을 감쌌다. 179 잉글랜드의 법이 재판관의 판단에 따라 발달한 관습법이라는 사실이 이 설명에서 재차 드러난다. 다시 말해, 1494년 독일 제국의 법률 개혁과 마찬가지로, 잉글랜드는 로마법을 수용하지 않았다. 오히려 사회 경제의 변화가 판결에 영향을 미쳤다. 판

---

178) 다음 연구서를 참고하라. Crawford Brough Macpherson, *Die politische Theorie des Besitzindividualismus. Von Hobbes bis Locke,* Frankfurt am Main, Suhrkamp, 1973 [1967], p. 76 f.

179) 다음 자료를 보라. Helmut Rittstieg, *Eigentum als Verfassungsproblem. Zu Geschichte und Gegenwart des b rgerlichen Verfassungsstaats, op. cit.,* p. 25 ff.

결이 이 변화에 반응한 셈이다. 달리 말해, "인클로저"를 통해 공유지를 사유 재산으로 전환하는 사회 경제 상황에 법적 판결이 반응했다. 소유주는 울타리치기(enclosure) 과정에서 지역사회를 배려하지 않고 멋대로 토지를 처분할 수 있었다. 절대 소유권은 그 발달 과정에서 교환권, 특허권, 저작권과 같은 비물질 대상으로까지 확장됐으며, 사유 재산권 계약에 대한 소송에까지 확장됐다. 180 따라서 실제 이뤄진 계산의 기초는 로마법과 마찬가지로 "절대 권리"였다.

마리프랑스 르루자가메의『근대식 소유 개념의 신학적 기원들』181에 따르면, 근대의 소유 절대성의 진원지는 로마법의 수용이 아니다. 오히려 절대자 하나님이 창조물의 소유주라는 이해의 세속화가 근대의 소유 절대성의 실제 뿌리이다. 후기 스콜라주의의 '주의주의'(主意主義)에 의거한 1617세기의 신(新)스콜라주의자들이 이러한 사고를 발전시켰다. 예컨대 아르마카누스(Armacchanus)는 "하나님의 주권은 세계를 완전히 소유하는 권리이다. [...] 하나님은 온 세상을 자유롭게 사용한다." 182 신스콜라주의자들은 주인의 소유권을 이런 식으로 생각했다. 이 소유권은 하나님에게 인간의 소유주라는 자격을 부여하기도 했다. 이렇게 부여된 소유는 휴고 그로티우스의 사례처럼, 17세기 들어와 신학적 속박에서 벗어나 '자연법'이 됐고, 인간의 자연권이 됐다. 183 이 주제는 사상에 따라 역사가 전개된다는 방법론상의 가정에서 출발한다. 실제 역사에서 근대의 소유는 부르주아의 소유를 합리화한 신스콜라주의 학자들이나 자연법 사상가들보다 더 먼저 발달했다.

---

180) Ibid., p. 29.

181) Marie‑France Renoux‑Zagamé, *Origines théologiques du concept moderne de propriété,* Paris, Librairie Droz, 1987. 필자에게 이 책을 소개한 미셸 보뎅(Michel Beaudin)에게 감사한다.

182) Ibid., p. 56에서 인용. 라틴어 원문은 다음과 같다. *Divinum dominium est jus plenum possidendi mundum et ... plene ac libere utendi.*

183) Ibid. p. 311 ff.

3. 소유 시장 사회에 대한 종합 이론: 토머스 홉스

토머스 홉스(1588-1679)는 새로운 경제, 심리, 사회, 정치 관계를 종합적이고 독창적이며 포괄적인 개념으로 정리한 최초의 철학자였다. 맥퍼슨은『소유 개인주의에 관한 정치 이론』에서 홉스의 사상을 정밀하게 분석했다. 홉스의 전집을 샅샅이 파헤친 맥퍼슨의 연구 덕에, 우리는 홉스 사상을 포괄적이고 체계적으로 소개할 수 있다. 184 홉스의 방법론은 아래와 같은 몇 가지 단계를 거친다.

① 연구의 출발: 홉스는 시장에서 활동함으로써 이익을 얻는 인간의 본성이 어떻게 작동하는지를 이론으로 정리한다.

② 상대가 자기 이론에 수긍하도록, 홉스는 17세기 잉글랜드 시장 사회에서 실제 겪었던 경험을 이야기한다.

③ 그는 시장 사회에서 벌어지는 사건들에서 '시장의 윤리'를 추출한다.

④ 시장에서 발생하는 '만인에 대한 만인의 투쟁'에서 주권 통치라는 정치적 필요성을 추론한다. 그는 소위 "철권(鐵拳) 통치 국가"라 불리는 통치 형태를 주장한다.

1. 개인과 개인의 권력 투쟁

우선 개인과 개인 간의 권력 투쟁이 발생한다. 185 홉스의 주장을 이해하려면, 두 가지 내용을 명확히 할 필요가 있다. 첫째, 학자들은 인간 본성에 관한 홉스의 이론을 역사적이고 근원적인 자연 상태에 대한 기록 정도로 이해한다. 그러나 실제로 홉스는 법에 대한 의무적인 복종이라는 가설에서 출발해 당대 사람들의 실제 행동을 서술하는 식으로 이론을 전개했다. 둘째, 시장 사회가 만

---

184) Crawford Brough Macpherson, *Die politische Theorie des Besitzindividualismus. Von Hobbes bis Locke, op. cit.*

185) Ibid., p. 30 ff.

인에 대한 만인의 개방이자 난폭한 투쟁으로 악화하지 않는 한, 단일 통치 권력의 필요를 증명해야 한다. 이것이 홉스의 목적이었다. 따라서 인간 본성에 관한 홉스의 언급은 역사 가설이 아니라 논리 가설이다.

홉스는 이미 『리바이어던』 머리말에서 자신의 분석에 관해 다음과 같이 말한다. "사람의 생각과 감정은 누구나 비슷하다. 그러므로 스스로 자기 속을 들여다보고, 사고하고, 판단하고, 추론하고, 희망을 품고, 두려움을 느낄 때 무엇을 하는지, 또 그 근거가 무엇인지를 살피면, 비슷한 상황에서 다른 모든 사람이 어떤 생각과 감정을 갖는지 쉽게 알 수 있다." 나아가 홉스는 사람들에게 다음과 같이 요청한다. "사람은 자기 맘속에도 남과 같은 것이 있는지를 찾으려 애쓰기만 하면 된다. 이런 종류의 학설을 달리 논증할 여지는 없다."186 우리는 홉스의 이러한 자아 성찰에서 무엇을 발견할 수 있는가?

홉스는 『리바이어던』 1장에서 인간의 생리를 묘사한다. 그에 따르면, 인간의 생리는 스스로 조정 가능한 자동 기계와 같다. 인간의 감각은 다른 몸의 압력을 수용하고 이를 두뇌와 심장에 알린다. 이렇게 전달된 정보는 곧바로 저항받는다. 환상과 기억은 '감각된 자료들'을 '수집된 경험들'로 바꾼다. 우리는 이를 바탕으로 원인을 탐색하고 가능한 행동으로 얻을 만한 결과를 미리 계산한다. 이 과정에서 언어와 이해력은 방향 설정을 돕는다.

중력에 빗댈 수 있을 정도로 거대한 몸체를 갖춘 이 기계는 운동을 지속한다. 이 기계는 자기의 '계산'에 따라 진보 운동에 유용한 (좋은) 것 쪽으로 움직이고 (욕망), 거추장스럽고 방해되는(좋지 않은) 것을 제거(혐오)하는 식으로 작동한다. 따라서 모두의 마음 상태를 '욕망'에 환원시킬 수 있다. 욕망은 행동을 계측하는 출처이다. 인간은 자기 욕망을 충족하기 위해 행동한다. 만약 이와 상충하는

---

186) Thomas Hobbes, *Leviathan*, Middlesex, Penguin Classic, 1986 [1651], p. 82 f. 필자는 맥퍼슨의 책에서 홉스의 글을 재인용했다. Crawford Brough Macpherson, *Die politische Theorie des Besitzindividualismus. Von Hobbes bis Locke, op. cit.*, p. 43.

상황이 발생할 경우, 인간은 자신이 궁극적으로 원하는 조치를 숙고하면서 그 행위를 결정한다. 따라서 홉스는 인간을 '계산하는 개인'으로 규정한다. 다시 말해, 인간은 욕구 충족에 필요한 모든 것을 시험하고 그에 따라 스스로 행동을 제어하는 기계이다.

인간의 생리를 자동 조정 기계와 계산하는 개인으로 규정한 홉스는 『리바이어던』8장에서 '타인과의 관계'를 두 가지 형태로 언급한다. 첫째, '계산 기계로서의 인간'은 자기의 소유와 타인의 소유를 비교하면서 모든 것을 평가한다. "모든 것이 모두에게 동등하다면, 굳이 물건을 확보하려 노력할 필요가 없을 것이다." 둘째, 다양한 사람이 다양한 수단을 소유한다. 왜냐하면 "다양한 사람의 권력, 부, 지식, 명예에 대한 욕구"가 다양하게 전개되기 때문이다. 어떤 사람은 '이것'에 대한 욕구가 더 크고 다른 사람은 '저것'에 대한 욕구가 더 크다. 홉스의 사상에서 이러한 욕구는 '만인에 대한 만인의 투쟁'을 위해 필요한 생리학적 전제이다.

2. 소유 시장 사회

이 전제들은 사회에서 어떻게 전개되는가? 과연 홉스는 발전된 시장 사회를 이해할 때, 언제나 이 전제들을 활용(10장과 11장)했는가? 여기에서 홉스는 몇 장을 할애해 권력을 재규정한다. 그는 일반적인 규정에서 벗어난다. 홉스에 따르면, 각 사람은 남보다 더 많은 권력을 쥐려는 충동을 가졌다. 따라서 권력은 무엇보다 "미래에 나타날 재화를 확보할 수 있을 현재의 능력이다." 따라서 홉스는 육체와 정신의 특별한 능력을 가리키는 '자연' 권력과 더 큰 권력을 얻는 데 유용한 부, 평판, 친구와 같은 도구들을 가리키는 '도구' 권력을 구분한다. 홉스는 다음과 같이 결론을 내린다. "자신이 원하는 것을 얻기 위해 발휘된 사람의 능력은 남의 능력과 대립한다." 187 이러한 결과로 투쟁이 발생한다. 이 투쟁에서 권력이란 타인의 직무나 직위를 지휘할 수 있는 능력을 의미한다.

그러므로 특정인의 힘도 상품으로 간주할 수 있는 "권력시장"(ein MachtMarkt)이 출현한다. "다른 물건들처럼, 한 사람의 중요성이나 가치도 값으로 매길 수 있다. 다시 말해, 그 사람이 사용할 수 있는 권력을 부여할 수 있을 정도로 그 값은 큰 비중을 차지한다. 따라서 값은 절대적이지 않고 상대의 필요와 판단에 의존한다." 사람과 사람이 대립하는 권력시장에서는 싸움과 경쟁을 더 이상 원치 않는 사람들에게조차 싸움을 강요한다. 사람들은 싸움판에서 빠져나오지 못한다. 오지도 가지도 못하는 이 현실에 대해 맥퍼슨은 "한 사람의 권력이 다른 사람의 권력과 대립하는 이 사회에서, 사람들은 남에 대한 지속적인 개입이라는 전제를 허용하고 요구하는 사회의 모델을 인정한다." 188라고 말한다. 따라서 "사회를 파괴하지 않으면서 모두가 타인들에 대한 권력을 지속해 추구할 수 있는 평화롭고 비폭력적인 방식을 제공하는 사회를 전제해야 한다." 189 맥퍼슨은 이러한 사회를 '소유 시장 사회'라 부른다.

맥퍼슨은 시장 사회의 고유성을 담은 네 가지의 주장에 특별한 네 가지 주장을 덧붙여 '소유 시장 사회'를 정의한다.

"① 노동은 권위주의적으로 분배되지 않는다.

② 업무 활동에 대한 보상도 권위주의적 규칙을 따르지 않는다.

---

187) Crawford Brough Macpherson, *Die politische Theorie des Besitzindividualismus. Von Hobbes bis Locke, op. cit.*, p. 49. 또 같은 책, 50쪽도 참고하라. 홉스는 1부 8장 네 번째 줄에서 다음과 같이 말한다. "한 사람의 권력은 다른 사람의 권력에 반작용하거나 그 작용을 방해한다. 따라서 권력은 다른 사람의 권력보다 자신의 권력이 더 우위에 있다는 말과 절대 다르지 않다. 왜냐하면 대립하는 양자의 권력이 동등할 경우, 서로 파멸을 면치 못할 것이기 때문이다. 우리는 이러한 대립을 전투와 싸움이라 부른다."

188) Ibid., p. 56.

189) Ibid., p. 61.

③ 계약은 정식으로 해석되고 실행된다.

④ 개인은 합리적으로 자기 효용성의 최댓값을 추구한다.

⑤ 개인의 노동 능력은 자기 재산이며 남에게 양도할 수 있다.

⑥ 토지 및 자원의 생산 부지에 대한 소유권은 개인에게 있으며 이 역시 남에게 양도할 수 있다.

⑦ 일부 개인은 자신의 유용 자산이나 능력보다 더 많은 것을 추구할 수 있다.

⑧ 일부 개인은 남보다 더 많은 능력, 자질, 소유권을 갖는다." [190]

이러한 전제들에서 사회의 구체적인 결과가 발생한다. 자기 소유, 즉 재산을 더 많이 활용할 수 있는 사람은 재산과 권력의 강화를 위해 더 많은 소유물을 획득할 수 있었다. 거기에는 타인의 노동력까지 포함된다.

"자기 효용성이나 권력의 수준을 높이려는 사람들, 가용 자본(이익 확보에 유리한 기술)이나 축적할 수 있는 자본을 통해 높은 에너지와 기술을 더 많이 점한 사람들은 일정 가격으로 타인의 노동력을 활용하려 할 것이다. 이들은 타인의 노동력을 통해 투자 비용보다 더 많은 가치를 활용할 수 있기를 기대한다. 보통 독립 생산물로 생활할 수 있기에 토지, 자원, 기술이 빈약했던 사람들은 최저 생계비 수준의 임금도 받아들일 것이다." [191]

전체 시장을 움직이는 요소는 경쟁과 그것을 통해 형성된 가격이다. 이 시장은 토지와 자본으로 재산을 소유한 사람과 재산이라곤 자기 노동력밖에 없는 사람 간의 계급 대립을 불렀다. 전자는 자기 힘으로 생산의 순수 잉여를 확보할 수 있었다. 이는 옛 사회 모델에서도 조세, 노예제, 일용직 노동의 형태로 존재했다. 단, 과거와 달리 이제는 만인에 대한 만인의 투쟁을 기계와 치러야 한다.

190) Ibid., p. 68 f.

191) Ibid., p. 69.

전체 시장의 이 상황으로 말미암아 법률을 통한 국가의 규제가 필요하다는 목소리가 높아졌다. 사실상, 자기 생명과 재산을 안전하게 지키고 계약을 지키기 위한 [유산 계급의] 고육지책(苦肉之策)이었다.

홉스가 살았던 17세기 영국은 본서에서 모델로 소개한 소유 시장 사회에 매우 근접한 사회였다. 192 홉스는 자본주의 이전 사회의 정의(正義, Gerechtigkeit) 개념을 거부한다(『리바이어던』, 15장). 우리는 이 점에 주목해야 한다. 시장 가격 이외에 다른 가치 척도는 없다. "모든 가치가 시장의 가치로 환원되는 곳에서는 정의 자체도 시장의 가치에 환원된다." 193

3. 사태들에서 추출된 윤리

홉스에 따르면, 모두가 자기 운동의 확장을 추구하는 생리학 지식에서나, 이 운동이 확장되는 시장 사회의 구조에서나, 여하튼 난폭한 투쟁을 저지할 수 있을 주권자의 권력을 인정하지 않는다면, 사람들은 만인에 대한 만인의 투쟁에서 안전하게 살 수 없을 것이다. 194 따라서 모든 것을 합리적으로 계산하는 사람은 최고의 권력을 인정해야 한다. 홉스는 자신의 정치 이론에서 처음으로 '사태들'에서 도덕적 의무를 추론한다. 더욱이 그는 인간의 근원적 평등에 관한 명제를 주장한다. 인간의 근원적 평등이란 결국 상대를 죽일 수 있는 인간의 동등한 능력을 말한다. 이러한 살생의 동등성으로 말미암아 불안정성이 발생한다. 맥퍼슨은 이 점을 명확히 짚는다. 그의 지적에 따르면, 홉스는 계급의 입장에 따라 불안정성이 균등하지 않다는 사실을 고려하지 않았다. 195 그러나 홉스의 관찰이 타당한 부분도 있다. 전 계급이 시장의 독재에 굴복해야 한다는 점에서

---

192) Ibid., p. 76 ff. 다음 자료도 참고하라. Helmut Rittstieg, *Eigentum als Verfassungsproblem. Zu Geschichte und Gegenwart des bürgerlichen Verfassungsstaats, op. cit.*, p. 62ff.

193) Ibid., p. 80.

194) Ibid., p. 86 ff.

195) Ibid., p. 102.

그렇다. 어쨌든, 우리가 오랜 시간 '시장 소유 사회'를 수용해 왔다면, 그 내부의 전 계급은 동등하다. [196]

홉스도 인정하듯이, 자기 영속성을 추구하는 주권의 결과를 애써 다룰 필요는 없다. [197] 역사에서는 실제로 다음과 같은 일이 발생했다. 곧, 시장은 공간을 가리지 않았으며 모든 사람을 똑같이 불안정 상태에 빠뜨리지 않았다. 쉽게 말해, 시장은 곳곳마다 계급 불평등을 야기했다. 이 가운데 소유주에게 해당하는 계급은 공동의 이해관계를 따지면서 주권 권력을 만들었다. 그 실체가 바로 소유주들이 중심을 이룬 "의회"이다. 홉스는 이 점을 간과했다. "소유주들은 소유권 승인을 위하여 주권 국가가 있어야 한다. 따라서 이들은 소유권 수호에 필요한 모든 것을 할 수 있는 통치 기구를 설치한다. 통치 기구는 필요한 것을 결정할 수 있을 권리를 가져와야 했다. 그러나 소유주들은 통치 기구의 결정에 대해 자기 권리나 권력을 포기하지 않아도 됐다"(『리바이어던』, 24장). [198] 홉스에 따르면, 주권자의 통치권이 없으면 소유도 없다.

더욱이 "신하들 사이의 '계약'(구매, 판매, 교환, 차용, 대출, 임대, 고용 등)을 어떤 식으로든 체결하기 위해, 그리고 특수한 용어와 기호로 거기에 효력을 부과하기 위해서도"(같은 책) 주권이 필요하다. 간단히 말해, 재산과 계약서의 보장을 위해 주권이 필요하다. 홉스가 시장 사회에 유리하도록 발전시킨 '계산하는 개인의 인간론'에 정확히 들어맞는 결과이다.

재산이 없는 사람도 소유 시장 사회에 대한 대안을 알지 못하면, 주권의 승인에 대한 어떤 대안도 확보하지 못할 것이다. 좌우간 주권자가 이들의 생명을 보호한다.

---

196) Ibid., p. 104 f.

197) Helmut Rittstieg, *Eigentum als Verfassungsproblem. Zu Geschichte und Gegenwart des bürgerlichen Verfassungsstaats, op. cit.*, p. 108ff.

198) Crawford Brough Macpherson, *Die politische Theorie des Besitzindividualismus. Von Hobbes bis Locke, op. cit.*, p. 112.

본문에서 17세기 영국의 소유권과 정치권력의 발전사를 상세하게 추적할 필요는 없다. 단, "20세기까지 영국 의회는 상원과 하원 가릴 것 없이 민주주의 제도가 아닌, 소유 계급의 전용 기관이었다." [199] 19세기에 형식적으로나마 무산 계급의 선거권 투쟁이 있었다. 그런데도, 의회의 이 분위기는 20세기까지 이어졌다. 크롬웰과 그의 사위 이레톤은 제1차 인민협정(1647)에 관한 토론에서 선거권 확대를 반대했다. 반대 이유는 선거권 확대로 인한 소유권 파괴와 무정부 상태의 우려 때문이었다. [200] 1688년 명예혁명은 대소유주의 권력을 강화했다. "의회는 마치 주주 총회를 연상케 했다. 최고 주주에게 부분적으로나마 특별석을 배석하는 주주 총회를 본뜬 형식이 의회였다." [201]

홉스는 시장에서 만인에 대한 만인의 투쟁이 난폭한 전쟁으로 비화하지 않도록 절대 주권자의 필요성을 인정했다. 그의 주장과 거대 소유주가 주권을 쥔 의회 민주주의의 역사 발전 간에는 분명한 차이가 있다. 그리고 훗날 그 차이는 더 벌어진다. 절대 주권자가 제도와 법의 틀 안에서 시장권력 투쟁의 발전을 보장할 수 있을 법률을 준수하라고 사람들에게 강제하지 않는다면, 사람들은 서로 죽고 죽이는(소유 시장 사회의 전제) 살육전을 벌일 것이다. 홉스는 이러한 생각을 수용한다. 이러한 법적 강제력의 핵심은 소유제도와 계약 의무의 강화에 있다. 이 점을 놓치지 말자.

버나드 맨더빌과 애덤 스미스가 홉스의 뒤를 잇는다. 우리는 이들의 사상에서 또 다른 주장을 발견한다. [202] 17세기 말부터 소위 '부르주아 인문주의'라

---

199) Helmut Rittstieg, *Eigentum als Verfassungsproblem. Zu Geschichte und Gegenwart des bürgerlichen Verfassungsstaats,* op. cit., p. 33.

200) Ibid., p. 35.

201) Ibid., p. 36.

202) Bernard Mandeville, *Die Bienenfabel oder Private Laster, öffentliche Vorteile*, Frankfurt am Main, Suhrkamp, 1968; Adam Smith, *Der Wohlstand der Nationen*, München, dtv Klassik, 1978(19884). 다음 자료도 참고하라. Germán Gutiérrez Rodríguez, *Etica y economia en Adam Smith y Friedrich Hayek,* San José, Universidad Iberoamericana, 1998, p. 26ff; *Globalización, caos y sujeto en America Latina. El impacto del neoliberalismo y las alternativas*, San José,

불린 사조가 상업화에 찌든 사회의 부정 효과를 비판하기 시작했다. 부르주아 인문주의의 사회 비판 원칙은 '미덕'과 '공익'이었다. 18세기 초에 버나드 맨더빌은 이러한 비판에 대응했다. 그는 상업을 통한 번영이 사회에 유익하다고 생각한다. 즉, 사익의 추구가 공익으로 이어진다고 봤다. 맨더빌은 '꿀벌의 우화'를 통해 이를 설명한다. 모두가 공익을 위해 아무것도 하지 않고 산업 현장에서 자기 이익을 추구한다. 그런데도, 결국 모두의 이익을 귀결될 것이다. 맨더빌은 이를 '개인의 악이 공공의 이익을 낳는다'는 공식으로 정리한다.

맨더빌의 주장은 18세기 말에 시장의 "보이지 않는 손"을 언급한 애덤 스미스의 주장과 일맥상통한다. 203 스미스는 이기적으로 사익을 추구하는 인간의 자연스러운 경향에 주목한다. 인간이 영리하다면, '신중'(prudentia)하게 계산하고 자신을 통제할 것이다. 다시 말해, 시장의 규칙들을 지킬 것이다. 스미스는 사유 재산과 계약의 절대 효력에 기초해 이러한 주장을 편다. 이러한 사익 추구에 '정의'(justitia)가 뒤따른다. 그리고 정의에 대한 갈망은 실제로 작동될 수 있을 윤리를 발생시킨다. 이를 '기능 윤리'라 부르자. '기능 윤리'는 재산을 보호하기 위해 법률 체계를 고려하며 이러한 보호를 현실화하기 위해 국가를 고려한다. 시장이 타당하다면, 상황에 따른 의도에 개의치 않고 개인의 이기주의적 행동을 통해 공동선(국가와 부)을 만들 수 있다. 그리고 그 과정은 보이지 않는 손을 통해 이뤄진다. 스미스의 주장은 중력 법칙의 보편타당성에서 유래한 아이작 뉴턴의 우주 조화론과 비슷한 측면을 보인다.

맨더빌과 스미스의 견해를 '홉스와 비교'하면, 우리는 두드러진 차이를 확

Consejo Editorial, 2001, p. 187ff; Thomas A. Horne, *El pensamiento social de Bernard Mandeville,* México, Fondo de Cultura Económica, 1982. [역주] 국문 번역본도 참고하라. 버나드 맨더빌, 『꿀벌의 우화』, 최윤재 역(문예출판사, 2010); 애덤 스미스, 『국부론(상·하)』, 김수행 역(비봉출판사, 2007).

203) 애덤 스미스에 관해, 헤르만 구티에레스 로드리게스의 다음 글을 보라. Germán Gutiérrez Rodríguez, *Etica y economía en Adam Smith y Friedrich Hayek,* San José, Universidad Iberoamericana, op. cit., p. 25ff. 시장에 관해, 같은 자료를 보라. Ibid., p. 89 ff.

인할 수 있다. 먼저, 홉스는 **절대 주권자의 보이는 손**을 필요로 한다. 즉, 만인에 대한 만인의 투쟁을 시장의 규칙과 법칙에 집어넣을 수 있을 절대 주권자, 부, 권력, 명예를 위한 비폭력적 경제 투쟁을 인정하는 규칙과 법칙을 보장하는 절대 주권자의 보이는 손이 필요하다. 반면, 맨더빌과 스미스의 이론 작업에는 당대 상황의 이중적 변화가 반영됐다. 첫 번째 변화는 자본주의 생산력의 두드러진 발전이다. 경제 성장이 곧 진보와 연결된다. 경제가 성장하면, 만인의 복지도 가능할 것이다. 맨더빌과 스미스는 이렇게 생각했다. 두 번째 변화는 대지주 부르주아 계급의 주도권 장악이다. 이 계급의 정치 주도권 행사, 소유권 계약 이행 보호법 제정 등에 유리한 법과 정치 질서가 필요했다. 맨더빌과 스미스는 이 계급을 위한 이론 작업을 추진했다. 따라서 **시장의 보이지 않는 손**을 통해 번영을 이룬다고 생각했고, 재산과 계약 관련 법률을 강화하는 주권자의 보이는 손은 이러한 번영에 크게 이바지하지 못한다고 생각했다. 왜냐하면 권력의 보이는 손은 갖은 방식으로 정치 질서와 법질서를 정당화하기 때문이다.

4. 파시즘의 결과

우리는 지금까지의 관찰을 바탕으로 차후 자본주의의 역사에서 등장할 몇 가지 장면을 상세히 이해할 수 있다. 부르주아 질서는 늘 도전받았다. 시장의 간접 효과로 말미암아 소유와 생산물의 가짜 분배, 배고픔, 만성 빈곤, 죽음과 같은 비극이 멈추지 않았기 때문이다. 부르주아 계급은 '**소유주가 통제권을 행사하는 민주주의 질서**'에서 '**독재 통치**'로 이동한다. 다시 말해, 보이지 않는 손이라는 신화가 현실에서 극단적인 모순에 봉착했을 때, 홉스식의 보이는 손이 절대 권력을 확보하게 됐다. 204 이러한 전개의 세계사적 고전 양식이 바로 '파

---

204) [역주] 뒤에 이어지는 문장에도 나타나지만, 저자는 시장의 자유로운 활동은 착각이며 결국 소유주의 이익에 복무하는 모순에 직면한 결과, 시장의 법칙을 모두에게 획일적으로 강요하는 파시즘 독재제가 오고 말았다고 평가한다. 자유주의는 허울이다. 모두의 자유가 아니라 소수만이 자유롭고 나머지를 속박해야 유지되는 체제이다. 이러한 자유주의는 독점 자본을 지향하며 대

시즘'이다. 요한 갈퉁(Johan Galtung) 205의 표현처럼, "나치즘은 서구 문명의 '말종'(末種)이다." 206 파시즘, 나치즘과 같은 서구 문명의 말종을 보여주는 최근의 사례로, 우리는 196070년대에 도입된 신자유주의를 들 수 있다. 서구 자본주의의 "고삐"를 쥔 미국은 각국에 신자유주의 독재를 주입했다. 신자유주의는 다국적 기업들의 자본에 날개를 달았다. 이 기업들이 사회와 국가 단위의 저항을 돌파하는 데 신자유주의만큼 유용한 도구는 없었다. 1964년의 브라질, 1965-66년의 인도네시아가 대표 사례이다. 207 1973년 9월 11일 피노체트 군부는 민주주의 절차에 맞게 대통령에 당선된 살바도르 아옌데 대통령을 죽음으로 내몰고 군부 독재의 막을 연다. 칠레 군부 쿠데타의 여파는 라틴아메리카에 퍼졌고, 아르헨티나, 우루과이, 중앙아메리카 지역도 큰 홍역을 치렀다. 이들 독재 정부는 다국적 기업들(TNCs)의 국영 산업체 인수를 용인했다. 또 부채도 탕감했는데, 이는 끝 모를 이자 지급과 국가 종속 상태를 유발하고 말았다. **독재는 세계화의 예비고사였다.** 먼저 이런 식의 독재가 주입됐고, 자본주의 세계의 도전자인 소련이 붕괴한 후, "저강도 민주주의"(Demokratie niedriger Intensität)가 도입됐다. 오늘날 제국은 다시 한번 전체화를 이뤘다. 4장과 5장에서 이 주제를 자세히 다루겠다. 208

항 자본을 용납하지 않는다. 소수 경제인을 위한 "자유주의"는 결국 "파시즘의 자궁"이었다. 거꾸로 말해, "파시즘"은 "자유주의가 낳은 자식"이다. 소련과 동구권 붕괴 이후 질주를 멈추지 않았던 "단극 세계화"는 세계에 "기업 파시즘"(초국적 기업, 거대 금융 등) 구조를 만들었다. 참고로, 프란츠 힌켈라메르트는 이를 "전체 시장"(total market)의 "전체화"(totalization)로 요약했다. Cf. Franz Hinkelammert, "Do mercado total ao império totalitário", in Hugo Assmann e Franz Hinkelammert, *A Idolatria do mercado. Ensaio sobre Economia e Teologia,* São Paulo, Vozes, 1989, p. 263~290.

205) [역주] 노르웨이의 정치가, 수학자, 사회학자, 평화 운동가이다. 평화학(Friedensforschung) 연구의 창시자로 불리는 인물이다.

206) 이와 관련해, 다음 자료를 참고하라. Ulrich Duchrow, *Weltwirtschaft heute - ein Feld für Bekennende Kirche?*, München, Chr. Kaiser, 19872, p. 149.

207) [역주] 2차 대전 이후 미국의 세계 패권 문제를 고발한 미셸 콜롱의 책을 참고하라. Michel Collon, *Les USA 100 pires citations,* Bruxelles (Belgique), Investig'Action, 2018, p. 52~53, 56~57.

208) [역주] 이 부분에서 2판은 초판에 수록된 내용을 몇 가지 삭제한다. 초판은 제국의 전체화에 관

다시 17세기로 돌아오자. 명예혁명이 일어난 지 2년 후에 존 로크는『통치론』(Second Treatise on Government, 1689/90)을 간행한다. 이 책은 영국 대지주의 통치를 정당화할 뿐만 아니라, 1787년 미국 헌법을 신호탄으로 대다수 서구 국가의 입법 체계의 토대를 닦았다.

한 정치경제군사 행동의 사례들로써, 아프가니스탄, 유고슬라비아, 이라크에서 벌어진 내용을 서너 줄로 기록했지만, 2판은 이 부분을 지웠다. 스페인어 역서는 원서 2판과 마찬가지로 해당 내용을 삭제했고, 영어 역서는 초판의 내용을 그대로 수록했다. 또 원서의 4장과 5장에서는 세계화된 시장인 "전체 시장"(Der totale Markt) 문제와 세계를 시장 체제로 조직한 "시장 전체주의" 문제를 다룬다. Ulrich Duchrow und Franz Hinkelammert, *Leben ist mehr als Kapital. Alternativen zur globalen Diktatur des Eigentums*, op. cit., p. 97~167.

12장•전신(錢神)을 믿지 않는 무신론자[209]

엔리케 두셀

본문은 이탈리아에서 개최된 한 학회에 연사로 나선 두셀의 강연록이다. 이탈리아의 치타 델 카스텔로(Città del Castello)를 중심으로 활동하는 지식인 협동조합 랄트라파지나(L'Altrapagina)가 주최한 본 학회의 주제는 "윤리의 퇴색"(L'eclissi dell'etica)이었다. 정치, 경제, 사회, 문화, 심지어 종교까지 전 분야에 걸쳐 인간의 얼굴은 사라지고, 물질 가치가 정신 가치를 대체한 시대에, 가치 판단의 중요 덕목인 윤리의 복원이 중요한 과제로 부상했다. 윤리를 부르주아 계급의 자기 위안(慰安) 정도로 여기는 비판에 대해, 두셀은 생명의 가치에 집중하고 억압받는 사람들 편에 서는 "해방윤리"를 새로운 윤리의 토대로 삼아 그 원칙을 여섯 가지 공식으로 제시한다. 해방윤리의 기저(基底)에는 돈을 절대자로 숭배하는 자본 물신 종교와 철저하게 단절하겠다는 결단이 있다. 이에 두셀은 "유물론 메시아주의 숭배자"와 "전신(錢神)을 믿지 않는 무신론자"를 자처한다. 시대의 억압이 가중된 만큼 그에 저항하는 목소리 또한 온순할 수 없다. 두셀은 지나친 이분법과 당파성에 젖은 것 아니냐는 비판을 감수하면서까지 자기 입장을 확실히 드러내는 데 주저하지 않는다.

---

209) 원문 출처는 다음과 같다. Enrique Dussel, "Atei del Dio denaro", in Enrique Dussel, Pietro Barcellona e Roberto Mancini, *L'Eclissi dell'etica*, Ciità di Castello(Italia), L'Altrapagina, 2012, p. 9-37.

일러두기: 본문이 강연 원고였음을 고려해 구어체로 번역했다.

1. 들어가는 말

시카고에서 열린 한 강좌에서 에우데르 카마라 210 주교는 흥미로운 이야기를 꺼냈습니다. 그 옛날 아리스토텔레스의 저작에 주석을 달았던 토마스 아퀴나스의 작업을 이제는 마르크스를 통해 진행하고 싶다는 내용이었습니다. 현시대의 아리스토텔레스는 카를 마르크스입니다. 저는 카마라 주교의 말에 영감을 얻었고, 그 길로 토마스 아퀴나스의 방식을 좇아 마르크스를 연구하기 시작했습니다. 1857년에서 마르크스의 생애 말년에 이르는 저작들을 한 구절도 놓치지 않고 꼼꼼히 읽었고, 하루도 거르지 않고 이 작업을 지속했습니다. 요컨대 저는 마치 현미경으로 사물을 들여다보듯, 마르크스의 문서를 분석했습니다. 그래서 세계에서 유일하게 『자본론』의 골조를 이룬 네 가지 원고에 대한 고고학적 주석 작업을 수행했다고 자부합니다. 이탈리아에서 이 작업은 『말년의 마르크스』(L' ultimo Marx)라는 제목으로 출간됐습니다. 211 기존에 간행된 문서와 미간행 문서를 총망라했고, 관련 시대에 생산된 문서를 모조리 수집해 연구한 매우 복잡하고 학문적인 책입니다. 암스테르담에 있는 마르크스 문서보관소에서 미간행 자료 열람이 가능했기에 문서를 수집할 수 있었습니다. 그리고 그 덕에 미간행 된 마르크스의 독일어 문서를 모두 읽을 수 있었습니다. 제가 이 작업에

---

210) [역주] 에우데르 카마라(Dom Hélder Câmara, 1909-1999)는 브라질의 가톨릭교회 주교이자 해방신학자이다. 빈민가의 공공주택 건설과 가난 퇴치 운동을 비롯한 사회사업을 진행했으며, 나아가 불평등한 현실 구조를 맹비난했다. "가난한 사람에게 먹을 것을 주면 사람들은 나를 성인이라 부르지만, 왜 가난한 사람에게 먹을 것이 없냐고 물으면 공산주의자 취급한다."라는 말로 유명하다.

211) [역주] 원서인 스페인어 제목도 같다. 다만, 이탈리아 번역서는 원서의 3부에 해당하는 "『자본론』과 해방철학"에 관한 내용이 빠졌다. cf. Enrique Dussel, *El último Marx(1863-1882) y la liberación latinoamericana. Un comentario a la tercera y a la cuarta redacción de «El Capital»*, México, Ventiuno editores, 1990.

착수했던 이유는 다름 아니라 현실과 괴리된 지금의 교회들 때문이었습니다. 1962년에 저는 독일 뮌스터대학교에 재학 중이었습니다. 당시 제 선생님 가운데 훗날 교황 베네딕토 16세가 되신 요제프 라칭거(Josef Razinger)라는 걸출한 신학자도 있었습니다. 그런데 이분은 중심부 세계의 교회만 알 뿐, 그 너머의 현실에 대해서는 깜깜했습니다. 교회도 이분과 마찬가지입니다. 오늘날 교회는 딴 세상을 사는 것 같습니다. 교회의 역사를 연구한 역사가로서, 저는 오늘날 교회는 현실에 정박하지 못했다고 냉정하게 평가합니다. 그래서 저는 지금의 교회가 아닌 교회 본연의 색채가 숨 쉬는 시절의 그리스도인, 즉 '고대 그리스도인' 과 '전통 그리스도인' 212을 자처합니다.

2. 유물론 메시아주의

유대계 철학자이자 문예 비평가인 발터 벤야민(Walter Benjamin)의 사유에서 논의를 시작하겠습니다. 벤야민은 역사 개념의 이해에 가장 아름다운 표현을 우리에게 선사한 인물입니다. 그에 따르면, 인류의 역사를 파악하는 데 필요한 개념은 '유물론 메시아주의'(un messianismo materialista)입니다. 나치의 박해를 받았던 벤야민은 독일에서 프랑스로 피신했습니다. 하지만 1940년 미국으로 탈출을 감행하던 중에 스페인 국경에서 파시스트들에게 체포되고 맙니다. 더 이상 미래가 없으리라 판단한 그는 결국 자결로 생을 마감하지요.

"유물론 메시아주의"라는 이 환상적인 표현은 벤야민의 심오한 통찰의 소산입니다. 메시아주의라는 용어는 히브리어로 '기름 부음을 받은 자, 거룩하게 구별된 존재'라는 뜻의 "마샤"와 관련됩니다. 여담이지만, 저는 이스라엘 나사

---

212) [역주] 두셀은 다른 글에서 콘스탄티누스 이전의 기독교, 즉 국교 공인 이전의 기독교와 마르크스 사상의 유사성을 강조하곤 한다. cf. Enrique Dussel., *Las metáforas teológicas de Marx*, México, Ventiuno editores, 2017[1993]. 특히, 2017년 신판 부록으로 실린 「신학의 인식론적 탈식민화」(Descolonización epistemológica de la teología)를 보라. 이 부록의 출처는 국제 신학 잡지 「콘칠리움」(Concilium, 2014)이다.

렛에서 2년 동안 목수로 지냈습니다. 당시 샤를 드 푸코 213의 행적을 기린 '예수의 작은형제회' 소속으로 지내면서 안식일마다 회당에서 누가복음 4장 18절 "주의 영이 내게 임하였으니 이는 가난한 자에게 복음을 전하게 하시려고 내게 기름을 부으시고" 214를 읽었습니다. 나사렛 메시아의 전언에서 가난한 사람들이 핵심을 차지하는 이유를 이해하려면, 독일의 위대한 철학자이자 신칸트주의 학파의 설립자인 헤르만 코헨(Hermann Cohen) 215의 글을 읽어야 합니다. 참고로, 그는 하이데거를 가르치기도 했습니다. 코헨은 정년으로 퇴임할 무렵에 유대인 정체성의 문제를 숙고했고, 유대 사상에 관한 탁월한 책을 썼습니다. 『종교 형이상학』의 한 구절에서 그는 다음과 같이 이야기합니다. '예언자들은 가난한 사람들의 자리에 선다. 이는 예언자들이 택한 방법이다. 그리고 예언자들은 가난한 사람들의 자리에 서서 국가의 각종 질병을 진단한다.' 그의 통찰력이 빛을 발하는 문구입니다! 가난한 사람의 자리에 설 수 있다면, 체제의 실체를 파악할 수 있고, 체제의 질병에 대해 진단할 수 있을 겁니다. 프란츠 로젠츠바이크(Franz Rosenzweig) 216와 발터 벤야민도 코헨의 자취를 따라 자기 전통인 유대 사상에 대

213) [역주] 샤를 드 푸코(Charles de Foucauld, 1858~1916)는 프랑스 스트라스부르 출신의 수도사이다. 방랑기를 거쳐 사하라 사막, 북아프리카, 팔레스타인을 다니며 수도사로서의 영성을 쌓았다. 그의 선교는 강론이 아닌 생활 실천을 통한 접근이었다. 1차 대전 당시 아프리카의 반프랑스 봉기로 인해 무슬림 일파에게 암살당했다. 사막에서의 삶을 통해 소유를 포기하고 소박한 영성과 삶을 추구한 그의 수도 활동은 이후에 많은 영향을 미친다. 그의 영향으로, 1933년 '예수의 작은형제회'와 1939년 '예수의 작은 자매들의 우애회'가 설립된다.

214) [역주] 이 구절을 유대교 회당에서 읽었다면, 신약성서 본문이 아닌 구약성서 이사야 61장 1절의 본문이었을 것이다. 누가복음의 해당 본문이 이사야 본문의 인용이기 때문이다.

215) [역주] 헤르만 코헨(Hermann Cohen, 1842~1918)은 유대계 독일 철학자이다. 마르부르크대학교 시절 신칸트학파를 설립한 주역이었다. 칸트의 연구법처럼, 코헨의 연구법도 인식론, 윤리학, 미학으로 구별된다. 훗날 자신의 정체성에 대한 깊은 고민과 더불어 유대 사상을 크게 발전시켰다. 대표작으로 『칸트의 경험론』(*Kant's Theorie der Erfahrung*, 1871)과 『철학 체계에서의 종교 개념』(*Der Begriff der Religion im System der Philosophie*, 1915) 등이 있다.

216) [역주] 프란츠 로젠츠바이크(Franz Rosenzweig, 1886~1929)는 유대계 독일 철학자, 신학자이다. 초창기 헤겔 합리주의의 영향으로 루터파 기독교로 개종하려 했으나 유대교에 남아 현대 유대 철학의 발전에 크게 이바지한다. 그의 사상은 초기 헤겔의 합리주의에 동조하던 관점에서 점차 헤겔 사상을 비판하는 쪽으로 선회한다. 신, 세계, 인간, 창조, 계시, 구속, 유대교와 기독교의 대화, 종교에 관한 철학적 탐구 등 다방면에 걸친 연구를 수행했다. 당대 하이데거, 레비나스, 벤

한 성찰로 선회했습니다. 유유대계 출신으로 제 친구이자 무신론자이며 탁월한 철학자인 미카엘 뢰비(Michael Löwy) 217는 벤야민의 유물론 메시아주의 이념이 라틴아메리카에서 발전했는데, 특히 해방신학과 더불어 발전했다는 주장을 폈습니다.

3. 위기에 봉착한 체제 윤리

본 학회의 주제인 "윤리의 퇴색"으로 되돌아오겠습니다. 저는 의문을 안고 이 주제를 논하려 합니다. 과연 윤리의 퇴색은 존재할까요? 저는 한편으로는 '그렇다', 다른 한 편으로는 '아니다'라고 답하겠습니다. 오늘날 우리 세계는 그 어느 때보다 윤리적인 세계입니다. 쉽게 말해, 시장 윤리, 소유 윤리, 돈 윤리, 은행 윤리, 자본주의 체제 윤리로 꽉 찬 세계입니다. 이러한 윤리는 퇴색(退色), 말 그대로 빛바랜 상태입니다. 왜냐하면 금융가 중에 도둑놈 아닌 놈이 없고, 이들의 도둑질로 결국 온 체제가 무너졌기 때문입니다. 우리는 안전하게 보관하기 위해 금융권에 돈을 맡기지만, 정작 이들 자체가 붕괴의 선봉에 선 악당 중의 악당입니다.

안토니오 네그리 218는 『제국』(Empire)이라는 책을 썼습니다. 처음에 저는 이

야민, 숄렘 등에게도 영향을 미쳤다. 대표작으로 『구속의 별』(Der Stern der Erlösung, 1921)이 있다.

217) [역주] 미카엘 뢰비(Michael LöWY, 1938~)는 브라질프랑스의 마르크스주의 철학자, 사회학자이다. 브라질 상파울루 출신이며, 본래 집안은 오스트리아로 이주한 유대인이다. 1960년대에 프랑스에서 활동하기 시작했고, 이 무렵부터 비정통 마르크스주의와 초기 낭만주의에 관한 연구를 심화한다. 오랜 시간 파리의 사회과학고등연구원(EHESS)에서 가르쳤다. 마르크스, 루카치, 벤야민, 카프카 등을 연구했으며, 라틴아메리카 해방 운동에 대한 중요한 글을 썼다. 국내에 소개된 책으로 미카엘 뢰비, 『신들의 전쟁: 라틴아메리카의 종교와 정치』, 김항섭 역(그린비, 2012), 『발터 벤야민: 화재경보』, 양창렬 역(난장, 2017)이 있고, 에마뉘엘 르노, 제라르 뒤메닐과의 공저로 『마르크스주의 100단어』, 배세진 역(두번째 테제, 2018)과 『마르크스를 읽자』, 김덕민/배세진/황재민 역(나름북스, 2020)이 있다.

218) [역주] 안토니오 네그리(Antonio Negri, 1933-2023)는 이탈리아의 철학자이다. 노동자 자율 운동인 '아우토노미아'(Autonomia) 운동의 기수였고, 이탈리아 기독민주당의 수장인 알도 모로의 암살을 주도한 붉은 여단과 노동자 자율 운동의 수괴로 기소되어 1979년에 체포됐다. 1983

책을 강하게 비판했지만, 지금은 이 책의 타당성을 인정합니다. 제국은 8~9개에 불과한 초대형 은행들이 구축한 '거대 금융 카르텔' 을 말합니다. 이 제국이 국가를 위기에 빠뜨릴 수 있지요. 미국은 부르주아 계급에 속한 극소수의 사람들이 점유한 개인 자산 때문에 불거진 금융 위기 때문에 큰 홍역을 앓았지요. 버락 오바마는 역사상 가장 강력한 군대를 가진 국가의 수장입니다. 헌데도 그는 거대 금융 체제의 충견(忠犬) 신세를 벗어나지 못했습니다. 오히려 대자본을 향해 대통령 한 번 더 하고 싶으니 밀어달라고 애원하는 중입니다. 시간을 구걸하는 거지이죠. 앙겔라 메르켈의 독일도 위기입니다. 메르켈은 경제에서 벌어지는 일과 세계 자본의 요구 사항이 무엇인지를 제대로 파악하지 못하는 바보입니다. 우리는 윤리를 상실한 자들이 선두에서 세계 권력을 쥐락펴락하는 사상 초유의 상황을 맞았습니다. 이들은 더 이상 명예를 믿지 않고, 단 하나의 윤리 원칙만 고수합니다. 그리고 그 원칙만이 효율성, 경쟁력, 합리성을 갖췄다고 떠듭니다. 바로 '자본의 이윤율 상승'입니다. 자본의 이윤율 상승이 곧 자본주의 체제의 합리성입니다. 만일 5%의 투자 수익을 냈다면, 다음에는 7%의 이익을 낼 수 있는 기업에 투자할 겁니다. 새로운 금융 투자처가 대량 살상 무기든 뭐든 상관없습니다. 따라서 이 체제가 고수하는 윤리 원칙을 우리는 "더 많은 이익을 내라. 그것이 선이다."로 정리할 수 있습니다. 그러나 이 원칙은 부조리하기 짝이 없습니다. 그런데 이제는 이러한 윤리조차 퇴색하는 지경입니다. 왜일까요? 첫째, 금융가들이 더 이상 시장 윤리를 믿지 않기 때문입니다. 그리고 둘째, 금융가들에게 정의는 타당한 원칙이 아니기 때문입니다.

　윤리의 토대는 가치입니다. 그러나 이제 가치는 토대가 아닌 목적을 위한 매

년에 프랑스로 망명했고, 푸코, 들뢰즈, 데리다와 같은 학자들과 교류했다. 이탈리아에 귀환해 가택 연금 조처되어, 2003년에야 비로소 연금 해제됐다. 마르크스주의와 반자본주의를 기초로 한 그의 연구 주제는 지구화와 탈근대에 대해 세밀하고 독창적인 연구로 발전했고, 자율주의 노동 운동에 영향을 미쳤다. 국내에도 대표작『제국』(마이클 하트와 공저)을 비롯한 그의 여러 저서가 번역됐다.

개물이 됐습니다. 저는 법 윤리를 반대합니다. 토마스 아퀴나스는 법과 초월적 관계를 맺는 행위는 빈곤하다고 말했습니다. 바울도 로마서에서 (율)법은 (정)의의 핵심 원칙이 아니라고 강조했지요. 바울에게 정의는 율법과 다른 토대에서 구축됩니다. 가령, 불의한 법(칙)이 있다고 합시다. 만일 우리가 그 법(칙)을 존중한다면, 우리는 불의한 행동을 한 것이나 마찬가지입니다. (율)법이 선의 기초라는 생각은 성령에 반하는 죄입니다. 그런데도 자신이 죄의 자기장(磁氣場) 안에 있다는 인식조차 없고, 그 행위가 죄인지 아닌지에 대한 의식이 없다면, 그러한 무지와 행위는 용서받을 수 없습니다. 전통, 남성 중심, 관료주의, 어른 중심(장로제도)의 기독교 윤리는 큰 위기 상태입니다. 젊은이들은 기독교 윤리의 이러한 요소들을 신뢰할 수 없습니다. 물론, 예수도 이를 믿지 않았습니다. 예수에게는 다른 윤리가 있었기 때문입니다. 가짜 주제에 하나님에게 감사한다고 떠드는 윤리들은 하나같이 위기에 봉착했습니다.

저는 이러한 지평에서 새로운 윤리를 간단히 서술하고, 논하며, 발전시키려 합니다. 먼저 한 가지 사례를 들지요. 저는 『해방윤리학』(*L' etica della liberazione*) 219을 썼습니다. 600쪽이 넘는 방대한 분량의 책을 통해, 저는 분노한 이들의 목소리를 정당화했습니다. 당시 스페인, 이집트 카이로, 이스라엘 텔아비브와 예루살렘 등에서 청년들이 체제를 성토하는 목소리를 높였습니다. 이 체제에는 더이상 일자리가 없고, 자신들은 결국 주변으로 내몰리고 말았다는 목소리가 끊이지 않았습니다. 우리 사회의 배제 문제는 역설적입니다. 한쪽으로는 사람들을 주변화하면서, 다른 한쪽으로는 생산의 위기를 부르니까요. "해방윤리"라는 새로운 윤리 원칙에 영감을 준 주인공은 바로 이 분노한 사람들입니다. 세계 곳곳의 사람들이 전자 정보 수단들을 통해 각 지역에서 벌어지는 상황의 실체를 접하기 시작했고, 사건들을 실시간으로 공유하면서 인류 전체의 암담한 현

---

219) [역주] 스페인어 원서는 다음과 같다. Enrique Dussel, *Ética de la liberación en la edad de la globalización y de la exclusión*, Madrid, Editorial Trotta, 1998.

실에 대해 각성하기 시작했습니다. 대표자 선출이라는 매우 수동적인 태도 탓에, 대의 민주주의는 지난 수년 아니 수십 년 동안 제대로 작동된 적이 없습니다. 피선출직 공무원들이 통치를 독점하는 상황이 반복될 뿐입니다. 이들은 민생에서 분리돼 오로지 소속 당파의 이익을 위해 활동합니다. 세계 곳곳의 시민들이 그러한 위기 사태를 제대로 인식하기 시작했습니다. 저는 이 점을 매우 중요하게 봅니다. 새로운 윤리는 사실상 분노한 시민들이 만들었습니다. 이들이 새 윤리의 출발점입니다. 그리고 새 윤리의 창조는 지속돼야 합니다. 이제 이 윤리의 현실적 토대와 철학적 근거에 해당하는 여섯 가지 원칙을 이야기하겠습니다.

4. 새 윤리의 원칙들

우선 벤야민이 말한 유물론 메시아주의의 의미부터 다루겠습니다. 부르주아 철학자들의 주장에 따르면, 마르크스주의 유물론은 무신론을 표방하고 기독교 전통에 반대합니다. 중세 시대 토마스 아퀴나스의 사상을 따른 학파인 '토마스주의자들'에 따르면, 물질(materia)은 행위에 포함된 내용물입니다. 지금 제가 발표하려는 주재료(materia)는 윤리입니다. 즉, 저는 윤리를 내용과 주제로 삼아 강연하는 중이죠. 물질은 특정 사물로 만들어진 것을 뜻할 뿐 아니라, 내용물, 즉 논거와 주제를 의미하기도 합니다. 그렇다면, 인간 행동의 궁극적인 내용/주제는 무엇일까요? 전통의 목소리를 먼저 들어보죠. 고전 철학의 답에 따르면, 인간 행동의 내용은 바로 '목적'입니다. 예컨대 우리는 목마름을 느끼면, 목마름을 해소하기 위해 물을 마십니다. 행동의 목적이 분명하지요. 또한 우리의 신체 98%가 수분으로 이뤄졌기 때문에 수분이 모자라면, 곧장 갈증을 느낍니다. 물을 찾는 행동은 이러한 목적과 직결됩니다. 이때 물의 가치는 행동의 바탕이 아닌 행동의 결과와 맞물립니다. 왜냐하면 물은 목마름을 해소("목이 마르니 물 좀 주시오"와 같은 생명의 요구)하는 수단이기 때문입니다.

인간은 영혼이 아닌 생체(生體, una corporalità vivente)입니다. 기독교 사상은 결코 영혼을 이야기하지 않습니다. 기독교는 16세기 들어서야 처음으로 영혼을 이야기하기 시작했어요. 신약성서는 살(carne)을 이야기합니다. "말씀이 육신이 됐다." 220 그리스어 '사륵스'(σάρξ), 히브리어 '바사르'(bâśâr)에 해당하는 '살'은 '몸'(corpo)이 아닙니다. 살이 전부이고, 거기에 영혼은 없습니다. 살에 존재하는 것은 생명입니다. 히브리어의 그리스어 번역 성서인『70인 역(譯) 성서』에서 '바사르'의 의미는 영혼이 아닌 생명입니다. 신약성서는 결코 몸과 영혼을 따로 언급하지 않습니다. 몸과 영혼의 분리는 그리스의 이원론 시각입니다. 이원론 시각에 따르면, 몸은 부정합니다. 고결하지 않다는 뜻이지요. 그리스인들에게 몸은 악의 원리였습니다. '원죄'(原罪) 문제도 이러한 '몸의 소유'와 관련해 제기됐습니다. 그러나 아담 신화는 원죄를 말하지 않습니다. 원죄 개념은 '최초의 악이 몸, 즉 육체(corpo)를 지녔고 육체는 영혼의 샘'이라고 주장했던 플로티노스의 생각을 재활용했을 뿐입니다.

기독교의 시각은 이러한 그리스의 시각과 다릅니다. 사도 전통을 계승한 교부인 아테나고라스 221의 선언을 읽으면, 그러한 시각차를 확연히 느낄 수 있습니다. 아테나고라스는 "그리스인들은 영혼 불멸을 이야기하지만, 우리는 영혼도 죽는다고 이야기한다." 222라고 주장합니다. 초기 기독교 신앙에 영혼 불멸

---

220) [역주] 신약성서 요한복음 1장 14절을 보라. 본문의 그리스어 원문에서 '말씀'은 '로고스'(λόγος)이고 '육신'은 '사륵스'(σάρξ)이다. 이 용어는 어떤 의미나 신분이 덧붙기 이전의 살, 즉 고깃덩어리와 같은 날것의 살, 원초적인 차원의 살을 가리킨다. 성육신은 이러한 바닥까지 내려오는 사건, 그리고 그 바닥에서 도약하는 사건이다.

221) [역주] 아테네의 아테나고라스(133년경~190년경)는 기독교 철학자이자 니케아 공의회(325년) 이전의 기독교 변증가이다. 알렉산드리아 학파의 태두(泰斗)였다. 죽은 자의 부활을 철학적으로 변증한『죽은 자들의 부활』을 썼다.

222) [역주] 사실, 아테나고라스의 정확한 언급이 아니다. 두셀이 아테나고라스의 영육 일원론과 몸의 부활에 관한 사고를 정리한 문장이다. 참고로, 아테나고라스의 영혼 불멸 비판과 육체 부활 사상이 잘 드러난 부분은『죽은 자들의 부활』(Περί αναστάσεως νεκρών) 15장이다. 플라톤의『파이드로스』와 달리, 아테나고라스는 인간을 "필멸"과 "불멸"이라는 두 요소의 "조립"(

은 없습니다. 몸의 부활이 있을 뿐입니다. 그렇다면, 거의 대다수의 가톨릭 신자는 이단일지 모릅니다. 몸과 영혼이 존재하고, 몸은 죽고 영혼이 불멸한다는 전제에서 부활을 논한다면, 몸만 죽었다가 부활하는 셈입니다. 이것은 초창기 이단들의 주장이었습니다. 기독교의 초기 3세기 동안, 그리스도인들은 부활을 이렇게 생각하지 않았습니다. 쉽게 말해, 지금까지도 기독교 사상은 고대 그리스의 이원론에 빠져 허우적대는 중이라는 반증입니다. 앞서 언급한 『해방윤리학』에서 저는 이원론을 기독교 왕국(cristianità)의 인간론으로 주장했습니다. 그에 반해, 기독교를 국교로 승인한 기독교 왕국 이전의 초기 3세기 동안 교부들의 주요 논제는 '부활'이었습니다. 영혼 불멸설에 관한 이야기는 한 참 뒤에 나왔지요. '부활'에서 '영혼 불멸'로의 변화는 기독교의 '그리스(헬라)화', 즉 '뒤틀려진 기독교'를 의미합니다. 박해받던 종교가 제국 황제 콘스탄티누스와 더불어 박해자가 되는 역설적 상황이 펼쳐집니다.

5. 생명 중심성

제가 지금 소개하는 메시아 유물론은 생명 윤리를 지향합니다. 생명은 인간의 모든 행동의 궁극적인 재료이기 때문입니다. 먹고, 공부하고, 갈증을 해소하는 등의 행위는 하나같이 내 생명이 작동하는 순간입니다. 생명은 인간을 산 존재로 만드는 행위 전반의 토대입니다. 또한 생명은 매우 취약합니다. 불볕더위나 지나친 기온 상승에서 인간은 자칫 질식할 수 있습니다. 그러나 혹한이나 극지방에 있어도 죽음에 노출되기는 마찬가지입니다. 물에 빠져 허우적대면서 너무 물을 많이 먹어도 죽고, 물을 마시지 않아도 탈수증으로 죽습니다. 과식

συναμφότερον)으로 보지 않는다. 다음 자료를 참고하라. Athénagore, *Supplique au sujet des chrétiens et Sur la résurrection des morts*, Paris, Éditions du Cerf, 1992, Chap. XV, p. 272-277. 다음 자료도 참고하라. Enrique Dussel, *El dualismo en la antropología de la cristianidad. Desde el origin del cristianismo hasta antes de la conquista de América*, Buenos Aires(Argentina), Editorial Guadalupe, 1974, p. 74~75, 78.

은 비만과 죽음으로 이어질 수 있지만, 음식을 먹지 않으면 굶주림으로 죽습니다. 이 모든 내용이 생명의 취약성(vulnerabilità) 223을 보여줍니다. 우리는 지구의 온도가 너무 높아도 죽고, 너무 낮아도 생존할 수 없습니다. 생명은 지난 3억 5천만 년 동안 이 세계에서 멈추지 않고 발생한 현실임과 동시에 매우 불안정한 현실입니다. 우리는 한 세기 안에 지구 생명체를 모조리 파괴할 수도 있습니다. 생명체 파괴의 문제는 금세기 우리 행성이 직면한 다급한 문제입니다. 저는 생명 긍정의 원리를 '절대 원리'로 제시하려 합니다. 절대 진리의 독재를 비판하며 진리의 상대성을 강조하는 철학자이자 사사로이는 저와 친구인 잔니 바티모 224의 약한 윤리와 대조되는 윤리라 하겠습니다. 오늘날 인류는 집단 자멸의 위기에 봉착했습니다. 이윤율 상승이라는 비합리적인 원리에 농락당했기 때문입니다. 이윤율 상승 원리는 먹고, 마시고, 입고, 거주하는 인간의 기본 욕구를 부정하는 죽음의 원리일 뿐입니다.

생명 중심성은 이미 5,000년 전에 이집트에서 이론으로 다듬어졌습니다. 실은 최후의 심판도 유대교나 기독교의 고유 주제가 아닌, 이집트에서 시작된 주제입니다. 한 사람이 죽어 오시리스 225 앞에 섭니다. 심판대 앞에서 신은 그에게 "생전에 어떤 선행을 했는가?"(『사자(死者)의 서』, 125장)라고 묻습니다. 이에 그 사람은 "배고픈 사람에게 밥을 주고, 목마른 사람에게 물을 주었으며, 헐벗

223) [역주] '취약성'으로 번역한 이탈리아어 '불네라빌리타'의 라틴어 원어는 '불누스'(vulnus)이다. 전쟁에서 살갗에 부상을 입는 상태나 일상에서 쉽게 다칠 수 있는 취약한 상태를 가리킨다. 비슷한 용어로 영어의 'fragility'를 들 수 있다. 이 용어는 유리가 깨지거나 뼈가 부러지는 것 같은 상태를 가리킨다. 둘 다 '취약성'으로 번역할 수 있는 용어이지만, 지시하는 그림은 다르다.

224) [역주] 잔니 바티모(Gianni Vattimo, 1936~2023)는 이탈리아의 철학자이다. 니체, 하이데거 사상에 기초해, 미학과 해석학을 대상으로 삼았으며, 현대 세계의 절대 진리의 폭력성을 허무는 다원 세계를 주장했다. 절대 진리에 내포된 폭력성과 독재의 속성을 '강한 사고'로 규정하고, 그것을 허무는 다원성과 상대주의 전략을 '약한 사고'라고 말한다. 평생 활동한 좌파 진영의 화석화된 교조주의를 비판하며, 진리에 대한 끝없는 회의와 성찰을 반복하는 '해석학 공산주의'를 역설하기도 했다. 『근대성의 종말』, 박상진 역(경성대학교출판부, 2003)과 『미디어 사회와 투명성』, 김승현 역(한울, 1997)이 번역되어 있다.

225) [역주] 고대 이집트 신화에 등장하는 농업, 내세, 부활, 생명 등의 신이다.

은 이를 입히고, 나그네들이 나일강을 건너도록 나룻배를 내주었습니다"라고 대답합니다. 음식, 식수, 의복, 나룻배(이동 수단)가 선행의 목록으로 등장합니다. 이 내용은 마태복음 25장에 나오는 예수의 말씀과 거의 일치하지요. 이스라엘에는 나일강처럼 큰 강이 없고, 요르단강의 수위도 무릎 높이에 불과한 작은 개울이므로, 예수는 나룻배를 내주는 내용 대신, 나그네를 집에 환대하는 내용으로 대체합니다. 엥겔스와 마르크스도 같은 내용을 이야기했습니다. 마르크스는 인간의 기본 욕구를 네 가지로 주장합니다. 음식, 의복, 온기(무더운 이집트에서는 불필요하지만, 독일에서는 필수죠), 거주지입니다. 엥겔스는 『가족의 기원』 서문에서 음식, 식수, 의복, 거주를 인간의 기본 욕구로 인용했습니다. 우리는 이집트의 오시리스 및 기독교의 마태복음 25장에 등장하는 최후의 심판과 마르크스의 유물론에서 일치된 내용을 확인할 수 있습니다. 벤야민 역시 이 부분을 통과하면서 유물론 메시아주의를 이야기할 수 있었습니다. 생명을 초석으로 삼는 이 메시아 유물론의 실제 창시자는 바로 기독교 사상이었습니다. 우리가 그러한 시각과 양식을 갖는다면, 신앙생활의 많은 부분이 바뀔 겁니다.

6. 전신(錢神)을 믿지 않는 무신론자

저는 마르크스의 전집을 읽었습니다. 그리고 거기에서 기독교 신앙과의 어떤 모순점도 찾지 못했습니다. 마르크스의 무신론은 제게 아무런 장애가 되지 않습니다. 이방의 우상들에 맞섰던 이스라엘의 예언자들 역시 무신론자들이었습니다. 특히 엘리야는 갈멜산 부근에 불을 내려 이방 우상들의 화신들을 몽땅 불태웠지요. 그리스도인들은 로마의 신들을 믿지 않는 무신론자들이라는 죄목을 쓰고 검투 경기장에 던져졌습니다. 창조 교리는 세속화의 효과를 낳았습니다. 신이 창조주라면, "세상에 충만한 신성"이라는 탈레스의 주장과 반대로, 피조물은 신이 아닐 겁니다. 정부, 국가, 돈은 결코 신이 아닙니다. 신은 그것들과

질적으로 다릅니다. 기독교야말로 이러한 신들을 믿지 않는 무신론의 설립자라 하겠습니다. 미국의 화폐인 달러에는 '우리는 신을 믿는다'(In God we trust)라는 문구가 적혀 있지요. 어떤 신을 믿는다는 말일까요? 화폐에 새겨진 이 문구에서 우리는 전신(錢神)에 대한 믿음을 읽을 수 있습니다. 돈은 세계와 시장이 기준이기 때문입니다. 사실, 달러에는 알파벳 '엘'(l)이 빠졌습니다. 신(God)을 믿는 게 아니라, 황금(Gold)을 믿는다는 말이죠. 따라서 '우리는 황금을 믿는다'(In Gold we trust)가 문구의 실제 의미일 겁니다. 달러화에 대한 무신론자가 되는 일은 위험한 일이죠. 테러리스트 취급을 받을 수 있으니까요. 그러나 바티칸을 비롯해, 그리스도인들 대다수가 이 전신을 참 신으로 믿는 형편입니다.

훗날 볼리비아로 불리는 지역에 초대 주교로 부임하게 될 한 사람은 1550년에 포토시(Potosi) 지역 은광에서 은 20,000톤이 나왔다고 말했습니다. 전 세계 은의 50%가 이 광산에서 채굴된 역사적 사건입니다. 만일 볼리비아 사람들이 지금의 세계 자본주의를 향해 그동안 취한 폭리에 대해 상환을 요구한다고 가정해 봅시다. 아마도 세계 자본주의는 평생을 갚아도 다 갚지 못할 겁니다. 유럽인들은 광산에서 은을 훔쳤고, 그 이익에 대한 대가를 제대로 내지 않았습니다. 최근 리비아에서도 같은 상황이 벌어졌습니다. 카다피(Kadhafi) 처단 이후, 리비아에는 민주주의 사회가 구축되기는커녕 석유 쟁탈전이 벌어졌습니다. 리비아는 자원 수탈에 환장한 미친개들의 싸움판이 됐습니다. 저는 스페인 세비야의 기록물 보관소에서 미간행 원고를 하나 읽은 적이 있습니다. 원고의 내용은 이랬습니다. "1546년에 사람들은 지옥으로 들어가는 문을 발견했다. 스페인 사람들의 탐욕이 그들의 신에게 희생제를 올리는 곳, 바로 '포토시'라 불리는 곳의 은광이다." 근대성을 지배한 새로운 신은 바로 '은'이었습니다. 마르크스가 400년 뒤에 이야기할 모든 내용이 당시 볼리비아 주교의 입에서 나온 셈이죠. 사람들은 새로운 신을 섬깁니다. 그 신 앞에 아메리카 원주민들을 먼저 제물로 바쳤고, 뒤이어 아프리카 노예들을 제물로 올렸습니다. 그리고 이제 소위 1세계 지역의 민중들까지 제물로 올리는 판국입니다. 226 자본의 착취로 고통받기 시작한 이탈리아, 독일, 미국의 시민들까지 이 제단의 희생 제물이 되는 상황입니다. 향후 이 문제는 범세계적 문제가 될 게 자명합니다.

생명 윤리는 온전히 기독교 색채를 담은 윤리입니다. 동시에 이 윤리는 마르크스주의 윤리이며 현실 윤리입니다. 또 청년들의 외침에서 탄생한 윤리이며, 폭격과 전쟁으로 비참한 상황에 빠진 아프가니스탄과 이라크 민중들의 절규에서 파생된 윤리입니다. 부시는 이라크와 아프가니스탄의 석유를 차지하기 위해 밑도 끝도 없이 전쟁을 벌였습니다. 그는 망상에 사로잡힌 근본주의 기독교도입니다. 이스라엘의 시온주의는 예언자들의 셈족 전통과 아무 상관 없는 유대교 근본주의입니다. 저는 히브리 사상을 지지합니다만, 팔레스타인 사람들을 죽이면서 위대한 이스라엘을 표방하는 시온주의는 과거 히틀러가 외친 위대한 독일과 똑같은 수준으로 봅니다. 자기들 교조만 외치는 근본주의 세력 그 이상도 이하도 아닙니다.

7. 생명에 대한 긍정

미래 윤리, 즉 새 윤리의 첫 번째 원칙은 인간 생명에 대한 긍정입니다. 저는 이러한 윤리의 실제 기준을 제시한 한스 요나스(Hans Jonas) 227의 시각에 동의합니다. 아마도 요나스와 저는 생태계의 생명 윤리를 이야기하는 유이(唯二)한 철학자일 겁니다. 228 그러나 생명은 단순히 생태, 정치, 경제의 문제로 끝나지 않

---

226) [역주] 실제로, 2010년대 남유럽발 금융 위기와 외채 문제는 유럽의 국지적 제3세계화의 위기를 불렀다. 관련 논의에 대해 다음 자료를 참고하라. Franz Hinkelammert, *Totalitarismo del mercado. El mercado capitalista como ser supremo*, México, Edicionesakal, 2018, p. 181~201.

227) [역주] 한스 요나스(1903~1993)는 독일의 철학자이며, 20세기를 대표하는 생태철학자이다. 영지주의 연구, 아우슈비츠 이후의 신론, 과학기술 시대와 생태 위기에 대한 책임윤리 등을 포괄적으로 연구했다. 대표작으로 『책임의 원칙』(*Das Prinzip Verantwortung*, 1979)이 있다.

228) [역주] 물론 아니다. 대표적으로, 의사로 잘 알려진 알베르트 슈바이처(Albert Schweitzer,

습니다. 심지어 낙태와 같은 문제로 끝날 문제도 아닙니다. 저는 이를 이차적인 문제로 본다. 왜냐하면 사람이 굶주려 죽으려고 태어나는 일만큼 큰 죄악은 없기 때문이다. 가톨릭교회는 심심치 않게 낙태 반대를 표명합니다. 그러나 생명의 지속성 문제에 관해서는 크게 고민하지 않습니다. 오히려 저는 탄생 이후에도 인간이 인간답게 살 수 있는지를 중요한 문제로 강조하고 싶습니다.

생명에 대한 긍정이 새 윤리의 첫 번째 원칙이지만 유일한 원칙은 아닙니다. 아직 다섯 가지 원칙이 더 남아 있습니다. 제가 제시하는 새 윤리의 두 번째 원칙은 인간 생명을 긍정하고 발전시키는 방법을 과연 누가 결정하는지에 대한 대답과 결부됩니다. 물질, 즉 '경제'에서 윤리의 토대를 찾지 않고 발언자들의 공정한 토론이라는 형식 윤리를 심화한 카를 오토 아펠(Karl-Otto Apel)과 위르겐 하버마스(Jürgen Habermas)는 공동체에 호소합니다. 근대의 유아론적 개인이 아닌 공동의 토론장에서 이뤄지는 논의 이후에 합의점을 도출해야 하고, 생명을 긍정하는 데 무엇이 최적의 해법인지를 논하기 위한 주제를 제시해야 합니다. 아펠이나 하버마스의 윤리는 개인의 사려 깊은 이성과 '실천 지혜'(實踐知, fronesis)를 중시합니다. 어떻게 보면, 전통 노선에 있다고 볼 수 있는데요. 어쨌든 두 사람의 윤리는 공동체의 합의를 우선하고 이후에 행동 방향을 설정하는 방식을 택합니다. 아펠과 하버마스의 '공동체(토론장) 윤리'는 지나치게 전통주의에 기대지 않습니다. 오히려 근대 후기의 칸트주의 공리에 상응하는 원칙인 '보편타당

1875~1965)도 이 문제에 몰두했던 철학자이자 신학자였다. 그는 생명체는 저마다의 약동과 의지를 가진 존재들로서, 생명의 가치라는 점에서 결코 경중을 따지기 어려우며, 인간에게는 생명의 훼손과 파괴를 막아야 하는 막중한 책임이 있다고 역설했다. 슈바이처는 자신의 생명 사상을 "생명에 대한 경외"(Ehrfurcht vor dem Leben)라는 말로 정리했다. 기독교 사상, 인도 사상, 니체의 영향을 받은 그의 "생명 경외"론은 생명을 학문과 이론의 대상으로 고착한 서구 사상에 대한 비판에서 출발하며 오늘날 타자(미래 세대 포함)의 생명과 관련된 논의에 중요한 자리를 차지한다. 슈바이처의 사상은 한스 요나스, 에마뉘엘 레비나스 등과 생태, 타자론, 주체의 책임, 평화주의라는 점에서 상호 대화가 충분히 가능하다. 슈바이처의 생명 경외 사상과 책임의 문제를 정리한 다음 자료들을 참고하라. Cf. Albert Schweitzer, *Die Ehrfurcht vor dem Leben. Grundtexte aus fünf Jahrzehnten*, München, Verlag C. H. Beck, 2020[1966]; Albert Schweitzer, *Respect et responsabilité pour la vie*, Paris, Flammarion, 2019.

성'을 중요한 기준으로 삼습니다.

　그러나 우리가 토마스 아퀴나스나 아리스토텔레스를 읽어 보면, 전통 기독교 윤리는 타당성 원칙을 예고하지 않았다는 점을 알 수 있습니다. 타당성은 실제 벌어지는 사실과 같지 않을 수 있습니다. 의사소통 공동체는 탁상 담론이 아닌, 생생한 현실에 근접해야만 진실에 이를 수 있습니다. 망원경으로 금성을 관찰한 갈릴레오는 태양 주위를 도는 금성과 태양계 궤도의 불균형을 확인했습니다. 가히 인식론의 혁명을 일군 이 사건에 대해 벨라르민 추기경은 1616년에 유죄 판결을 내렸습니다. 그 후로도 로마는 100년 동안 지구가 중심이라고 말했지요. 갈릴레오는 현실을 파악했기에 진리에 도달했습니다만, 그와 소통했던 공동체는 이에 동의하지 않았습니다. 갈릴레오의 발견은 아무런 타당성이 없었던 셈이죠. 누구도 인정하지 않는 진리는 타당성을 갖지 못하니까요. 그러나 태양이 중심이라는 사실을 공동체가 수용했을 때, 한 방향으로만 타당했던 진리가 여러 방향에서 타당성을 확보하게 됩니다. 과학의 역사는 '진리'나 '보편타당성'의 중요성뿐 아니라 '사실타당성'(la validità vera)의 중요성도 증언합니다.

　이와 연동해 사람들은 정치 분야에서 합법성이라 불리는 중요하고도 새로운 원리를 정초하는 작업에 착수합니다. 민중의 동의를 얻은 정부는 합법 정부이지요. 민중의 동의가 없다면, 정부의 '헤게모니' 확보는 요원할 겁니다. 권력의 '블록'이 민중의 동의를 얻을 때, 정부는 '헤게모니'를 쥔다는 안토니오 그람시(Antonio Gramsci)의 설명은 근본적입니다. 그러나 민중의 동의에 실패한다면, 권력 '블록'은 '헤게모니'를 상실하고 이 권력을 수용하지 않는 사람들에게 폭력을 가하는 지배가 시작될 겁니다. 반대자는 이런 식으로 탄생합니다.

　오늘날 '분노'한 시민들의 운동으로 대변되는 반체제 운동이 세계 곳곳에서 고개를 들기 시작했습니다. 생명을 긍정하는 행동에는 물적 요소가 토대를 이루고 거기에 타당성을 부여하는 형식적 요소가 있다는 생각은 매우 중요합니다. 이를 통해, 생명을 긍정하는 방식이 모두에게 타당할 수 있다는 합리적 결론에 이를 수 있습니다. 그리고 이것은 집단 참여이지 아리스토텔레스와 토마스주의 전통에서 말하는 개인의 '실천 지혜'나 '사려 깊은 사유'를 통한 훌륭한 선택이 아닙니다.

새 윤리의 세 번째 원칙은 **실행 능력**(la fattibilità)입니다. 즉, 우리가 생명의 긍정으로 결정한 원리를 실제로 가능케 해야 합니다. 실행 능력은 칸트의 세 번째 정언명령의 실제 능력이자 경제, 정치, 물리적 능력입니다. 생명을 긍정하는 행동과 공동체의 합의하는 행동은 윤리적으로 선합니다만, 이 행동도 결코 완성됐다고 말할 수 없습니다. 부분적으로나마 불완전, 불의, 사악함을 수반할 수도 있습니다. 따라서 그 행동에도 부정적인 결과가 얼마든지 나타날 수 있습니다. 잠언은 "의인의 죄는 하루 일곱 번이라도 용서해야 한다."라고 말하지만, 저는 "그렇다면, 불의한 자의 죄는 몇 번이나 용서해야 하냐"고 되묻고 싶습니다. 사실, 불의한 자는 아무런 죄도 범하지 않습니다. 다른 죄를 또 다른 죄로 덮으면서, 결국 모든 죄를 정당화하기 때문입니다. 그러나 이것은 성령을 거스르는 죄처럼 절대 용서받을 수 없는 죄입니다. 왜냐하면 자기 죄를 정당화하려는 그 시도 자체가 죄라는 인식이 아예 없기 때문입니다. 그러나 의인은 이를 죄로 인식하면서 자기 교정을 꾀합니다. 따라서 핵심 문제는 범죄 방지가 아닙니다. 설령 부지불식간 죄를 범하더라도 이를 빨리 깨닫고 교정하는 문제가 핵심 중의 핵심입니다.

8. 해방 윤리

발터 벤야민의 주장처럼, 죄의 고통에 시달리는 자가 희생자입니다. 이제 우리는 가난한 사람들이란 자본주의라는 죽음의 체제에서 파생된 부정적 결과들에 시달리는 희생자라고 말하는 코헨의 시각을 이해할 수 있습니다. 저는 가난한 사람들을 보면, 그들이 사는 체제에 관한 생각을 밝힐 수 있다고 생각합니다. 가난한 사람들은 체제의 상처와 부정적인 결과를 대변하는 존재들이기 때문입니다. 제가 '해방 윤리'라 부르는 새 윤리의 유일한 출발점이 바로 거기에 있습니다. 저는 유럽 철학을 이 윤리의 출발점으로 삼지 않습니다. 비록 경제, 심리, 교육, 문화, 종교의 차원에서 가난이라는 주제를 학습하는 데 유럽 철학의 도움을 많이 받았지만, 해방 윤리의 출발점은 유럽 철학이 아닙니다.

비판이란 무엇입니까? 선을 가장한 행위의 부정 결과로 발생하는 고통의 한가운데서 지르는 절규에 찬 목소리가 바로 비판입니다. 유럽인은 라틴아메리카의 '기독교화'(cristianizzare)를 꾀하고, 이 대륙에 기독교의 은총을 전하기 위해 왔다는 식으로 선의를 치장할 수 있었습니다. 그러나 실제로 유럽인은 아메리카 원주민들을 살해, 착취하고, 이들의 모든 재산을 강탈했습니다. 우리는 아프리카, 리비아, 이라크 아프가니스탄에서도 똑같은 부분을 강조할 수 있습니다. 미국인들은 후세인 독재를 전복한다는 선의를 내세워 이라크 전쟁을 일으켰다고 둘러댑니다. 그러나 이 전쟁으로 백만 명 이상이 목숨을 잃었습니다. 아무런 방해도 받지 않고 텍사스의 거리를 활보하는 부시는 히틀러 못지않은 범죄자입니다. 그러나 교회, 국제연합, 각국 정부 각료들은 그에게 경의를 표합니다. 그가 권력자이기 때문이죠. 윤리의 퇴색과 위선이 아닐 수 없습니다. 제가 강조하는 비판은 종속된 민중의 고통에서 피어나는 외침입니다. 하나님은 광야의 모세에게 "나는 이집트의 노역에 시달리는 내 백성의 울부짖음을 들었다. 너는 가서 그들의 해방하라."(출 3장 참고)라고 말했습니다. 하나님의 이 명령이야말로 기독교 사상과 메시아주의의 정수(精髓)입니다.

앞에서도 누차 밝혔듯이, 저는 유물론 그리스도인입니다. 저는 2년 동안 나사렛에서 목수로 일한 적이 있고, 나사렛 협동조합의 조합원으로 활동했습니다. 나사렛 목수들의 협동조합이라니, 농담을 조금 섞어 예수와 같은 조합원 출신이라고 말할 수도 있겠습니다. 나사렛의 회당에서 예수는 이사야 61장 본문을 되풀이했습니다. "주님의 성령이 나에게 내리셨다. 주께서 나에게 기름을 부으시어 가난한 이들에게 복음을 전하게 하셨다. 주께서 나를 보내시어 묶인 사람들에게는 해방을 알려주고, 눈먼 사람들은 보게 하고, 억눌린 사람들에게는 자유를 주며, 주님의 은총의 해를 선포하게 하셨다." 229 발터 벤야민은 일반적인 시간을 '크로노스'(χρόνος)라고 설명합니다. '크로노스'는 단조롭게 흐르는 시간입니다. 그러나 언젠가 이 시간은 끝날 것이며, 메시아의 시간인 '카이로스'(καιρός)가 시작될 겁니다. 이는 우리가 시간과 단절할 때라야 비로소 만들어지는 시간입니다. 벤야민은 "이제 죽음에 이르기까지 위험이 도사리는 시간이 시작된다."라고 말합니다. 바로 메시아의 시간입니다. 우리가 비판받기 시작할 때부터, 우리는 모두 메시아가 됩니다. 메시아는 단 한 명이 아닙니다. 이것이 바로 벤야민의 전언입니다.

그리스도인들은 예수를 유일한 메시아로 믿지요. 사람들이 예수에게 하나님의 아들인지 물었을 때, 예수께서 "그렇다"라고 대답했기 때문입니다. 그러나 이 말을 지속하지 않았습니다. 성서에 기록되지 않았습니다만 대화가 지속됐더라면, 아마도 예수는 가야바 대제사장에게 "당신도 하나님의 자식입니다. 우리 모두 하나님의 자식이며, 하나님은 우리의 아버지입니다."라고 말했을 겁니다. 우리는 누가복음 4장 18절을 읽고 다음과 같이 말할 필요가 있습니다. '이제 위험한 시대가 열렸습니다. 죽음까지 각오해야 할 위험한 시대입니다. 체제는 반격을 가하고, 대학, 연구소, 일터 가릴 것 없이 하나님의 소중한 자녀들이 있는 곳에서 박해가 시작됐습니다. 당신이 체제의 아픈 곳을 더 세게 찌른다면, 체제의 중심부는 인류의 생명력을 파괴하는 쪽으로 질주할 것이고, 여러분은 그것을 똑똑히 보게 될 겁니다. 그리고 그 비판에 대한 체제의 반응은 폭력일 것입니

---

229) [역주] 인용된 성서의 출처는 공동번역성서 루가복음 4장 19절이다. 이사야 61장 1절 본문과 약간 다르다.

다.' 저는 이를 몸소 체험했습니다.

1973년 10월 2일 밤이었습니다. 저는 집에서 큰 폭발음을 들었습니다. 처음에는 지진일 줄 알았습니다. 그런데 아무것도 떨어지지 않더군요. 즉시 주방으로 달려갔고, 가스 폭발로 인한 사고가 아닌지 찬찬히 살폈습니다. 그런 후에 집 밖으로 나왔습니다. 벽에 구멍이 뚫려 있었고, 외부 공격이었다는 사실을 알았습니다. 저는 사제 폭발물을 투척한 사람이 대학에서 제 강의를 듣는 학생이었다는 사실을 바로 알았습니다.

적어도 소수의 사람에게 제가 위험 인사가 됐음을 확인한 사건이기도 했습니다. 세 살 난 딸이 다가와서 "아빠 무슨 일이에요?"라고 묻더군요. 저는 딸에게 "큰일 아냐. 예수께서 얼마나 고통스러웠는지를 기억하렴."이라고 답했습니다. 딸은 이 말을 이해했는지, 곧 잠자리에 들었습니다. 그 상황에서 침착하고 고요했던 아버지의 모습을 봐서 그랬던 걸까요? 아이에게는 어떤 외상증후군도 나타나지 않았습니다.

저는 테러 공격을 받을 정도의 거물급 인사가 아닙니다. 다만, 당시에 저는 진정한 '카이로스'가 시작됐음을 직감했습니다. 어느 날, 야밤에 지붕 위로 나뭇잎 부스럭거리는 소리가 들렸습니다. 우파 인사들의 가택 침입 사건이었습니다. 이들은 훗날 미국 국무부와 헨리 키신저가 기획한 아르헨티나 쿠데타의 주도 세력이 됐습니다. 현재 키신저는 대학교수이자 자유 기고가로 활동하지만, 실제로 그는 피노체트 군부 쿠데타의 원인을 제공한 범죄자입니다. 아르헨티나 군부 독재와 관련된 키신저의 책임은 피노체트보다 더 큽니다. 최초 계획을 수립하고, 쿠데타 세력의 안전 보장을 약속한 인물이 바로 키신저이기 때문이죠. 라틴아메리카의 모든 독재 정부는 미 중앙정보국(CIA)의 작품입니다. 이들은 미국의 손꼽히는 학교에서 공부한 군인들을 이용합니다. 국무성은 이들에게 존재하지도 않는 빚 독촉을 하면서, 라틴아메리카 착취를 위한 계획 수립에 돌입했습니다. 현재 유럽은 채무 상환을 해야 하는 상황입니다. 현재 그리스는 20년 전 멕시코와 같은 상황에 직면했습니다. 유럽이 다른 나라들에 적용했던 논리가 그대로 유럽에 직격탄을 날리는 상황입니다. 이 문제와 관련해, 프란츠 힌켈라메르트는 조약과 협정의 파기는 자멸로 이어질 뿐이라고 주장합니다. 실제 그렇습니다. 지구는 작고, 곳곳에서 총탄이 빗발칩니다. 언제 어디에서 내 등에 총알이 날아올지 모릅니다. 독일 출신인 힌켈라메르트는 줄곧 라틴아메리카에서 활동했습니다. 230 저는 그를 라틴아메리카 최고의 지성으로 여깁니다. 그는 철학과 기독교 사상에서 출발해 현실 상황을 비판하는 경제학 교수입니다.

9. 희생자 편에 서라

우리는 첫 번째 원칙에서 세 번째 원칙까지 살펴봤습니다. 비판 원칙, 오감에 잡히는 물질의 원칙과 거기에 논리와 정당성을 부과하는 형식 원칙입니다. 이 원리는 실행력을 갖춘 원리이기도 합니다. 한 마디로, 우리는 '만일 내가 희생자라면, 내 통증은 체제 불의를 증명할 수 있는 체험의 증거일 것이다'로 요약할 수 있습니다. 체제의 악에 대한 비판의 출발점은 바로 '고통받는 이들'입니다. 이에 대해, 헤르만 코헨은 희생자, 가난한 사람의 편에 서라고 주장합니다. 이들의 편에 설 때, 우리는 체제의 병리를 진단할 수 있습니다. 희생자와 가난한 사람의 편에 서라는 말을 최초로 설파한 인물은 나사렛 예수였습니다. 어느 사회든, 법과 질서를 따르지 않는 사람은 천박한 밑바닥 인생 취급을 당합니다. 그러나 예수는 이들에게 복을 선언했습니다. 이러한 복 선언은 질서의 가식을 폭로하는 행위와 같습니다. 저는 철학 이성의 역사에서 이토록 비판적인 인물을 본 적이 없습니다. 예수에 비하면, 마르크스, 니체, 프로이트의 비판은 '새

---

230) [역주] 경제학자이자 해방신학자인 힌켈라메르트는 베를린에서 마르크스 경제학으로 공부를 마친 뒤, 칠레 가톨릭대학교에서 강의하던 중, 살바도르 아옌데의 군부 쿠데타를 경험한다. 이후 칠레를 떠나 코스타리카에 정착하게 되는 데, 그곳에서 우고 아스만, 파블로 리차드 등과 협력해 "에큐메니컬연구소"(DEI)를 설립한다.

발의 피'입니다. 예수는 부평초처럼 떠도는 사회의 바닥 민중(ὄχλος)에게 복을 선언했을 뿐만 아니라, 체제에서 배제된 이들을 '하나님의 현현'(顯現)으로 선언하기도 했습니다. 하나님은 성전, 그리스도나 교회가 아닌 가난한 사람들 속에서 자신을 계시합니다.

모세는 광야에서 자신에게 임한 목소리를 들었습니다. "네가 선 곳은 거룩한 땅이니 신을 벗으라." 모세가 신을 벗었을 때, 하나님은 모세에게 "이집트에 있는 내 백성의 고통을 들었다"라고 말씀했습니다. 이는 하나님이 가난한 사람의 이름으로 이야기했음을 의미합니다. 하나님은 파라오의 아들이었던 모세를 호출했고, 권력의 역사적 블록231 속에 세웠습니다. 모세는 람세스처럼 이집트 사람입니다. 그러나 노예들을 통해 말하는 하나님의 소리를 들었지요. 이는 모세의 소명에 대한 신학적 표현입니다. 그가 체험한 내용을 서술해 보겠습니다. 하루는 나일 강가에 있던 파라오의 아들이 도움을 요청하는 노예 하나를 발견합니다. 이 노예는 자유를 원했습니다. 그는 모세에게 "자유로워지고 싶소. 날 좀 도와주시오"라고 말했습니다. 이것은 부정에 선행(先行)하는 긍정입니다. 마르크스와 헤겔 사상에서 변증법의 원리는 부정의 부정이 아닙니다. 부정을 부정하는 긍정이 먼저 나옵니다. 이는 논리 문제입니다. 노예는 모세에게 자신을 도와달라고 요청함으로써 자유민이 될 수 있으리라는 생각을 했고, 모세는 그를 도왔습니다. 그러나 감독관이 왔고, 모세는 그를 살해하고 시신을 모래 속에 감췄습니다. 그러나 바로 들통났고, 파라오의 이 아들은 광야로 피신해야 했습니다. 이는 '카이로스'의 시간, 대전환의 시간입니다. 이제 모세에게 평범한 '크로노스'의 시간은 끝났습니다. 백성을 위한 책임을 짊어져야 할 시간, "죽음

---

231) [역주] 두셀은 안토니오 그람시(Antonio Gramsci)의 용어인 '역사적 블록' 개념을 사용한다. 역사적 블록은 '헤게모니' 집단이 구성하는 특정한 역사 시점의 사회체(社會體)를 가리킨다. 그람시의 방식을 응용하면, 모세는 파라오의 질서가 작동하는 특정한 역사적 블록에 투입된 일종의 '유기적 지식인'으로서 하나님에게서 도래하는 새로운 역사적 블록을 구성해야 하는 사명을 부여받았다.

의 위협이 도사리는" 시간이 시작됐습니다. 우리는 아도르노, 마르쿠제, 프롬의 이론이나 프랑크푸르트학파의 이론보다 훨씬 강력한 비판 원리로 씨름하는 중입니다. 기독교 사상은 철학 사상보다 더 강력하고 분명한 어조로 말하며, 마르크스보다 더욱 먼 거리까지 나아갑니다.

10. 타자에 대한 책임으로서의 윤리

새 윤리의 네 번째 원칙은 체제의 불의를 지적하는 **비판 원칙**입니다. 저는 구약성서 출애굽기에 나오는 이집트의 모습을 체제(sistma)와 연결합니다. 은유적으로 말해 볼까요? 이집트는 '폐쇄적 육체'입니다. 우상 숭배는 이 육체의 죄를 가두는 역할을 하고요. 자본주의는 인류를 죽음으로 내모는 이윤율 성장 지표와 그 현실을 굳게 믿습니다. 저는 이것을 육체의 죄, 다시 말해 "전체성의 전체화"(la totalizzazzione della totalità) 232이라는 말로 정리합니다. 가난한 사람이 자신의 처지를 간곡히 호소(vocare, 부름)합니다. 체제 내부의 한 사람이 그 목소리를 듣고, 아픔을 보며, 이집트(체제) 안에 사는 사람들의 고통을 직시합니다. 다른 분야에서 쓰는 표현을 덧붙여서 말하면, 지금 이 사람은 자본주의 체제 내부에서 겪는 고통, 부르주아 사회의 무의식적 억압에서 겪는 고통을 깨닫는 중입니다. 마르크스나 프로이트와 같은 위대한 비판 사상가들은 '노예로 사는 존재'라는 사회의 이면을 꿰뚫어 봤습니다. 따라서 윤리는 자기 구원에 대한 책임이 아닙니다. 윤리는 타자 구원에 대한 책임, 다시 말해 타자에 대한 책임을 감당하는 일입니다. 그러한 책임을 진 사람은 체제 비판을 단행하고, "약속의 땅"을 구현하고, 새로운 체계 구축을 위한 과정을 차근차근 밟아야 합니다. 기독교 윤리는 이와 같은 셈족의 윤리와 맞물릴 필요가 있습니다.

---

232) [역주] 두셀은 레비나스에게서 빌려온 "전체성" 개념을 지정학 차원 혹은 정치학 차원으로 재해석한다. 그가 이 차원에서 설명하는 "전체성"은 곧 "체제"(system)이다. 따라서 "전체성의 전체화"는 "체제의 전체화" 혹은 "체제의 총화"로 바꿔 읽을 수 있다.

가톨릭교회의 사회교리는 자본주의를 확정하는 윤리이며, 프티 부르주아(petit bourgeois)의 시각에 충실한 윤리입니다. 교황 요한 바오로 2세의 회칙만이 유일하게 사회주의를 현실로 여기며, 사회주의 관점에서 동유럽 사회주의를 비판했습니다. 그러나 모든 기독교 윤리는 노동자의 정의를 다루지 않는 소시민 윤리에 그칩니다. 과하지 않은 범위 내에서 이윤을 인정하며, 정당하게 지급된 급여는 선이라고 가르치곤 하지요. 노동의 대가를 급여로 지급하는 것은 죄입니다. 왜냐면 노동은 본래 창조 활동이지, 어떤 가치로 평가될 활동이 아니기 때문입니다. 다시 말해, 월급으로 노동의 대가를 다 치렀다고 손 씻을 수 없습니다. 물론, 생존을 위해 누군가에게 돈을 줄 수는 있습니다. 그러나 노동의 대가를 지급한다는 의미로 돈을 줄 수는 없습니다. 인간이라는 존재는 급여 지급에 한정되지 않는 무한 가치의 존재이기 때문입니다.

사람을 물건처럼 사는 행위가 바로 **자본 우상 숭배**입니다. 자본 우상 숭배는 주체인 사람을 이윤율 상승을 위한 물품 정도로 취급하는 짓이기도 합니다. 따라서 급여 자체는 인간 존엄성의 심각한 파괴입니다. 그러나 교회는 이를 수용했습니다. 분명 모순이지요. 어떤 것이 불의 그 자체라면, 호박에 줄을 긋는다고 수박이 되지 않듯, 아무리 많은 값을 치러도 불의 자체가 정의로 바뀌지 않습니다. 따라서 우리는 새 윤리의 네 번째 원칙을 체제 비판으로 제시했습니다.

새 윤리의 다섯 번째 원칙은 다음과 같습니다. 가난한 사람들은 가난의 굴레와 압제를 부정하는 구체적인 유형과 형태를 이루려는 합의체를 이뤘습니다. 요컨대 가난의 구조를 부정하는 구체적 형식에 대한 가난한 사람들의 합의입니다. 압제당하는 사람들과 가난한 사람들의 공동체가 연합했고 현 체제의 불의를 성토하는 데 동의했습니다. 이들의 합의체는 현실 조직의 토대인 '체제의 합의체'에 반대합니다. 그리고 둘 사이에 모순이 불거집니다. 말하자면, 압제당하는 이들의 현실을 인정하는 합의체와 이를 비판하는 합의체 사이에 모순이 발생합니다. 하버마스는 단일한 합의체(공론장)만 이야기하지요. 이 철학자는 사회 토론장을 통한 민주적 합의를 주장합니다. 하버마스와 반대로, 안토니오 그람시는 두 가지 생각을 제시한다. 첫째, 합의체가 존재한다면, 지배 계급이 패권(l' egemonia)을 쥐고 모두가 이에 동조하는 상황이 벌어질 가능성이 큽니다. 둘째, 체제의 불의를 깨달은 피압제자들은 압제 체제에 대항할 겁니다. 이러한 비판 원리는 반체제 인사들을 배출합니다. 그리고 반체제 인사들의 등장으로 폭압을 단행하는 체제와 지배 계급이 결집합니다. 여성, 노동자, 차세대, 원주민, 제3세계 등에게 가하는 억압을 비판하는 사회 운동들이 고개를 듭니다. 그리고 체제 지배자들은 이 운동들을 저지하려 합니다. 둘 사이에 싸움이 벌어집니다. 이 사회 운동들에 가담한 피압제자들은 "경쟁"이라는 명분으로 자행되는 범세계적 압제에 시달리는 이들입니다.

다들 잘 아시겠지만, 경쟁을 버텨내려면, 이곳 이탈리아도 그만큼 경쟁력을 갖춰야 합니다. 더 싼 값에 물건을 만들고, 월급으로 지급하는 액수도 줄여야 합니다. 노동 안정성보다 노동 유연성을 갖춰야 하고요. 이윤율 상승을 이끄는 시장 법칙은 이러한 합리성의 대변인 역할을 해야 합니다. 주민들의 필요와 욕구는 더 이상 기준이 되지 못합니다. 바다 건너 미국으로 가 볼까요? 미국에서 대기업들이 납부하는 세금 액수는 매우 적습니다. 따라서 미국인의 교육과 의료를 위한 기금도 적을 수밖에 없습니다. 오늘날 평범한 시민들은 자기 월급을 아끼고 아껴서 교육비나 의료비를 충당해야 합니다. 그러나 미국은 급여 빼고 미국인에게 되돌려주는 게 하나도 없습니다. 심지어 미국인이 국가에 냈던 것마저 되돌려주지 않습니다. 왜냐면 현재는 시민이 냈던 것의 절반만 되돌려주는 상태이기 때문입니다. 233) 끔찍한 상황이 아닐 수 없습니다.

본론인 비판 의식 문제로 되돌아가지요. 비판 의식이 성장합니다. 이렇게 성

---

233) [역주] 정확하게 어떤 정책과 상황을 겨냥한 발언인지 불분명하다.

장한 비판 의식은 예언자의 단계에 이릅니다. 메시아의 때가 임했고, 교회는 예언자적 교회라는 정체성을 갖고 메시아와 동행해야 합니다. 그리스도인이라는 용어 자체가 메시아적인 용어이기 때문입니다. '크리스토스'의 의미는 '메시아'입니다. 만일 교회가 메시아적 교회였다면, 과테말라의 원주민들, 미국의 노동자들, 제3세계, 카다피의 리비아 234와 함께해야 했습니다. 물론, 카다피는 독재자였고, 사악한 뱀이었습니다. 그러나 카다피의 독재보다 외세 침략이 더 심각한 문제였습니다. 이들은 아랍과 아프리카에서 가장 발전한 국가인 리비아를 박살 냈습니다. 석유를 통제하기 시작했고, 괴뢰 정부를 세웠습니다. 이 정부의 지속성도 보장할 수 없습니다. 석유 부자가 아닌 다른 국가들을 리비아처럼 다루지 않은 이유는 무엇일까요?

여섯 번째 원칙은 민중의 각성과 새로운 체제 구성을 위한 투쟁의 시작을 의미하는 용어입니다. 바로 **해방**입니다. 발터 벤야민의 용어로 말하면, '구속'(救贖, la redenzione)이라 할 수 있습니다. 벤야민은 구속의 원리에 따른 역사 해석의 당위성을 주장했습니다. '구속한다'라는 동사는 노예 해방을 위한 값을 치르겠다는 말입니다. 이를 위한 대가를 치러야 하며, 그 대가는 바로 해방을 위한 싸움입니다. 바울은 역사상 가장 독창적인 제국이었던 대제국 로마의 중심지에 사는 소규모의 메시아 공동체를 향해 로마서를 썼습니다. 그는 로마서에서 이 문제를 당차게 이야기합니다. 바울에 따르면, 법은 제국의 토대이고, 율법은 칭의(la giustificazione)의 원리가 아닙니다. 이러한 주장을 골조로, 바울은 제국의 본질을 비판합니다. 지금이야 (율)법이 칭의의 원리가 아니라고 쉽게 말하지만, 법이 신적이지 않고 인간적이라는 당시 바울의 주장은 목숨을 걸어야 하는 위험한 일이었습니다. 바울의 시각에, 법은 불의하므로 죄의 원리입니다. 우리가 체

---

234) [역주] 참고로, 리비아는 본 강연이 열리는 이탈리아의 식민지였다. 1911년 투르크와의 전쟁으로 리비아를 차지한 이탈리아는 1920~30년대 파시스트 정권 치하에서 리비아에 대한 식민화를 강력히 추진했다.

게바라를 완벽한 혁명가라 부를 수 있다면, 바울을 메시아 사상가와 비판 사상가라 부를 수 있을 겁니다. 바울의 사상은 제국의 노예들에게 확산됐습니다. 그러나 3세기가 흐른 뒤, 기독교는 물구나무를 서고 말았습니다. 콘스탄티누스를 필두로 하여, 황제가 기독교도가 되는 세상이 됐지요.

이 부분에서 우리는 중요한 변화를 확인할 수 있습니다. 성 소피아 대성당에 있는 그리스도는 십자가에 달린 그리스도이지요. 그러나 눈을 뜨고, 피 흘리지 않는 그리스도입니다. 만물을 통치하는 그리스도, 즉 우주의 지배자 그리스도라는 상징입니다. 율법에 대해 죽은 그리스도가 이제는 법이 됐습니다. 그리스도의 법에 맞서는 존재는 죄를 범하는 존재가 됩니다. 그러나 그리스도가 (율)법이 아니고 반(율)법적임에도 불구하고, 그리스도를 (율)법이라고 믿는 것이 진짜 죄입니다. 바울은 율법이 아닌 믿음으로 의롭다함을 얻는다고 주장합니다. 믿음은 20세기에 가장 곡해됐던 개념입니다. 믿음의 어원은 그리스어 '피스티스'(πίστις), 히브리어 '에무나'(emunâh)입니다. 믿음은 기본적으로 진실과 신뢰를 뜻합니다. 저는 여기에 '동의'라는 말을 추가하겠습니다. 사도들은 특정 공동체의 대표자들이었습니다. 오늘날 시각으로 보면, 소단위 지역구 대표자들이라고 할 수 있죠. 오순절에 갑자기 불꽃이 임했고, 이들은 성령을 받았습니다. 은유로 기록된 이 사건 뒤에 과연 무엇이 있을까요? 제국의 식민지 내부에 제자들과 여인, 모친으로 이뤄진 소규모 집단이 있었습니다. 이들은 막강한 군대와 무력을 동반한 제국과 대면한 유약한 집단을 대표합니다. 이들은 서로를 바라보며 "우리는 할 수 있습니다!"라고 독려했습니다. 이들 사이에 로마 제국의 토대를 뒤흔드는 전언을 공유하자는 모종의 동의와 비판적 동의가 이뤄졌던 셈이죠. 피델 카스트로의 말처럼, 민중(人民, il popolo)이 누군가를 믿을 때, 아니 오히려 민중이 자기 자신을 믿을 때, 이러한 일이 발생합니다. 여기서 말하는 민중 개념은 오늘날 이곳 이탈리아를 비롯해 세계 두드러진 나라들에서 통용되는 국민, 무리, 시민 개념 등과 다릅니다. 제가 말하는 민중은 성서에서 빌린 용어 '라오스'(λαος) 235입니다. 바울은 호세아의 글을 인용해 "내 백성이 아닌 자가 내 백성이 되리라." 236라고 썼습니다. 이 말은 하나님 백성(라오스)이 아닌 일부 유대인, 타자들, 이방인들도 그 "백성들"이 된다는 뜻입니다. 역사를 뒤바꿀 능력을 담은 존재들에 대한 의식이자 신뢰이지요. 이집트의 한 귀퉁이에서 노예들을 해방하고, 파라오에 대항하며, 체제를 부쉈던 의미를 공유하는 의식이자 그에 대한 신뢰라고 정리할 수 있습니다. 또 저는 이러한 해방의 영을 성령이라고 말하고 싶습니다. 공동체의 상호 교통을 가능케 하는 하나님의 영인 성령이 지금까지 우리가 이야기했던 비판적 동의(합의체)를 선사합니다.

비판적 동의의 의미는 다음과 같습니다. 첫째, 현 체제는 불의한 체제입니다. 둘째, 법은 공생과 공존의 토대가 아닙니다. 우리는 미래의 법 체제와 입법의 토대를 민중의 동의에서 찾아야 합니다. 제가 말하는 민중의 동의란 권력 지배와 유착된 법적 정당성에 근거한 동의에 고정될 수 없는 정당성, 요컨대 합법성 없는 정당성(legittimità senza legalità)입니다. 모세가 광야에 있을 때, 장인이 그를 찾아왔습니다. 그는 모세에게 "백성에게 법이 없다니 어찌 이럴 수 있는가?"라고 물었습니다. 이에 모세는 "맞습니다. 법이 없습니다. 우리는 한 백성입니다."라고 답했습니다. 237 법의 토대는 민(民)의 분별력과 의식입니다. 16세기 후반의 스페인 철학자 수아레스가 신이 백성에게 권력을 준다는 사상이 등장하기 전까지, 군주제 체제를 주름잡은 사상은 왕권신수설이었습니다. 바르톨로

---

235) [역주] 신약성서에는 무리, 군중을 뜻하는 대표적인 두 가지 용어가 등장한다. 그중 하나가 일정 신분을 갖춘 집단이나 무리를 가리키는 '라오스'(λαος)이고, 특정 신분과 안정적인 집단을 확보하지 못한 무리나 떼를 가리키는 '오클로스'(ὄχλος)가 있다. 70인역성서에 따르면, 라오스는 율법을 받을 때 모여든 무리를 지칭한다. 따라서 일정한 신분과 귀속성을 확보한 하나님의 백성 정도로 읽을 수 있다. 그에 비해, 오클로스는 이러한 귀속성이 없는 일종의 '비존재로서의 존재'이다. 참고로, 안병무의 민중신학은 후자인 '오클로스' 개념을 체계적으로 발전시켰다.

236) [역주] 로마서 9장 25절. 호세아 2장 23절 인용.

237) [역주] 구약성서 출애굽기 18장에 나오는 모세의 장인 이드로와의 대화를 가리키는 것처럼 보인다. 다만 두셀의 언급은 성서의 정확한 기록은 아니다.

메 데 라스 카사스는 1546년 작『왕권에 관하여』(De regis potestate)에서, 왕권은 백성의 동의를 거쳐야 한다고 선언했습니다. 이 사상은 홉스에 반대하며, 홉스를 뛰어넘습니다.『리바이어던』보다 한 세기나 빠른 사상이지요. 그래서 제 정치철학은 홉스에서 하버마스에 이르는 틀 안에서 정치를 떠들었던 모든 철학자를 비판합니다. 또 저는 현대 정치철학이 물신 숭배, 유럽중심주의, 식민주의, 자본주의, 가짜 기독교의 경향을 보인다고 생각합니다.

강연의 결론을 한 문장으로 정리하겠습니다. '윤리는 쇠퇴했습니다.' 그렇습니다. 과거의 윤리, 부르주아 윤리, 물신 숭배 윤리, 자본주의 윤리, 가짜 기독교 윤리의 해는 저물었습니다. 그러나 사람들의 의식에 나타나지 않는 강력한 윤리는 사그라지지 않고, 오히려 출항의 닻을 올리려 합니다. 저는 이러한 윤리가 세계에서 일어나는 모든 반란의 토대가 되리라 믿습니다. 이 윤리와 운동은 정치 대표자를 배제하지 않고 수용하는 새로운 민주주의를 탄생시킬 것입니다. 정치의 핵심 주제는 참여입니다. 참여의 의미는 무엇일까요? 민중의 풀뿌리 조직에서 출발해 시 행정, 연방국, 국민 국가 등의 단위에 참여할 수 있는 새로운 조직을 어떻게 구성해야 할까요? 이러한 영역을 파괴하지 않고 새롭게 정의하는 방법은 무엇일까요? 새로운 정치의 길을 여는 방법은 무엇일까요?『대의 정부론』(1860)에 담긴 존 스튜어트 밀의 대의 정치 사상은 바다 건너 미국에서 탄생했고 실현됐지만, 이제 그 수명을 다했고, 부패하기 시작했습니다. 이제 우리에게 필요한 민주주의는 민중 참여 민주주의입니다. 그것은 아나키스트들이 바라는 대표자 거부를 지향하지 않습니다. 새로운 민주주의는 선출된 대리자의 자리를 인정하면서, 민중의 참여가 주를 이루는 진정한 민주주의이어야 합니다.

이를 위해서는 사실상 모든 단계에서 참여할 수 있는 조직화 작업이 필요합니다. 이는 정치 문제를 다룬 제 저작들(제법 두꺼운) 가운데 세 번째 저작에서 고민했던 주제이기도 합니다. 저는 지금껏 일어난 적 없는 21세기형 혁명을 연구했습니다. 온 시민이 매일 참여할 수 있는 조직을 구상했습니다. 제 생각에, 현재 우리는 매우 강력한 윤리와 정치의 단계를 맞이했습니다. 왜냐하면 위기는 가중되고, 미래의 모순은 더 악화할 가능성이 높기 때문입니다. 비근한 예로, 중국은 위기를 맞지 않고 사적 차원에서 금융 자본을 사용하지 않을 유일한 국가일 겁니다. 모든 것이 국가 소유이기 때문이죠. 사실, 이러한 스탈린주의 국가야말로 완벽한 자본주의입니다. 그러나 중국의 이러한 모순(국가 자본주의)에서도 우리는 긍정적인 면을 볼 수 있습니다. 일단, 중국의 금융정책은 은행가들의 몫이 아닙니다. 이것은 중국의 큰 장점입니다. 중국은 민중의 부를 모조리 빨아들이는 민간 금융 자본이 없습니다. 모든 민중에게 부가 고루 돌아가는 삶은 미래에 반드시 구축되어야 할 삶입니다. 따라서 현실에 대한 총체적 변화는 꼭 필요합니다.

현실 문제를 제대로 꿰뚫어 보고 총체적 현실 변혁을 관건으로 이야기했던 유일한 사상가는 마르크스입니다. 제가 강조하는 마르크스는 이른바 정통 노선이라 불리는 마르크스 스탈린주의가 아닙니다. 저는 **사상가 마르크스**를 호출합니다. 우리가 읽고 또 읽어야 할 『자본론』의 저자인 마르크스는 본래 유대인으로서 그의 중간 이름은 '레위'였고, 외가 쪽은 네덜란드의 랍비 가문이었습니다. 저는 마르크스의 신학 은유들을 꼼꼼히 분석한 뒤에 『마르크스의 신학 은유』(*La metafora teologica di Marx*) 238라는 책을 썼습니다. 이 작업을 진행하면서, 저는 가톨릭 관점에서 보더라도 마르크스의 신학 은유는 참신한 신학이 될 수 있다고 생각했습니다. 예컨대 『자본론』에서 마르크스는 자본의 본원 축적(die ursprüngliche Akkumulation)을 신학자들이 원죄라 부르는 것과 같다고 썼습니다. 239

---

238) [역주] 원서는 다음과 같다. Enrique Dussel, *Las metáforas teológicas de Marx,* México, Siglo veintiuno editores, 2017[1993].

239) [역주] 본서 3장을 참고하라.

거기에 마르크스는 신학자들이 원죄를 파괴했다는 표현을 덧붙였습니다. 마르크스의 이 표현은 '원죄는 역사 구조를 갖는다' 라는 아우구스티누스의 표현이나 여타의 다른 신학자들의 규정보다 훨씬 심오합니다. 우리 사회의 본성을 다진 시대의 원죄는 다름 아닌 **자본**입니다.

13장•한계들에 대한 반항, 부채 위기, 민주주의 공동화 현상, 현실 사회 경제의 집단 살상, 대안 가능성의 현실 지평[240]

프란츠 힌켈라메르트

경제학자이자 해방신학자인 프란츠 힌켈라메르트는 본문을 통해 오늘날 전체주의를 이룬 시장을 비판하고, 그 속에서 희생되는 수많은 사람의 권리를 옹호한다. 나아가 그는 효력 없는 '형식 민주주의'의 거품을 걷어내려 한다. 본문은 2010년대 중반 유럽에서 벌어진 금융 위기 사태를 고찰하면서 민생을 쥐고 흔드는 세계 금융시장 권력의 문제를 다룬다. 글의 구성상 저자의 비판과 공격이 주를 이룬다. 단, 대안에 대한 성찰이 길지 않아 균형감이 다소 떨어진다. 그러나 사태를 분석하고 고발하는 그의 눈이 매우 날카롭다는 점을 부인할 수 없다. 현대인들이 시장 전체주의 사회에서 어떻게 매체들에 농락과 세뇌를 당하는지부터, 시장 법칙이 죽음의 법칙으로 변환된 세태와 그에 대한 시민들의 자발적 저항에 이르기까지, 저자는 현 상황을 상세히 짚는다. 무엇보다 정치권력이 초국적 경제 권력의 하수인이 됐다는 점과 경제 권력이 자기 정당화를 위한 수단들을 동원한다는 점에 주목한다면, 독자들의 현실 안목을 키우는 데 유용한 글이 될 것이다.

지금 우리는 성장에 목맨 경제 체제에서 산다. 그러나 성장은 그 한계에 봉착

240) 원문 출처는 다음과 같다. Franz Hinkelammert, "La rebelión de los límites, la crisis de la deuda, el vaciamiento de la democracia, el actual genocidio económico—social y el horizonte actual de posibles alternativas", in *Totalitarismo del mercado. El mercado capitalista como ser supremo*, México, Akal, 2018, p. 181~201.

했다. 시간이 흐를수록, 경제 성장이 한계에 봉착했다는 사실이 더 선명하게 드러나는 중이다.

1. 온 지구 차원의 위협

우리는 지구 차원에서 구체적으로 드러난 세 가지 문제와 마주했다. 세 가지 문제란 배제된 시민, 사회적 관계의 전복, 자연에 대한 위협이다. 그러나 가장 큰 위협은 다른 데 있다. 바로 지존의 자리에 오른 세계화 전략의 강고함과 고착화이다. 이것이야말로 우리 시대의 진짜 위협이다. 왜냐하면 세계화 전략은 타자들과의 진정한 만남[241]을 가로막기 때문이다.

세계화 전략은 지구 차원으로 광범위하게 확장된 현 세계에 필요한 생산물과 아무런 상관이 없다. 오늘날 세계가 광범위해졌다는 사실과 견고한 틀을 형성한 세계화 전략은 결코 양립할 수 없다. 필자가 보는 진짜 문제는 바로 거기에 있다. 세계화 전략은 광범위한 현실 세계를 제멋대로 파괴한다. 이러한 전략은 우리가 원하는 세계와 함께 할 수 없다.

세계화 시대에 전 지구를 종횡무진 가로지르는 전체 시장이 된 지금의 시장은 자기조정 체제가 아니다. "시장의 자기조정 능력"은 존재하지 않는다. 더 구체적으로 말하면, 시장마다 자기조정 능력을 갖췄다고 말할 수 없다. 오히려 극소수의 특별한 시장들만 자기조정 능력을 갖췄다. 시장이 스스로 균형점을 찾아가려는 경향은 실제로는 매우 희박하다. 왜냐하면 시장은 언제나 새로운 불균형 조성에 집중하고 나아가 그 불균형을 체계화하려 하기 때문이다. 오늘날 시장은 말 그대로 '순수한 권력 의지'이다.

세계를 위협하는 실제 문제는 '시장의 불균형' 문제이다. 시장의 불균형은 체계적으로 심화하는 경향을 보이고, 특정 금융가들의 균형을 유지하는 쪽으

---

241) [역주] 타자를 타인이라는 인격체로 한정해 설명하면, 인간다움을 충분히 누릴 수 있는 만남이 아닌 손익 계산에 준한 사무적 만남만 즐비하다는 뜻으로 읽을 수 있을 것이다.

로 유리하게 작용한다. 경제 성장 정책도 문제의 다른 측면을 드러낸다. 우리가 맹목적으로 성장 정책을 강조할수록, 세계에 대한 위협은 더욱 가중되고 성장 정책에 맞서려는 대항 정책들은 희생된다. 바로 이것이 세계화 전략의 주된 논리이다.

성장 정책은 세계화 전략을 고스란히 드러낸 정책이다. 그러나 세계화 전략은 단순히 성장 정책으로만 나타나지 않는다. 이 전략의 실체를 확인하려면, 우리는 세계화 전략의 특징에 주목해야 한다. 첫째, 세계화 전략은 사회에서 맺는 모든 관계를 상품화한다. 둘째, 이 전략은 고유성과 다양성을 가진 현실을 고려하지 않고 오로지 특정 원칙이나 원리에 복종할 것을 강요한다. '사유화'(私有化) 정책이 그 대표 사례이다. '민영화'(民營化)라는 말로 예쁘게 포장했지만, 결국 공유해야 할 것을 '사유화' 한다는 알맹이는 변함없다. 세계화 전략은 과연 이러한 사유화 방식이 어디에 적절한 해법으로 기능하는지, 공공재가 어디에서 최선의 해결책이 될 수 있는지에 관해 묻지 않는다. 베를린의 지하철 사유화(S-Bahn)가 공공재를 파괴했다는 주장은 있어도, 이 주장이 지하철 사유화(민영화)에 대한 철저한 반대로 이어지지 않는다. 사유화 자체에 반대하는 주장들은 없고, 생활 전 영역이 시장에 예속되어야 한다는 신조(信條)들만 읊어대기 때문이다. 자본 투자자를 유치하려면 시장에 예속돼 살아도 좋다는 신앙고백을 철회할 리 없다. 공공 서비스, 감옥, 군대, 교육 체계, 보건 체계, 사회복지 체계도 마찬가지이다. 모두가 성장을 위한 정책들로 홍보되지만, 하나같이 자본 축적으로 귀결될 정책이라는 점을 부인할 수 없다.

조지 오웰(George Orwell)의 언어로 보면, 모두가 엇비슷하다. 즉, 세계의 총체성, 세계화 전략, 시장 전체화, 자본 축적, 비용 계산, 이익 계산에 관한 결정 등 모두가 한통속이다. 사람들은 지금 사회의 근본 모순을 인식하지 못한다. 말하자면, '온 세상으로서의 세계'와 '세계화 전략의 보편화' 사이에 존재하는 모순을 인식하지 못한다.

오늘날 성장의 최댓값을 확보하려는 정책은 한계에 봉착했다. 1972년 로마 클럽의 보고서 『성장의 한계』는 현실이 됐다. 2008년의 위기는 단지 금융 체제의 위기가 아니었다. 그것은 성장의 한계가 빚은 위기의 서막이었다. 성장의 한계는 계속 지적됐던 사안이다. 그에 대한 마땅한 치료제도 없다. 밑도 끝도 없는 성장과 그로 인한 위기에 '성장에 저항하는 사람들'이 우후죽순 들고 일어나기 시작했다.

2008년의 위기는 이례적인 석유가 폭등 이후에 터졌다. 석유가 폭등으로 지급 부족 현상이 발생했고, 금융 유가 증권의 매각이 불가피해졌다. 결국 전체 시장에서는 아무 가치 없는 상태가 되고 말았다. 이 상황은 거품 잔뜩 낀 금융 체계를 붕괴시키는 위기를 낳았다. 성장의 한계가 위기를 불렀다. 무가치해진 유가 증권에 기초했기에 금융 체계 전체가 썩어 문드러졌고, 결국 성장의 한계를 더 강화하게 됐다.

1987년에서 2007년까지 석유 소비는 1/3가량 상승했다. 약 5%의 경제 성장률과 함께 석유 소비의 약 1.5%가 성장했다. 이러한 성장은 그에 상응하는 소비의 증가가 없다면, 즉 그에 상응하는 석유 생산의 증가가 없다면, 불가능했을 것이다. 향후 20년 동안 석유 소비와 유사한 형태의 성장으로 되돌아가는 일은 불가능해 보인다. 석유의 대체제가 아직 없던 시기라 이 정도 규모의 세계적, 사회적 물품의 성장도 불가능해 보인다. 242

석유만이 성장의 한계를 표시한 상품이 아니었다. 비교할 수 있는 성장 과정에서 꼭 필요한 상품들이 경제의 전 분야에서 나타나고 필요한 속도에 맞는 대체품을 찾지 못하면 희소해진다. 이와 맞물려 세계의 상황도 바뀐다. 기후 위기

---

242) [역주] 자동차 분야를 보면, 석유의 대체품으로 전기가 부상했다. 앞으로 전기는 디지털 분야의 확장과 맞물려 경제 활동의 상당 분야에서 주도권을 잡을 가능성이 높다. 석유로 통제해 왔던 분야를 전기로 통제하는 상황으로 바뀔 것이라는 말이기도 하다.

는 이러한 성장 과정의 한계를 결정하는 요소가 되는 중이다. 현재 우리는 이 부분을 숙고해야 할 상황을 맞았다.

　석유 대체품 찾기는 뒤틀린 결과를 낳을 수 있다. 오늘날 농업 생산은 증가했지만, 식량 생산은 감소했다. 옥수수, 대두, 야자유, 설탕을 비롯한 다양한 생산물이 자동차 연료로 변환된다. 미국에서 옥수수 생산의 1/3이 그렇게 쓰인다. 16세기 영국에서는 "양들이 사람을 잡아먹는다."라는 말이 나돌았다. 이 상황은 농촌 사회에서 쫓겨난 사람들에 대한 공포를 낳았다. 닭 한 마리를 훔쳤다고 사형을 당하는 일도 있었다. 오늘날 우리는 현 상황에 맞춰 "자동차들이 사람을 잡아먹는다."라고 고쳐 쓸 수 있을 것이다. 고소득자들은 자동차를 가지지만, 굶주린 사람들에게는 구매력이 없다. 현대인은 자동차 소유를 '합리적 행동'으로 여긴다. 합리적 행동을 내세워 자동차 소유를 우선시한다. 이것만 보더라도, 합리적 행동에 대한 현대 이론에서 '합리성' 개념이 완전히 왜곡됐음을 알 수 있다.

　이러한 이유로, 지난 수십 년 동안 이어왔던 수준의 성장을 유지하기 매우 어려워졌다. 단기 경제 성장을 예상할 수 있지만, 그 효력은 길지 않다. 머지않아 바로 마비 증세가 올 것이다. 요컨대 이 상황은 일종의 '체제 붕괴'로 이어질 것이다. 성장의 회복을 꾀하는 계획은 하나같이 이 점을 신중하게 고려한다.

　우리는 한계들과 제한 요소들을 모두 부쉈다. 그러나 현대인은 과거 시대 인류에게 없었던 새로운 한계들을 마주했다. 인간은 자신을 무한한 존재로 여겼지만, 이러한 인간은 성장의 한계라는 새로운 유한성에 가로막혔다. 이 유한성이 현대인을 관통한다. 무한자 행세를 하던 인간이 새로운 유한성과 충돌하게 됐다. 현시대에 등장한 이 유한성은 고대 그리스처럼 옛 시대의 철학 사상에서 논하던 부류의 유한성이 아니다.

2. 부채 위기

오늘날 사람들은 불평등을 이야기한다. 이 불평등을 부추기고 강화한 장본인은 바로 상품 시장들이다. 인력의 배제, 사회적 관계들의 전복, 자연 파괴의 위험 등이 상품 시장들로 인해 빚어진 주요 현상이다. 현실 생활에서 불거지는 불평등이 문제이다. 그러나 시장 자체와의 관계에서도 불평등이 발생한다. 다시 말해, 위에 언급된 불평등을 전례 없는 방식으로 강화하면서 나타나는 불평등이다. 여기에서 더 중요하게 봐야 할 문제의 원천은 바로 "부채의 과정들"(los procesos de endeudamiento)이다.

현재 우리는 이러한 부채의 과정에 또다시 휘말렸다. 본문에서는 유럽 국가들을 중심으로 이야기하겠다. 고수준의 채무국들은 도무지 갚을 수 없는 상태이다. 이러한 채무 수준을 만드는 것이 은행의 주요 업무 가운데 하나이다. 대기업과 은행의 관료들에게 이러한 채무 상태는 엄청난 호재이다. 앞으로 채무국들은 최소한의 방어력도 확보하지 못할 것이다. 자본의 구미를 당기는 것이라면 모조리 헐값에 팔린다. 그런데도 부채는 줄어들지 않고 꾸준히 늘어난다. 채권국이든 채무국이든 부채와 얽힌 국가 중에 경제적으로 가장 강력한 국가들은 이러한 염가 판매 과정에서 작은 협력만으로도 상당한 이익을 취한다. 지급 능력이 없는 국가는 할 수 있는 한 최선을 다해 빚을 갚아야 하고, 결국에는 국가의 독립성(주권)을 상실한다. 부채의 한계가 있다. 이유는 무엇인가? 부채의 한계가 존재한다면, 그 유일한 이유는 아직 훔쳐 갈 것이 있기 때문일 것이다. '보호 자금'(protection money) 계산은 결국 마피아 상납금 계산이나 마찬가지이다. 243 가능한 최대로 뽑아 먹으려 하지만, 다 뽑아 먹지는 않는다. 미래에도 계속 뽑아 먹을 것이 있어야 하기 때문이다. 채무국들은 자율성을 상실하며, 은행은 "합리적"으로 계산기를 두드리며 채무국들의 '보호 자금'을 최대치로 늘

---

243) [역주] 영화나 드라마에서 접하는 포장마차 상납금 뜯어가는 불량배 짓을 국가 단위에서 채무국을 대상으로 한다는 말이다.

린다.

현재 유럽에 닥친 부채의 상황은 1980년대 라틴아메리카의 부채 상황과 닮았다. 이들 국가에 부과된 구조 조정은 대륙 전체를 약탈하는 결과로 이어졌다. 이러한 약탈은 사회 국가 대부분을 해체하고 사유화를 최대한 밀어붙였다. 민중에게는 전례 없는 빈곤이 발생했고 이전 시대에 멀쩡했던 자연의 상당 부분이 파괴됐다. 부채는 라틴아메리카 전역을 세계화 전략에 종속시킨 지렛대였다. 왜 세계화를 추진해야 하는지 이유도 없었다. 그저 맹목적으로 따라야 했다.[244]

오늘날 이와 똑같은 구조 조정이 유럽의 채무국들을 압박한다. 그러나 유럽의 경우는 유럽 연합 자체가 압박의 주체이다. 채무 구조를 설계하고 빚에 허덕이는 채무국들에는 유럽 연합의 정책을 따를 것을 강제할 수 있는 자본력을 갖춘 국가들이 압력을 행사한다. 이들이 구조 조정을 요구하면, 구조 조정을 해야 한다. 시쳇말로 까라면 까야 한다. 부채 위기는 자본주의 역사 전체에 동반되었던 '본원(始原) 축적'에 해당하는 '대규모의 재산 몰수 과정'으로 탈바꿈했다.[245]

필자는 해법으로 제시될 법한 내용을 이야기하지 않겠다. 다만 이러한 파괴

244) [역주] 2008년 세계 금융 위기와 2010년대 유럽의 경제 위기에 연결된 신자유주의와 세계화 광풍은 유럽의 뛰어난 사상가들의 비판과 직면해야 했다. 특히, 프랑스의 "신자유주의자" 에마뉘엘 마크롱 대통령은 프랑스의 미국화를 가속한다는 비난을 받는다. 신자유주의와 세계화 정책에 대한 비판으로 프랑스의 철학자 바바라 스티글레르의 최근 글이 유용하다. 스티글레르에 따르면, '입 닥치고 적응이나 똑바로 해!'라는 강경 어조가 신자유주의 세계화의 강령이라고 직언한다. 유럽의 신자유주의로 대변된 현재의 세계화는 선택의 여지 없는 필수 사항이 됐고, 토 달지 말고 적응이나 똑바로 하라는 경제 파시즘을 실행하는 중이다. 다음 자료를 참고하라. Barbara Stiegler, «Il faut s'adapter». Sur un nouvel impératif politique, Paris, Gallimard, 2019.

245) [역주] 여기에 유럽 국가들 내부의 채권, 채무 관계가 금융을 중심으로 이뤄지며, 이러한 금융 기관들이 초국적 기업의 외피를 둘렀다는 점을 추가해야 한다. 채무국들에 대한 구조 조정 이행 압박을 가하는 주체는 국가 단위라기보다 "세계화된 금융 과두 권력"과 이들을 등에 업은 초국적 기업들이 아닌가? 이러한 압박은 국가 대 국가로 이뤄지는 것처럼 보이지만, 실은 주권 국가 너머에서 작동하는 초국적 엘리트들의 작업 아닌가? 사익을 최우선 가치로 삼은 자들에게 조국 (祖國)이 유효한가?

과정들의 재발을 막기 위해 부채 위기를 해결했던 역사적 사례를 이야기하려 한다. 필자가 제시하려는 사례는 2차 대전 이후 발생했던 부채 위기이다. 1차 대전 이후의 유럽의 부채 위기도 이와 비슷한 사례일 것이다. 그러나 1차 대전 이후의 부채 문제의 경우에는 마땅한 해결책에 관한 연구가 없었고, 부채로 인한 파국의 결과들을 고려하지 않고 막대한 배상금만 요구하는 형식이었다. 이러한 맹목적 교조주의가 독일 나치즘의 성공을 부른 주원인 중 하나였고, 나치의 성공은 2차 대전으로 이어졌다. 1919년 베르사유 평화 조약에 참여하고 이 조약에 관한 책도 썼던 케인즈는 승전국의 태도에서 향후 발생할 위험 요소를 인지하고 거리를 두려 했다.

2차 대전 이후의 부채 위기를 다루는 방식은 1차 대전의 방식과 매우 달랐다. 일각에서는 이 방식을 매우 합리적이고 성공적인 방식이었다고 평가기도 한다. 필자는 먼저 이 정책을 짧게 요약하고, 당시에 이러한 조치가 가능했던 이유를 설명한 뒤, 이러한 역사적 경험에서 현재 벌어지는 상황에 필요한 교훈을 하나도 도출할 수 없는 이유에 관해 이야기하겠다.

우리는 당시에 적용된 수단들의 핵심을 아래와 같이 정리한다.

① 독일이 포함된 서유럽 국가들의 부채 대부분을 탕감한다. 이를 출발점으로 삼는다. 그 목적으로 진행된 계획이 바로 '장기 지급 유예'다. 지급 유예 기간에는 미지급 부채에 대한 어떤 이자도 계산하지 않는다. 1953년 런던 부채 협정은 그 내용을 명시한다.

② 이러한 지급 연기에 덧붙여 '무이자 장기 상환 신규 대출'도 받았다. 이는 마셜 플랜의 신용 대출이다. 대출금을 받는 국가들에서 신용 대출은 국가 '운영자금'(revolving funds)이 된다.

③ 관련 국가들 사이에 새로운 채무 관계가 발생하지 않도록, 유럽 지급 연

합이라는 조직을 결성한다. 국가 간의 무역 불균형 문제는 상호 신용으로 조달되지 않는다. 무역 흑자가 가장 큰 국가가 별도의 이자 부과 없이 다른 나라들의 적자를 조달하는 방식을 활용했다.

④ 자본 소득 및 다른 일반 소득에 대해 다른 형태로 세금을 책정한다. 상속세와 소득세가 그 사례이다.

⑤ 이른바 "복지 국가"라 불리는 사회 국가(Estado social)를 세운다. 이 국가에서는 사회적 지출이 유의미한 성장을 보인다. 훗날 사람들은 이 국가 체제를 "인간의 얼굴을 한 자본주의"라 불렀다.

⑥ 이와 동시에, 고소득자들의 누적 집중을 방지하기 위해 경제 생산성 증가율에 따른 일정한 소득 증대를 원칙으로 삼는다. 소득 집중 성장을 최대한 방지하겠다는 내용을 골자로 한 방안이다.

⑦ 부채 상환 상한가를 정한다. 그 상한가는 수출 소득의 3%이다.

바로 이것이 소위 "합리적"이라 불렸던 정책의 핵심이다. 전후 서유럽에서 이 정책은 대성공을 거뒀다. 만일 이 정책이 없었다면, 유럽의 경제 회복은 훨씬 오래 걸렸을 것이다.

이에 우리는 두 가지 질문을 던진다. 첫째, 이 정책이 1차 대전 이후가 아닌 2차 대전 이후에 가능했던 이유는 무엇인가? 둘째, 이 정책이 2차 대전 이후에 가능했음에도, 현재의 부채 위기에 대해서는 불가능한 이유와 1980년대 라틴아메리카에서도 가능하지 않았던 이유는 무엇인가?

이유는 간단하다. 소련과의 냉전 관계가 시작되었고, 프랑스와 이탈리아 같은 국가들에서는 강경 노선의 공산당이 세력을 키웠기 때문이다. 즉, 자본주의가 존폐 위기를 맞은 것처럼 보였기 때문이다.

체제는 위험을 인지하고 '글로벌 체제'로 응수했다. 이 체제는 자본주의 논리로는 도저히 이해할 수 없는 조치였지만, 냉전 시대에는 전시 조치로서 정당화될 수 있었다. 이러한 방향에서 핵심으로 급부상한 경제가 바로 '전시 경제'(戰時經濟, una economía de guerra)이다. 전시 경제는 자본주의의 특수 논리를 자본주의 내부 자체에 개입시켰다. 경제권을 틀어쥔 강자들의 관점에서 보면, 높아진 사회 비용 지출 역시 전쟁이었다. 전쟁에서 이겨야 했기에 그야말로 돈을 살포하듯이 지출했다.

이것은 사실상 전쟁 비용이었다. 미국은 서유럽 국가들의 전쟁 채무에 대한 징수를 포기했지만, 1941년 발효된 무기대여법(LendLeaseAct) 246에 따른 소련의 전쟁 채무에 대한 징수는 포기하지 않았다. 이러한 사실만 보더라도, 이것이 사실상의 전쟁 비용이었다는 것을 확인할 수 있다. 경제 권력자들은 평소처럼 사업할 수 있기를 바랐다. 그러나 소련이 그 요구를 거부하자 소련을 계약 위반으로 비난했다.

이 조치들은 은행 권한에 대대적인 제한을 가했고, 민중의 빈곤과 관련됐던 기존의 은행 업무도 과감히 축소했다. 수족이 잘린 은행은 체제를 구하기 위한 이 조치들의 계획 과정에 참여하기까지 했다. 그러나 민중의 욕구와 필요에 대해서는 전혀 고려하지 않았다. 실제로 이러한 조치들이 없었다면, 1차 대전 이후에 발생한 상황보다 더 좋지 않은 결과, 가히 최악의 결과가 펼쳐졌을 것이다.

맹목적으로 부채를 상환해야 하는 정책의 진원지는 바로 전쟁이라는 재난이었다. 전혀 불필요했던 이 재난으로 인해 채무국들은 부채 상환 정책을 우선시해야 했다. 금융권과 정치권은 이 부분을 제대로 간파했다. 사실, 이들은 부채 위기의 상황에 대한 효율적이고 인도적인 해결 방안을 알았다. 그런데도, 의도

---

246) [역주] 2차 대전 동안, 미국이 영국, 중국, 소련을 비롯한 연합국 국가들에 무기를 대량 지원할 수 있도록 발의한 법안이다.

적으로 무차별적 지급 부과 강행 247과 같은 범죄 정책을 택했다. 그러나 지금 이들은 이러한 형태의 조치에 큰 문제가 없다고 자부한다. 저항이 크지 않았기 때문이다. 은행권과 정치권은 1980년대 라틴아메리카와 제3세계의 부채 위기가 터졌을 때도 똑같은 조치를 단행했다. 굳이 이 조치를 할 이유가 없었음에도 말이다. 레이건 집권기에 미국은 '체제 위험도 끝난 마당에 왜 자꾸 돈을 풀어야 해?'라고 노골적으로 불만을 드러냈고, 매체들은 연일 이 문제를 떠들었다.

은행가들과 정치인들은 본인들이 만든 사회의 재앙들에 대해 잘 알았다. 그러나 이들은 민중과 자연을 비참한 지경에 빠뜨리면서 개발에 혈안이 된 사업들을 제한해야 할 최소한의 이유조차 몰랐다. 경제 개발은 민생과 자연을 송두리째 갉아먹었다. 현재 우리는 그 악영향을 눈앞에서 똑똑히 보는 중이다. 현 상황은 2차 대전 이후의 상황과 매우 닮았다. 그러나 오늘날 대다수가 이 부분을 언급하지 않는다. 우리는 무수한 사람들의 목숨이 희생됐고 사회 경제 차원에서 대규모의 집단 살상이 벌어지고 있음을 안다. 설령 이 문제에 침묵으로 일관한다고 하더라도, 우리의 잠재의식은 그 현실을 안다.

2차 대전 이후의 해법은 자본주의 역사에서 유례를 찾기 힘들 정도로 매우 독특한 방식이었다. 부채 위기는 매력적인 사업이었다. 즉, 체제의 존재 자체를 보장하기 위한 불가피한 선택이 아닌 이상, 채권자로서 부채 위기는 채무국의 부채 상환 자체를 포기하게 할 정도로 매력 있는 사업이었다. 어떤 나라에서 부채 위기가 날로 가중되어 빚을 갚을 수 없는 지경에 이르렀다고 가정하자. 이 경우, 경제 권력자들은 가중된 위기로 인해 더 좋은 사업거리들이 생겼다고 생각한다. 248 채무 불이행 상태에 빠진 국가의 모든 것을 금융 대출 기관에서 소유

---

247) [역주] 쉽게 말해, 강제 빚 독촉이다. 채무국 예산을 채무 상황에 우선하도록 만들어 자금을 회수해 일거에 부를 늘리는 수법이다.

248) [역주] 금융 권력자들이나 이들과 결탁하거나 이들의 배후 조종을 받는 위정자들에게는 위기(危機)가 호기(好期)라는 뜻이다.

하게 된다. 지금 그리스에서 벌어지는 일이다. 딱 이런 식으로 현대판 경제 학살극이 벌어지는 곳이 바로 그리스이다. 이 학살극은 그리스를 넘어 더 여러 나라로 확장될 것이며, 결국에는 지배권을 휘둘렀던 국가들에까지 이를 것이다. 이러한 경제 학살이 패권국에까지 나타나리라 예상하는 이유는 경제 권력이란 해외 국가들에 했던 방식과 똑같은 방식으로 "국가 자체를 약탈"하려는 습성을 못 버리기 때문이다. 이러한 해외 약탈에서 국내 약탈에 이르는 경제 학살 분야의 최고 선진국은 미국이다. 미국에 비하면 독일은 더 분발해야 하지만, 머지않아 독일도 유럽의 다른 국가들을 싹쓸이한 후에 같은 일을 겪을 것이다.

이도 안 되면, 부채가 상대적으로 적은 국가들의 정부에서 다른 국가들의 부채를 지원해야 한다. 은행의 파산을 막고 "진보"에 이바지할 수 있는 자금 조달처 역할을 지속해야 하기 때문이다. 그러나 모든 정부가 이러한 부채 지원에 선뜻 나설 수도 없는 노릇이다. 현재 우리는 바로 이 단계에 있다. 새로운 부채로 기존의 부채를 갚을 수밖에 없다. 결국 전체 부채는 이자 상승률과 맞물려 무제한 상승한다. 말 그대로 빚이 모든 것을 집어삼켰다. 심지어 미국조차 누구도 끝을 예상할 수 없는 '부채 자동주의'(un automatismo de la deuda)의 늪에 빠졌다.

그런데도 채택된 기준들은 2차 대전 이후의 부채 위기에 적용된 기준들과 정확하게 반대된다. 그러나 이 문제에 대한 이의 제기는 전혀 없는 실정이다. 2010년대 남유럽 금융 위기를 2차 대전 이후의 위기와 같은 방식으로 대응하자는 주장[249]은 극단주의자의 주장이거나 넋 빠진 주장일 것이다. 이러한 경제적 집단 학살을 거부하는 사람들은 극단주의자로 치부되고, 이 학살을 지지하는 자들은 위선에 꽉 찬 우리 사회에서 온건주의자, 현실주의자가 된다.

현실 사회의 관점으로 보면, 사태는 명확하다. 자본주의는 더 이상 인간의 얼굴이 필요하지 않다. 따라서 모든 사회적 지출과 인간다운 사회 조성에 대한

---

249) 물론, 기계적으로 복제하자는 말은 아니다.

숙고는 돈 낭비일 뿐이다.

3. 민주주의 공동화 현상

우리는 현재 위기의 중요한 요소들을 다음과 같이 진단한다. 첫째, 세계화 전략은 세계 인구 절대다수의 배제, 사회적 관계들의 내부 붕괴, 근래에 더욱 가시화된 자연의 파괴와 같은 우리 세계의 거대한 위협들에 대한 답변을 제시하는 데 결정적인 걸림돌이다. 둘째, '부채 자동주의'에 완전히 종속된 정치는 이러한 파괴 과정의 동력이다.

이른바 민주주의 국가들이 있다. 오만하게도, 이 국가들은 "민주주의의 모델"을 자처한다. 이들은 온 세계에 위와 같은 부채 정책을 강요한다. 이러한 정책 추진에 주도권을 쥔 국가들이며, "전혀 민주적이지 않은" 이 정책의 무조건 수용에 반대하는 각국 정부의 멱살을 쥐고 흔드는 국가들이다. 이 정책에 복종만 하면 된다. 복종만 하면, 바로 민주주의자 소리를 듣는다. 설령, 국가 대통령이 피노체트나 무바라크여도, 고개만 숙이면 민주주의자가 된다. 겉으로는 민주주의가 아닌 것처럼 보여도, 그 본질이 민주주의라는 식으로 얼마든지 채색해 준다. 이러한 기준은 '민주주의의 모델' 이신 미국과 유럽의 기준이며, 이들 국가는 이 기준으로 세계 민주화를 꾀한다.

그러나 대다수가 이 정신 나간 기준에 찬동하는 이유는 무엇인가? 브레히트는 "덩치 크고 멍청한 송아지들이 스스로 도살자를 선택한다."(Nur die össten Kälber wählen ihre Schlächter selber)라고 말했지만, 지금 이들은 계속 선택되는 실정이다. 물론, 가끔 아닌 때도 있지만 말이다.

민주주의의 모델을 자처하는 국가들에서는 마치 "주권 재민"이 실제 작동하는 것처럼 이야기한다. 필자는 이 "주권 재민"을 도마 위에 올리겠다. 주권 재민의 논리는 온 권력의 원천을 민중으로 규정한다. 그러나 여기서 문제가 하나 생졌다. 오늘날 민중은 주권 당사자를 자신이 아닌 경제권, 즉 자본으로 선언하기 때문이다. 독일의 총리 앙겔라 메르켈은 "민주주의는 시장을 따라야 한다."라고 말했다. 메르켈의 이 선언에 매우 구체적인 말이 뒤따른다. 곧, 인간의 어떤 의지로도 시장에 개입해서는 안 되며, '주권 재민'의 상징과도 같은 선거에도 그러한 의지를 개입시켜서는 안 된다. 시장은 자율 시장이어야 하기 때문이다. 작금의 유럽 연합은 이것을 법의 핵심으로 이해한다.

요컨대 표면상 민중을 주권자로 떠들지만, 실제로 확실한 주권자는 자본이다. 현시대를 살아가는 수많은 사람이 이 자본의 주권을 열렬히 옹호한다. 이 논리에 따르면, 자본의 주권을 긍정하지 않는 주권 재민은 민주주의가 될 수 없다. 루소의 언어로 말하면, 자본의 주권은 민중의 일반 의지(la volonté de tous)이다. 물론, 루소의 말에 완벽히 일치하는 표현은 아니지만, 자본의 주권을 선언하고 그것을 감당하겠다는 보편 의지를 민중 스스로가 드러내는 모습을 그린 표현이라 하겠다. 자발적으로 자본의 주권을 인정한 만인의 의지(la volonté de tous)가 상황 변화를 주도한다. 따라서 자본의 주권을 인정하지 않는 민중의 주권은 반민주주의 혹은 전체주의 취급을 받는다. 피노체트와 무바라크는 선거로 선출되지 않았음에도, 일반 의지를 강제 부과함으로써 민주주의자가 됐다. 이들 역시 메르켈의 말처럼 시장에 순순히 따랐기 때문이다.

필자는 이를 민주주의 모델 국가들에서 출현한 "민주주의 공동화" 현상이라고 말한다. 민중 스스로 주권을 포기하고 자본 경제 권력에 그것을 양도한다. 이러한 포기와 양도에 이르는 방법은 셀 수 없이 많다. 필자는 핵심적인 두 가지 방법만 이야기하겠다. 첫째, 보도 의견이라는 방향으로 여론을 조성하는 방법이 있다. 둘째, 선거 자금 조달을 위한 정책의 포괄적 규정이라는 방법이 있다.

오늘날 의사소통 매체들을 지배하는 큰 손은 기업 자본가들이다. 쉽게 말해, 자본가들의 구미에 맞도록 매체들이 알아서 긴다. 대중 매체의 존폐를 가르는 요소는 출판과 표현의 자유이지만, 이제 그것은 소유주들의 자유가 됐다. 매체들의 주요 운영자금의 출처는 기업들이 지급한 상업 광고 형태의 보조금이다. 대중 매체들이 거대 자본을 등에 업는다면, 여론 통제의 전초 기지로 바뀔 것이다. 운영자금의 원천수인 소유주의 울타리 안에서만 매체는 자유롭다. 울타리를 벗어난 여론의 자유는 있을 수 없다. 오늘날 언론의 자유란 물주(物主)의 손아귀 안에서 보장될 뿐이다.

물주의 틀 안에서 유지되는 언론의 자유를 인권과 등치할 수 없다. 모두가 자기 의견을 말할 수 있는 자유가 바로 인권이기 때문이다. 인권은 보편적이다. 그러나 언론 매체들을 의사결정의 유일한 기준으로 삼아 놓고 언론의 자유 운운하는 방식은 결국 보편 여론의 자유를 통제하는 효과적인 도구로 기능할 뿐이다. 설령 공공 차원의 소통 수단들이 자율성과 효력을 확보하는 상황이 발생하더라도, 자본의 통제권 안에 있는 이 수단들이 일정한 잣대를 들이밀면서 보편 여론을 제한하려 든다. 일례로, 베를루스코니를 들 수 있다. 이탈리아의 방송 매체 대부분을 장악한 베를루스코니는 큰 나팔로 자기 의견만 주야장천 떠든다. 상대방의 질문에 아무런 답도 없이 말이다. 베를루스코니에게 강력하게 반발했던 방송들 가운데 공영 방송인 이탈리아방송협회(RAI, Radiotelevisione Italiana)가 있었다. 이 방송국은 보도의 자율성을 법으로 보장받았기 때문에 베를루스코니의 개입이 불가능했다. 베를루스코니와 비교될 수 있을 또 다른 사례로, 미국의 로널드 레이건을 들 수 있다. 그는 대통령 임기 중에 유네스코와 심한 갈등을 빚었다. 그런데도 매체 '민영화' 정책을 신속하고 맹목적으로 추진해 여론을 자기 쪽으로 돌렸다. 이는 권력 다지기의 밑거름이 됐다.

정치인들은 매체들이 필요하다. 왜냐하면 인지도 파악과 정치적 입장의 평가를 받아야 하기 때문이다. 이런 정치인들에게 매체 보도의 자율성은 심각한 제한 사항이다. 이들이 매체를 다루는 방식은 '경제적'이다. 즉, '경제'를 매체

관리의 전제 조건으로 삼는다. 자본을 실제 주권자로 인정하라는 논리는 여기에서도 작동한다.

대부분의 선거 과정에서도 이와 비슷한 상황이 펼쳐진다. 선거에서 중요하고 결정적인 역할을 하는 주권자는 경제이다. 경제권이 진정한 선거 주권자이다. 이 권력은 선거 때마다 빠짐없이 그 영향력을 행사한다. 그러나 그 실체를 드러내지 않으며, 우리는 비가시적인 이 경제권의 파생물만 볼 뿐이다. 이 "거대한 타자"(gran otro) 250는 후보자들의 선거, 담화나 매체들에도 임재─심지어 자기 자신도 모를 정도로 은밀하게─한다.

이와 더불어 정치에는 새롭고 중요한 기능이 부가된다. 정치인은 성공을 위해 유권자들 앞에서 이 '거대한 타자'의 대리자 역할을 자처하고, 유권자들은 이들을 선출한다. 선거는 유권자의 자유의지에 따른 대표자 선출처럼 포장됐을 뿐, 기저에 작동하는 실제 권력은 '거대한 타자', 즉 '경제'이다. '거대한 타자'는 왕실을 연상케 하는 '존귀'한 옥좌(玉座)에 앉았다. 그러므로 성공한 정치인이란 이 '위대한 타자'의 대리인과 동의어이며, 유권자들의 선택으로 정치, 생명을 유지한다.

분노한 스페인 사람들(los indignados) 251은 이러한 민주주의의 현주소를 간파했다. 즉, 민주주의는 속 빈 강정에 불과하며, 이 형편없는 민주주의가 자신들을 지배하고 참정권을 박탈했음을 알았다. 따라서 스페인 시민들은 민주주의를 자처(심지어 경찰을 동원해)하는 체제에 맞서 "진정한 민주주의가 지금 당장"(de-

---

250) [역주] 신학자 가운데 신을 "전적 타자", 즉 인간의 사유와 통제 범위를 벗어난 초월성을 강조하는 용어로 사용하는 경우가 있다. 힌켈라메르트는 현시대에 자본의 역할이 마치 그러한 전적 타자로서의 신의 역할과 다르지 않음을 밝힌다. 그가 사용한 '거대한 타자'는 그러한 역설을 담은 표현이다.

251) [역주] 스페인어로 '인디냐도스'(indignados)라 불린 이 사회 운동은 2000년대 초반부터 이어진 반세계화 운동과 2008년 세계 금융 위기 이후의 재정 악화와 실업 상승에서 싹을 틔우다 2010년대 들어 금융 하수인으로 전락한 사회당 정부의 긴축 재정(정리 해고) 반대, 국제 금융권 구제 정책 중단, 빈곤 퇴치, 실업 해결, 이민자 공격 중단, 정치 엘리트 척결, 시민의 정치 참여 확대를 외쳤다. 이 운동은 대중주의 좌익 정당인 '포데모스'(Podemos)의 모체가 됐다.

mocracia real ya) 필요하다고 주장한다.

주권 재민의 실질성과 실효성이 제대로 작동하지 않는다는 방증이다. 민주주의 모델을 자처한 국가들의 입장에서 현실을 꿰뚫어 본 사람들의 분노는 크나큰 위험 요소이다. 주권 재민은 이를 승인한 법의 결과물이 아니다. 주권 재민을 승인한 법의 토대가 바로 민중이기 때문이다. 법의 토대가 민중이라는 사실에 준해 행동하는 사람들이야말로 법 존재의 유무와 상관없이 주권자이다. 작금의 민주주의는 바로 이러한 주권 재민을 회복해야 한다. 그러나 이 민주주의가 시장과 자본의 주권 아래 기어들어갔다는 점이 제일 큰 문제이다. 그러나 필자는 시장과 자본 주권의 궁극적 실패를 예상한다. 이들 주권이 두려워하는 상황이 바로 민주주의를 열망하는 사람들의 봉기이기 때문이다.

분노한 이들의 시위는 지금도 진행 중이며 유럽을 넘어 다른 지역으로 확산하는 중이다. 우리는 지난 2001년 아르헨티나에서도 이를 경험했다. 베네수엘라, 볼리비아, 에콰도르의 좌파 정부들도 시장과 자본의 주권보다 민중의 주권을 우위에 두려는 정책을 폈다. 물론, 서구 사회의 이른바 '민주주의' 언론들을 이를 '비민주주의' 라 떠들었다.

그런데도, 지난 2011년에 아랍 지역, 특히 북아프리카 지역을 중심으로 민중 운동은 강력한 불을 내뿜었다. 그리고 같은 해에 이 운동은 스페인의 "분노한 시민" 운동으로 이어졌다.

서구 민주 진영에서 경고의 목소리가 나왔다. 이들은 민주주의 체제를 얼른 구성하라고 채근했다. 늘 그렇듯 말 잔치였다. 일부 아랍 국가들에서는 서구식 민주화를 수용해야 했다. 이에 서구는 즉각 지원군을 파병했다. 앵무새처럼 반복되는 명분으로 출동하는 지원군 말이다. 민중 주권의 자리에 시장 주권과 자본 주권을 배치하는 민주주의를 세우라는 소리만 지껄이는 지원군이 도착했다. 그러나 사람들은 "진정한 민주주의"를 원한다. 그간 서구 민주주의는 독재 정부에 거의 절대 지지를 보냈다고 해도 과언이 아니다. 그러나 사람들이 원하는 진정한 민주주의는 이러한 독재 정부에 맞선다. 진정한 민주주의는 이러한 저항 운동에서 발원한다. 따라서 무바라크와 카다피 같은 자유 진영의 친구들도 어느 날 다른 누군가에게 괴물로 선언될지 모른다. 오늘날 서구 민주주의 국가들의 상황처럼 이들 나라에서도 민주주의 공백이 발생할지 모른다. 혹 이라크나 아프가니스탄의 경험이 반복될지도 모른다. 굳이 세세하게 들춰 볼 것도 없다. 민주적 저항 운동들은 이라크와 아프가니스탄의 자본 독식의 서구 민주주의 모델을 절대로 바라지 않는다.

아랍의 민주화 운동은 스페인의 민주화 운동으로 이어졌다. 서구의 민주주의 국가들 내부에서 발생한 민주화 시위였다. 스페인 시민들의 운동도 민주주의를 원했다. 시위대는 시장과 자본에서 가난한 사람들을 위한 정책을 만드는 대다수 정치인이 포진한 민주주의, 이러한 정책의 대표자들을 통치 권력으로 만든 민주주의와 맞서 싸우겠다는 목표를 분명히 밝혔다. 지난 2001년 아르헨티나의 시위대가 "싹 꺼져라!"라고 외쳤던 것처럼 말이다.

스페인에서 일어난 이 운동에 붙여진 이름이자 일부 아랍 국가들이 이끈 민주화 운동에도 붙었던 이름은 특수한 의미가 있다. 사람들은 이 운동의 이름을 "분노한 사람들"(los indignados)이라 불렀다. 자기 존엄성이 멸시당하고 짓밟혔다는 사실을 깨달은 사람들이다. 지배 체제 자체가 인간의 존엄성을 부정하는 체제로 바뀌었다.

이 운동은 그 정체성을 보존하면서도, 주장의 내용을 새롭게 확장해가며 곳곳으로 퍼져나갔다. 교육과 보건 체계의 상업화에 반대하는 칠레 시민들의 시위로 나타나기도 했고, 온 세계로 퍼진 미국의 '월가 점령'(Occupy Wall Street) 252

---

252) [역주] 월가 점령 시위는 세계의 목숨 줄을 틀어쥔 권력의 좌표를 인식한 사건이었다. 90년대 이후 산업 기업들을 공격하며 상대적으로 이 기업들의 배후에 거대 주주로 군림하는 금융 권력에 강공을 퍼붓지 못하던 서구 좌파들의 무능이 계속 지적받던 상황에서, 월가 점령 시위는 현실 문제의 핵심을 "금융권"으로 분명히 적시한 사건이었다.

시위로 나타나기도 했다. 월가를 점령한 시위대의 구호 가운데 하나는 "우리 미래를 거래 도구로 삼는 짓을 당장 멈춰라."였다. 이 운동 역시 인간의 존엄성에 대한 인정을 핵심 요구로 내걸었다.

그러나 동시에, 이들은 자신들에게 이로운 관심사(이익이라고 불러도 좋을)를 표현한다. 그러나 어디까지나 인간의 존엄성이라는 관점을 벗어나지 않는다. 이 역시 아랍 민주화 운동에 근간한 활동이다. 사람들은 항의하며, 저항한다. 자신의 존엄성이 짓밟혔기 때문이다. 이들은 다른 민주주의를 원한다. 존엄성의 심각한 훼손은 민주주의 공동화 논리의 산물이기 때문이다. 서구 세계의 민주주의는 "인간의 존엄성"이라는 말을 비웃을 것이다. 사실상, 존재하지 않는 표현이기 때문이다. 바로 이것이 서구의 텅 빈 민주주의, 즉 '민주주의 공동화'의 민낯이다. 인간을 인적 자본 정도로 여기는 사고방식이 인간 존엄성의 자리를 차지해 버렸다. 그렇게 생각해야 "현실주의자" 소리를 듣기 때문이다. 그러나 우리는 서구 세계가 민주적으로 인간의 존엄성을 어떻게 청소하고 제거했는지를 곱씹어야 한다. 인간은 인적 자본으로 바뀌었다. 인간은 효용성 계산에 완전히 예속됐다. 우리는 바로 이를 문제 삼아야 한다. 인적 자본이라는 표현에는 확실히 인간의 존엄성이 존재하지 않는다. 허무주의의 극치가 아닐 수 없다.

우리가 주목하는 부분은 인간의 존엄성과 자연의 존엄성을 앞세운 저항이다. 인간은 인적 자본이 아니며, 자연은 자연 자본이 아니다. 인간과 자연 모두 존엄성 있는 존재로서 존재한다. 서구 민주주의는 이미 오래전에 이러한 시각을 뒤집었다. 따라서 관건은 인간 존엄성의 회복이다. 인간을 존엄한 존재로 대하고, 타인과 자연 역시 그만의 존엄성을 가진 존재로 대하는 가치 회복이 무엇보다 중요하다.

'분노한 사람들'은 이익과 효용성을 명분으로 내세우지 않는다. 오히려 이들은 인간 존엄성을 시위의 명분으로 삼는다. 음식물 섭취에도 효용성은 있다.

그러나 음식으로 영양분을 얻지 못했다면, 우리는 이를 효용성의 상실이라고 이야기할 수 있는가? 이는 효용성 상실이 아닌, 인간 존엄성의 훼손이다. 훼손된 인간 존엄성은 어떠한 손익 계산으로 치환할 수 없는 영역이다. 그럼에도, 우리 사회는 비인간적인 너무도 비인간적인 사회이다. 인간의 존엄성이라는 지평이 거의 사라졌기 때문이다. 오로지 결과에 매달려 대다수의 사람들을 인적 자본으로 해석하는 사회이다. 아니, 더 자세히 말해, 그렇게 해석하도록 권위가 부여된 사회이다. 인간은 인격체로서 행동해야 하지만, 지금은 시장이 인간의 할 일을 지정한다. 거대 금융권의 이야기를 시장과 정치권이 앵무새처럼 따라한다. 따라서 시장에 효용성이 있다고 평가를 받으면, 그 순간부터 대량학살이 가능하다. 따라서 스티글리츠(Stiglitz)가 "집단 파괴용 금융 무기들"이라 불렸던 것으로 바뀐다. 이 무기를 장착한 금융 시장이 그리스와 스페인에서 무슨 짓을 했는지 우리는 똑똑히 봤다.

경제 권력은 살생을 방조하고, 정치권력은 살생을 집행한다. 형태와 방식은 다르지만, 두 권력 모두 우리를 "죽이는 권력"이다. 정치권력은 살생을 정당화하려 하고, 경제 권력은 그러한 살생을 방치해야 할 이유를 정당화하려 한다. 즉, 시장이 명령하는 이 집단 살상의 판에 경제 권력이 손을 떼야 하는 이유를 정당화하려 한다. 정당화 여부와 상관없이, 정치권력과 경제 권력은 모두 살인자이다. 이들의 정당화 작업을 더 이상 단순한 강박증에 경도된 이데올로기 정도로 취급하기 어렵다.

그러나 지금 우리 사회는 비인간성에 내몰린 사람들의 절규를 경청하고 마주할 수 있는 능력을 상당 부분 상실한 상태이다.

4. '죽음 방치'를 통한 살인

경제 권력의 기획에 따른 살생을 폭로하는 일에도 나름의 역사가 있다. 히브리 성서에서는 그러한 폭로가 매우 선명하게 나타난다.

> "이웃의 살길을 막는 것은 그를 죽이는 것이며, 일꾼에게서 품값을 빼앗는
> 것은 그의 피를 빨아먹는 것이다." (집회서 34:22)

바르톨로메 데 라스 카사스는 위 구절을 바탕으로 아메리카 원주민들을 옹호하기로 결심한 사람 중 하나이다. 그는 이 구절을 읽고, 묵상하면서 마음을 고쳐먹었다. 읽고, 묵상하는 가운데 그가 깨달은 현실은 이랬다. 아메리카 원주민들의 현실이야말로 위 구절에 나타난 모습 그대로였다. 이들은 살길이 막혔고, 품삯을 빼앗겼다. 말 그대로 살생의 희생자들이었다. 집회서도 이런 식의 살생을 성토한다.

16세기 말에 셰익스피어도 이런 방식의 살인을 강도 높게 비판했다. 그는 『베니스의 상인』의 등장인물인 샤일록의 입을 빌어 이 문제를 제기한다.

> "생활수단을 빼앗긴 마당에 목숨을 빼앗긴 것이나 다름없다." 253

이러한 문제의식은 1819세기에 또다시 등장한다. 사람들은 '자유방임'(laisser-faire)을 거론하기 시작했다. '자유방임'은 곧 '자유통행'(laisserpasser)이다. 비평가들은 이를 풍자로 사용하곤 했다. '자유방임'이란 '죽음방치'(laissermourir)나 마찬가지이다. 이 문제는 맬서스에게 특히 중요했다. 맬서스는 '자유방임'을 위해 '죽음방치'를 강조했다. 애덤 스미스도 이 부분을 지적했다.

> "공공 사회가 아닌 개별자들의 사회에서, 종(種)으로서의 인간의 증식에 대

---

253) [역주] 유대 고리대금업자(사채업자)인 샤일록이 재판에서 궁지에 몰려 외친 말이다. 힌켈라메르트는 샤일록의 말을 다소 비틀어 다른 맥락에서 사용했다.

한 한계 설정은 최하층에 속하는 사람들에게만 해당한다. 이를 입증하는 유일한 방법은 결혼으로 탄생하는 아이들 대부분을 죽이는 것이다. [...] 인간의 희소성은 상품과 마찬가지로, 종적 인간의 생산을 규제한다. 출생 속도가 완만하면, 빠른 속도로 부추긴다. 반대로 너무 빠르면, 감속한다. 이는 인간에게도 똑같이 요구된다. 노동에 필요한 노동자의 수요와 구직의 문제도 북미, 유럽, 중국 가릴 것 없이 세계 전역의 시민 질서에 전파되는 상태를 규제하고 결정하는 일에 속한다." 254

애덤 스미스의 사상에서 '죽음 방치'는 오늘날의 시장 법칙에 해당한다. 이것은 맬서스의 사상에 없는 내용이다. 스미스에 따르면, 시장은 언제나 시장 법칙 안에서 생존 가능성을 확보하지 못한 사람들의 죽음을 방치한다. 생존 가능성이 없으면, 그냥 죽어야 한다. 바로 이것이 시장 법칙의 한 부분이다. 보이지 않는 손의 균형은 비참함에 빠진 사람들을 그대로 죽게 놔두면서 실현된다. 오늘날 우리가 전도서 구절을 다시 읽는다면, 시장의 균형이란 찌꺼기처럼 쓸모없는 자 취급을 받는 사람들을 죽음으로 내몰아 얻어낸 결과라는 점을 제대로 이해할 수 있을 것이다.

맬서스와 스미스는 비참함에 빠진 이들의 죽음을 주제 삼은 전도서의 구절들을 결코 받아들이지 못할 것이다. 그러나 마르크스는 이를 강조했고, 급기야 『자본론』 I권에서 이 구절을 인용하기도 했다. 일차적으로 셰익스피어의 글에서 인용했으나 셰익스피어가 전도서의 내용을 다룬 것을 마르크스가 재인용했다. 따라서 마르크스는 맬서스와 스미스의 인용된 주장들이 살인으로 귀결된다고 주장한다.

애덤 스미스가 이를 시장 법칙의 결과물인 '죽음방치'로 소개했다는 점이 자

---

254) Adam Smith, *La riqueza de las naciones*, Barcelona, Bosch, 1983, p. 124. [국역] 애덤 스미스, 『국부론(I)』, 김수행 역, 비봉출판사, 1971.

못 흥미롭다. 사형 선고를 내린 의원이 하나 있으니, 바로 시장(el mercado)이다.

오늘날에도 모든 것이 이러한 방식, 즉 '법'(혹은 '법칙')이라는 방식으로 효력을 발휘한다. 그리스 사람들에게 빈곤과 비참이라고 판결했고, 그 뒤를 이어 다른 판결들이 끊이지 않는다. 우리는 지금 이러한 현실에서 살아간다. 경제 권력은 시장을 통해 사형을 선고하고, 집행한다. 시장의 법이 이러한 형 집행의 명령권자이다. 시장의 법(칙)을 손에 쥔 경제 권력은 멋대로 살인을 허용하고, 이러한 경제 권력을 틀어쥔 자들은 007 요원들이 된다.

시장 법칙에는 두 가지 차원이 있다. 첫째, 막스 베버가 거론하고 하이에크가 종합한 '시장 윤리'이다. 하이에크는 시장 윤리를 사유 재산 보장과 계약 이행으로 정리했다. 무엇보다 계약 이행은 부채 지급도 포함한다. 이러한 시장 윤리는 맹목적인 순응 윤리이다. 다시 말해, 완전히 형식 규범들에 불과한 이 규범들을 판단과 평가 기준에 예속시킬 이유가 전혀 없다. 밀턴 프리드먼의 말처럼, 이 규범들은 시장에 대한 믿음으로만 가치를 확보할 수 있다. 시장에 대한 굳은 믿음이 시장 윤리의 엄정한 잣대로 작용한다.

이러한 시장 윤리의 곁에는 "잉여 인간들을 죽도록 방치하는" 시장 법칙들이 있다. 즉, 시장에서 자기 자리를 찾지 못한 사람들을 그냥 죽게 내버려 두는 법칙들이다. 우리는 스미스의 위 인용문에서 이 내용을 확인한다. 이러한 시장 법칙들은 중단 없이 계속 고안, 발명된다. 오늘날 세계화의 모든 전략은 맹목적으로 따라야 하는 시장 법칙이 됐다. 특히, 모든 사회적 관계들을 시장의 관계들에 예속시키고 사회의 모든 기관을 가능한 사사(私事)화 하는 면에서 볼 때, 그렇다고 밖에 말할 수 없다.

시장 법칙의 두 가지 차원은 서로 긴밀하게 연결된다. 하나는 다른 하나 없이 존재하지 않는다. 두 차원의 공통된 특징은 바로 '파괴'이다. 달리 말해, 타자이든 자연 전체이든 인간의 편의를 위해 파괴한다. 이러한 파괴의 결과는 숨

페터가 바쿠닌의 '창조적 파괴'(슘페터는 정확한 출처를 밝히지 않았다) 개념을 활용해 이야기한 '창조성의 파괴'다. 사람들은 이러한 파괴의 존재를 부정할 수 없을 것이다. 그러나 파괴가 창조적이라고 주장할 때, 파괴는 용납할 수 있는 것이 된다. 이러한 파괴는 도덕적 양심에 거리끼지 않으며, 나아가 모든 형태의 파괴를 맹목적으로 창조적이라고 선언하기까지 한다. 돈으로 지급할 수 없는 사람은 피로 내야 한다. 이는 국제통화기금(IMF)과 은행들의 원칙이다.

우리는 지난 수십 년 동안 벌어진 집단 학살의 주요 사례를 러시아에서 찾을 수 있다. 한 저자는 영국의 학술지 「더 란셋」(The Lancet)의 분석에 기초해 다음과 같이 말한다.

> "'1991년에서 1994년 사이에 사람들의 기대 수명이 5년이나 줄었다.' 이 사실을 확인한 저자들은 다음과 같은 논의를 편다. 이러한 생활 조건들의 악화는 '공산주의에서 자본주의로 이동하기 위해 실행된 경제 전략들'이다. 프랑스산 '머니 닥터스'(money doctors) 255가 다른 기관들과 공조 관계를 이뤄 이 전략들을 제안했다."

수백만이 죽었다. 그러나 모두가 선한 양심 있는 사람들처럼 행세했다. 이 대량 학살을 언급조차 하지 않을 정도로 수준 높은 양심의 소유자들인 모양이다.

독일의 한 잡지에 따르면, 이 무렵에 상트페테르부르크 시 행정부의 이인자였던 블라디미르 푸틴은 칠레의 사례를 따라 군부 독재를 바람직한 방식으로 선언했다. 푸틴은 "필요" 폭력과 "범죄" 폭력을 구분한다. 그는 [깡패처럼 무작위로 밀고 들어오는 서구] 시장의 조건들을 금지해야 할 경우, 맞대응 수단으로

---

255) [역주] '머니 닥터스'는 위기 상태에 있는 국가에 개인 차원이나 기관 차원에서 조언과 자문을 건넨다.

범죄 수준의 정치 폭력을 고려해야 한다고 주장했다. 즉, 사적 자본의 투자에 유리하거나 이 투자를 보호하려는 경우에는 대항 폭력이 필요하다고 선언했다.

또 푸틴은 피노체트 방식에 군부 독재를 덧댄 보리스 옐친 대통령과 러시아 군대의 사전 예비 활동에 지지를 표명했다. 오늘날의 시장 법칙에서 볼 수 있는 같은 법칙이 무력 사용 범죄 형태로 언제든 탈바꿈할 수 있음을 볼 수 있는 부분이다. 256 필자는 이 대목에서 사도 바울의 말을 떠올린다.

"사망이 쏘는 것은 죄요, 죄의 권능은 율법이라."(개역개정성서, 고전 15:56)
"죽음의 독침은 죄요, 죄의 힘은 율법입니다."(공동번역성서, 1고린토 15:56)

법이 범죄를 저지르는 힘으로 바뀌고, 행동은 죽음 충동으로 바뀐다. 257 범죄를 저지르는 사람들의 사악한 양심에서 비롯된 문제들을 법으로 해결하려 한다. 그러나 범죄를 저지른 자들이 이 법을 집행하며, 자신들은 아무 죄도 짓지 않았다고 자화자찬한다. 현재 그리스에서 벌어지는 일이 딱 이 꼴이다. 국제통화기금, 유럽중앙은행, 유럽 연합 정상회의, 메르켈 정부, 사르코지 정부는 실제로는 부르주아 사회를 촉진하는 법을 내세워 숱한 범죄를 범했음에도 불구하고, 결백을 주장했다. 실무자들은 실행력 확보를 위해 냉혹함을 배양해야 한다. 이것이 관건이다.

이런 식으로 행동한다면, 도덕의식이 바뀌고 전복된다. 범죄를 저지르지 않는다고 떠들지만, 악한 양심은 여전히 존재한다. 이제 범죄들은 법의 완수라는

---

256) 1993년 12월 31일 「프랑크푸르터 룬트샤우」(Frankfurter Rundschauter)의 기사 내용을 참고했다.
257) [역주] 법칙으로 따라야 할 시장의 법이 결국 대량 해고와 실직이라는 대량살상 범죄로 기능하고, 그러한 실행에 맞대응하기 위해 군대를 강화하는 죽음의 도박판이 만들어진다는 의미이다. 힌켈라메르트의 이러한 진단은 서구 주류 매체들과 기업과 금융권에 호의적인 자유주의 진보의 견해와 충돌한다.

의무가 된다.

이는 인권에 폭력을 가하는 상황에 대한 모든 비판을 어려움에 빠뜨린다. 피노체트가 대량 학살의 용의자, 인권 폭력 가해자 명목으로 런던에 갇혔을 때, 마거릿 대처가 그를 공개 면회했다. 대처의 견해에 따르면, 피노체트는 법 위반자들을 박해하면서 법을 완성한 인물이다. 바로 그런 식으로 인권 위반에 대한 제반 비판에 면역 주사를 놓을 수 있다.

반대 견해도 있다. 인권 폭력을 자행하는 자 중에는 자신의 범죄에서 스스로 자유롭다고 느끼는 자들이 있다. 박해당하는 사람들의 고통을 가학적으로 즐기는 자들이다. 더욱이 이 가학 행위를 정의로 여기면서 애착을 보이기까지 한다. '권력의 집행'이 '권력의 향유'가 된다. 쉽게 말해, 타자의 고통을 즐기는 가학적 변태들이 생겼다.

지난 1991년에 네슬레의 회장 헬무트 마우처는 독일 기업들 사이에 유통되는 잡지에 기사 하나를 실었다. 마우처는 '살인 본능'(Killerinstinkt)을 갖춘 '경영자들'이 기업에 필요하다고 밝혔다. 경영자들이 살상 본능을 바탕으로 경영에 임해야 한다는 말이다. 자사에서 출시되는 초콜릿을 더 달콤하게 만들기 위해서도 '살인 본능'이 필요하며, 그에 필요한 비밀 업무마다 이 본능이 필요하다. '살인 본능'을 가진 사람들이 없다면, 고문 가해자들도 없었을 것이다. '살인 본능'은 가학 행위를 즐기면서 사는 고문 가해자의 본능이다. 이른바 "엘리트 부대" 조성도 구성원들 사이의 '살인 본능' 조성과 맞물린다. 심지어 이러한 본능을 개발하기 위한 기술들도 등장했다. '살인 본능'은 직접 폭력을 독려하는 데 필수 항목일 뿐 아니라, 시장을 명분 삼아 죽음을 방치하는 폭력을 조장하는 데에도 꼭 필요하다.

요약하면, 이는 타자의 불행과 고통을 즐기는 '가학증'이다. 가학증은 권력 기계에 기름칠한다. 우리가 주변 곳곳에서 볼 수 있는 그림이다. 그러나 대다수 사람이 이를 분석하거나 거부하는 데 적극적이지 않다. 그리고 마치 극비 사항인 것처럼 포장하고, 사태 현실에 대해서는 철저히 침묵한다.

5. 대안

우리는 시장의 명에 따라 이뤄지는 이러한 살인을 결코 유일한 대안으로 볼 수 없다. 언론이 아무리 그렇게 해석하더라도, 우리는 그렇게 보지 않는다. 2차 대전 이후에 가능했던 것처럼, 시장을 규제하고 일정한 방향으로 유도할 수 있는 대안은 언제나 존재한다. 그러나 경제 권력을 쥔 사람들의 특권에 대한 개입이 수반되어야 한다. 하지만 우리 사회는 이러한 대안을 검토하지 않는 권력 우상 숭배의 시대를 산다. 그 결과 모든 사회가 살상과 범죄의 사회가 되고 말았다.

오늘날 시장을 규제하고 유도할 수 있는 사회를 발전시켜야 한다. 이를 통해, 더 이상 사형 판결을 이야기할 수 없는 사회로 나아가야 한다. 우리가 문제 의식을 느끼고 발전시켜야 할 사회이다.

6. 마지막 몇 마디: 몇 가지 고려할 점

이전 작업을 위해, 필자는 최근에 비범한 역량을 담은 담론을 제기한 테오드라키스의 시각과 장 지글러의 입장에 의존했다. 현재의 언론들은 이러한 형태의 입장들을 일제히 극단주의로 평가한다. 언론들은 이러한 경제 대량 학살에 대한 참여를 현실론으로 간주하며, 학살 거부를 극단주의 취급한다. 이러한 대량 학살에 책임이 있는 자들이 짜 놓은 사회에서는 응당 그래야 하나 보다.

테오드라키스는 2차 대전을 겪은 작가이다. 그는 독일군이 그리스를 점령했던 시기에 글을 썼다. 이 시기에 온 나라가 약탈당했고, 근 100만 명이 살해됐다. 그는 그리스 레지스탕스 일원이었고, 개별적으로 게슈타포 감옥을 알고 있었다. 전쟁에 책임이 있는 독일은 전후 그리스에 아무런 채무도 지지 않았다. 전쟁에 책임이 있는 독일은 전후 그리스에 아무런 채무도 없었다. 여하튼, 부채 상환이 불가능해 보였기에 면제됐다. 오늘날 그리스는 독일에 진 빚을 전혀 갚을 수 없는 상황이지만, 독일은 빚을 면제하지 않는다. 오히려 독일은 마지막 10원까지 몽땅 갚으라고 요구하는 중이다. 독일은 이 채무를 트집 잡아 그리스를 싹쓸이할 것이며, 무자비한 대량 학살을 자행할 것이다. 독일에는 이러한 희대의 걸림돌에 저항하는 어떤 운동도 일어나지 않는다. 극소수의 예외가 있다면, 귄터 그라스(Günter Grass)이다. 거의 모든 매체가 그를 비난하기 바쁘다. 과거에 "시인과 사상가의 나라"라 불렸던 독일은 자기 뿌리를 파괴했다. 그 뿌리 가운데 하나가 바로 그리스이다.

테오드라키스는 자신의 글에서 오늘날 아크로폴리스의 사사화 자체로 인해 모든 분야가 자유로워졌다고 말한다. 필자는 독일 자본이 이곳을 적극적으로 구매하고, 소수 은행의 소유물이라고 선언할 것으로 의심치 않는다. 과연 독일 철학자들은 이 놀라운 승리와 성공을 자축해야 하는가? 횔덜린(Hölderlin)이라면 이 상황을 보고 무어라 말했을까?

저자 소개

카를 마르크스 (Karl H. Marx, 1818~1883): 독일 트리어의 유대계 가정에서 태어난 19세기 사상가이자 혁명가이다. 본래 학계 진출을 꿈꿨으나 복잡한 사회 현실에 대항하는 혁명가의 상징이 됐다. 몇 차례의 추방과 망명 생활을 하며 다양한 사상가들과 교류했다. 말년에 영국에 체류하며 『자본론』과 같은 저작 집필에 몰두했다. 19세기 근대인의 교양과 사회 계급이라는 현실 이해를 바탕으로 진정한 자유와 해방을 제시하려 했다. 이를 위해, 인간의 삶을 굴곡지게 한 자본주의 생산양식으로부터의 이탈과 해방이라는 현실 목표를 제시했다. 국내에도 다수의 저작이 소개됐다. 대표작으로 『경제학 철학 수고』(1844), 『공산당 선언』(1848), 『자본』 등이 있다.

발터 벤야민 (Walter Benjamin, 1892~1940): 독일 태생의 유대 사상가이다. 20세기 독일어권 최고의 문예비평가로 이름을 날렸다. 1924년에 교수자격논문(Habilitation)인 『독일 비극의 원천』을 써 학계 진출을 모색했으나 결국 좌절한다. 이후, 비평과 번역 등의 분야에서 활동했다. 파시즘의 먹구름이 드리운 시절 '좌파 아웃사이더'를 자처하며 사유의 실험을 지속한다. 마르크스의 '상품 물신 숭배' 논의를 전유해 유럽 자본주의 문화와 근대성을 고고학적으로 탐구하려 했으며, 유대 사상과 유물론, 신비주의와 계몽주의 간의 긴장을 유지하며 실험 정신에 입각한 대담한 사유를 전개했다. 나치의 탄압을 피해 미국으로 망명하려 했으나 프랑스와 스페인 국경 인근에서 자결로 생을 마감한다. 국내에 그의 『선집』(총10권)이 소개됐다.

조르조 아감벤 (Giorgio Agamben, 1942~) : 현대 사상계에 많은 영향을 미치는 이탈리아 출신의 철학자이다. 로마에서 태어나 법학과 철학을 공부해 시몬 베유(Simone Weil)의 정치사상으로 박사학위를 받았다. 학창 시절부터 파올로 파졸리니(Paolo Pasolini)와 같은 '전위적'인 인물들과 교류했으며 하이데거, 벤야민과 같은 사유의 거장들을 탐구하는 데 집중했다. 1970년대 후반부터 미셸 푸코, 질 들뢰즈, 장뤽 낭시, 안토니오 네그리, 알랭 바디우와 같은 쟁쟁한 학자들과 교류하며 학자로서의 입지를 다졌다. 2001년 911테러에 대한 미 행정부의 지문 날인 조치에 반발해 미국 방문 일체를 거부한 일화도 있고, 코로나19 기간에 사회성을 파괴하는 각국 정부의 강압적 행정 조치에 반발하며 '마스크 착용 반대 선동가'로 논란의 중심에 서기도 했다. 특히, 바이러스 대유행과 관련된 아감벤의 주장은 그의 지적 스승인 이반 일리치(Ivan Illich)의 시각처럼 국가 권력이나 초국적 권력의 획일적 강령으로 인해 파괴되는 기층 공동체와 문화의 다원성이라는 측면에서 봐야 한다. 요컨대 그는 "비상사태의 일상화"로 말미암은 총체적 통제 사회를 우려한다. 대표작인 『호모 사케르』를 비롯해 다수의 책이 국내에 소개됐다.

아렌트 테오도르 판 레이우언 (Arend Theodoor van Leeuwen, 1918~1993) : 네덜란드의 신학자이자 윤리학자이다. 오랜 시간 네덜란드 네이메헌대학교에 재직하며 기독교 사회윤리학과 경제신학을 가르쳤다. 경제 내부에서 작동하는 신학적 요소를 밝히는 역작 『자본의 밤』(1984)을 비롯해 영국 기포드 강좌(the Gifford lectures)의 강연 원고를 묶은 『하늘 비판』(1972), 『땅 비판』(1974)이 있다. 신학과 경제의 연관성 연구는 우고 아스만, 엔리케 두셀 등에게 영향을 미쳐 라틴아메리카 해방신학의 '신학과 경제' 연구를 더 풍요롭게 하는 데 이바지했다.

프란츠 힌켈라메르트 (Franz J. Hinkelammert, 1931~2023): 독일 출신으로 1960년대부터 라틴아메리카에서 활동한 경제학자이자 신학자이다. 베를린자유대학교 경제학과에서 마르크스 연구로 학위를 마치고 칠레 가톨릭대학교에서 가르쳤다. 칠레의 군부 쿠데타로 인해 코스타리카로 망명해 우고 아스만, 파블로 리차드와 함께 에큐메니컬연구소(DEI)를 설립했다. 학문 활동 초기부터 해방신학과 교류했다. 그의 경제사상은 해방신학의 '신학과 경제' 연구에 영향을 미쳤다. 그러나 구티에레스, 보프, 소브리노와 같은 1세대 해방신학자들은 그의 논제에 주목하지 않거나 아예 무시했으며, 주류 해방신학계도 오랜 시간 그를 소외시켰다. 마르크스의 상품 물신 숭배 비판을 세계화 자본주의 체제 비판에 적용했으며, 라틴아메리카의 외채 문제, 2010년대 유럽 금융 위기와 같은 정치경제를 연구했다. 뿐만 아니라 바울, 크리소스토모스, 안셀무스의 신학을 경제 관점으로 재해석하기도 했으며, 프로이트의 오이디푸스 콤플렉스를 반박하면서 부자(父子) 관계를 경쟁과 살육의 구도로 보는 서구 중심주의 문화를 비판했다. 이에 그는 아브라함과 이삭의 관계인 사랑의 관계를 부자 관계의 대안으로 제시한다. 말년에 대중의 "비판적 사유"(pensamiento crítico) 능력 신장에 힘썼고, 지난 2023년 7월에 사망했다. 국내에 대표작 『물신』(다산글방, 1999)과 울리히 두크로와의 공저 『탐욕이냐 상생이냐』(생태문명연구소, 2018)가 소개됐다.

울리히 두크로 (Ulrich Duchrow, 1935~): 독일의 신학자이자 철학자이다. 하이델베르크대학교 신학과에서 조직신학과 사회윤리학을 가르쳤다. 오랜 시간 동안 교회일치운동과 사회경제의 문제를 연구했다. 라틴아메리카 해방신학과 여러 차례 교류하면서 유럽 신학계에 제3세계 신학과 교회일치운동을 소개하는 데 공헌했다. 또 유럽의 정통 신학과 교리를 근본적으로 재해석하는 작업도 병행해 괄목할만한 성과를 보였다. 신자유주의와 세계화 경제를 철학적, 역사적, 사회학적, 신학적으로 비판함과 동시에 유럽 안팎의 교회, 사회 운동 단체, 노조, 비정부 기구가 연대한 "카이로스 유로파"(Kairos Europa)를 공동 설립해 정의, 평화, 관용 사회를 건설하려는 운동에 적극 참여했다. 국내에 『하나님의 정치 경제와 민중운동』(한국신학연구소, 1990), 『자본주의 세계경제의 대안』(한울, 1998)과 프란츠 힌켈라메르트와 공저 『탐욕이냐 상생이냐』(생태문명연구소 2018)가 소개됐다.

우고 아스만 (Hugo Assmann, 1933~2008): 브라질의 해방신학자, 교육학자이다. 제2바티칸공의회 이후, 괄목할만한 신학 저작을 생산했다. 브라질, 이탈리아, 독일에서 철학, 신학, 사회학을 공부했고, 『죄의 사회적 차원』을 주제로 로마 그레고리안대학교에서 신학박사학위를 받았다. 1964년에 발발한 브라질 군부 쿠데타로 우루과이, 볼리비아, 칠레 등으로 망명 생활을 잇는다. 칠레에서 혁명 신학을 강의하며 여러 해방 사상가들과 교류하던 중, 칠레 군부 쿠데타로 또 한 번 망명길에 오른다. 그 무렵, 『해방 실천 이후의 신학』(1973)을 통해 자신의 신학 방향을 정립했고, 프란츠 힌켈라메르트, 파블로 리차드와 의기투합해 코스타리카 산호세에 에큐메니컬연구소(DEI)를 설립한다. 아스만의 신학적 업적은 라틴아메리카 대륙을 좀 먹는 세계화 시장 자본주의에 대한 신학적, 사회학적 비판이었다. 그의 신학 방법론은 프란츠 힌켈라메르트와 같은 동시대 학자와의 협력으로 『시장 우상 숭배』(1989)와 같은 역작으로 열매 맺기도 했다.

엔리케 두셀 (Enrique Dussel, 1934~2023): 라틴아메리카를 대표하는 해방철학자이다. 아르헨티나의 독일계 이민자 가정에서 태어나 아르헨티나, 스페인, 프랑스, 독일에서 철학, 종교학, 역사학을 공부했다. 유학 도중 이스라엘 키부츠 농장에서 목수로 2년 간 일했으며, 당시 유럽의 노동사제운동을 이끌던 폴 고티에(Paul Gauthier) 신부의 영향으로 해방 사상의 단초를 얻는다. 라틴아메리카의 복잡한 사회 상황, 유럽에서 겪은 차별, 몇 차례의 지적 회심의 결과로, "해방철학"이라는 길을 열었다. 해방철학은 물리적, 정신적 식민화의 원흉인 유럽중심주의를 해체하고, 라틴아메리카의 독자적인 철학을 모색함으로써 철학의 다원화를 추구하려 했다. 레비나스의 타자 철학에서 습득한 "외재성" 개념을 지정학에 도입했으며, 마르크스의 전 저작을 치밀하게 탐독하며 값(가격, 임금)에 환원될 수 없는 노동의 "외재성"(살아있는 노동)을 논의 중심으로 끌어 왔다. 세계화와 신자유주의 경제 질서에 대한 비판 뿐 아니라 철학자로서 사상의 식민화를 지속적으로 비판했다. 그의 활동은 철학에 국한되지 않고, 역사, 신학, 경제, 정치, 문화, 최근에는 생태 문제까지 그야말로 전 방위적이다. 주저 『해방철학』(1977)을 비롯해 그의 역작 상당수가 아직 소개되지 않았으나 『공동체 윤리』(분도출판사 1990)와 『미지의 마르크스를 향하여』(갈무리 2021), 리카르도 페트렐라와 세르주 라투슈와의 공저 『탈성장』(대장간 2021)이 국내에 소개됐다.

성정모 (Sung Jung Mo, 1957~): 한국계 브라질 해방신학자이다. 서울에서 태어나 7세에 브라질로 이주했다. 현재 상파울루 감리교대학교 인문대학 종교학과 교수로 재직 중이다. 후벵 아우베스, 우고 아스만, 프란츠 힌켈라메르트, 엔리케 두셀, 훌리오 데 산타 아나의 영향을 받아 해방신학의 논제를 신학과 경제의 문제로 확장했다. 경제 안에 작동하는 인간의 '욕망' 문제를 연구함으로써 해방신학의 지평을 넓혔다는 평가를 받는다. 해방신학이 경제 문제를 도외시하면서 일종의 '변칙 현상'에 휘말리고 말았다는 내부 비판을 수행하면서 신학의 방향성을 재정립하려 했다. 현재도 자본주의의 종교성을 분석하며 그에 대한 신학적 대안을 모색하는 연구를 지속한다. 국내에『하느님 체험 환상인가 현실인가』(가톨릭출판사, 1994),『인정 없는 경제와 하느님』(가톨릭출판사, 1995),『시장, 종교, 욕망』(서해문집, 2014),『욕망사회』(휴, 2016)가 소개됐다.

참고문헌

[국내 서적]

로베르트 쿠르츠, 『맑스를 읽자: 21세기를 위한 맑스의 핵심 텍스트』, 강신준/김정로 공역,
  서울: 창비, 2014.

미카엘 로비, 에마뉘엘 르노, 제라르 뒤메닐, 『마르크스주의 100단어』, 배세진 역, 서울:
  두번째 테제, 2018.

_____, 『마르크스를 읽자』, 김덕민/배세진/황재민 역, 서울: 나름북스, 2020.

미카엘 뢰비, 『발터 벤야민: 화재경보』, 양창렬 역, 서울: 난장, 2017.

_____, 『신들의 전쟁: 라틴아메리카의 종교와 정치』, 김항섭 역, 서울: 그린비,
  2012.

버나드 맨더빌, 『꿀벌의 우화』, 최윤재 역, 서울: 문예출판사, 2010.

안토니오 네그리, 마이클 하트, 『제국』, 윤수종 역, 서울: 이학사, 2001.

애덤 스미스, 『국부론(I)』, 김수행 역, 서울: 비봉출판사, 1971.

엔리케 두셀, 『미지의 마르크스를 향하여: "자본" 186163년 초고 해설』, 염인수 역, 서울:
  갈무리, 2021.

지안니 바티모, 『근대성의 종말』, 박상진 역, 부산: 경성대학교출판부, 2003.

_____, 『미디어 사회와 투명성』, 김승현 역, 서울: 한울, 1997.

프란츠 힌켈라메르트, 『물신: 죽음의 이데올로기적 무기들』, 김항섭 역, 서울: 다산글방,
  1999.

한스 요나스, 『책임의 원칙: 기술 시대의 생태학적 윤리』, 이진우 역, 서울: 서광사, 1994.

[해외 서적]

AGAMBEN Giorgio, "Il capitalismo come religione", in *Creazione e anarchia. L'opera nell'età della religione capitalista*, Vicenza, Neri Pozza Editore, 2017, p. 115 ˜ 132.

ASSMANN Hugo, "La tarea común de las ciencias sociales y la teología en el desenmascaramiento de la necrofilía del capitalismo", in Elsa Tamez y Saúl Trinidad(orgs.), *Capitalismo: violencia y antivida*, tomo I, San José(Costa Rica), Educa(col. DEI), 1978, p. 21~37.

ASSMANN Hugo e HINKELAMMERT Franz J., *A Idolatria do mercado. Ensaio sobre Economia e Teologia*, São Paulo, Vozes, 1989.

ASSMANN Hugo e MATE Reyes, *Marx y Engels sobre la Religión*, Salamanca, Ed. Sígueme, 1974, 2aed.,1979(457p.).

_____, *Sobre la Religión II* (Jaurès, Lênin, Gramsci, Mao, etc.), Salamanca, Ed. Sígueme, 1975(675p.).

ATHÉNAGORE, *Supplique au sujet des chrétiens et Sur la résurrection des morts*, Paris, Éditions du Cerf, 1992.

BENVENISTE *Émile, La fedeltà personale*, in ID., *Il vocabulario delle istituzioni indoeuropee*, vol. I, *Economia, parentela, società*, Torino, Einaudi, 1976.

COHEN Hermann, *Der Begriff der Religion im System der Philosophie*, Gießen, Töpelmann, 1915.

_____, *Kant's Theorie der Erfahrung*, Berlin, Dümmler, 1871.

COLLON Michel, *Les USA 100 pires citations*, Bruxelles, Investig'Action, 2018.

DUCHROW Ulrich, *Weltwirtschaft heute - ein Feld für Bekennende Kirche?*, München, Chr. Kaiser, 19872.

DUCHROW Ulrich und HINKELAMMERT Franz, *Leben ist mehr als Kapital. Alternativen zur globalen Diktatur des Eigentums*, Oberursel, Publik - Forum, 2005[2002].

DUSSEL Enrique, *El dualismo en la antropología de la cristiandad. Desde el origin del cristianismo hasta antes de la conquista de América*, Buenos Aires(Argentina), Editorial Guadalupe, 1974.

_____, "El fetichismo en los escritos du juventud de Marx", em : Idem, *Praxis lati-*

noamericana y filosofía de la liberación, Bogotá, Editorial Nueva América, 1983, p. 185-191.

_____, *El último Marx(1863 - 1882) y la liberación latinoamericana. Un comentario a la tercera y a la cuarta redacción de ≪El Capital≫*, México, Ventiuno editores, 1990.

_____, *Ética de la liberación en la edad de la globalización y de la exclusión*, Madrid, Editorial Trotta, 1998.

_____, *Hacia un Marx desconocido. Un comentario de los MAnuscritos del 61 - 63*, México, Ediciones Siglo XXI, 1988.

_____, *La producción teórica de Marx*. Un comentario a los Grundrisse, México, Ediciones Siglo XXI, 1985.

_____, *Las metáforas teológicas de Marx*, México, Siglo veintiuno editores, 2017[1993].

_____, "O ateísmo dos profetas e de Marx", em : Idem, *Para uma ética da libertação latinoamericana*, vol. V : Uma filosofia da religião antifetichista. Ed. Loyola/ Editoria UNIMEP, 1983, p. 148-163.

ELLUL Jacques Ellul et CHASTENET Patrick, *Entretiens. À contre - courant*, Paris, La Table Ronde, 2014[1994].

GUTIÉRREZ Gustavo, *O Deus da vida*, São Paulo, Loyola, 1990.

GUTIÉRREZ RODRÍGUEZ Germán, *Etica y economía en Adam Smith y Friedrich Hayek*, San José, Universidad Iberoamericana, 1998.

_____, *Globalización, caos y sujeto en America Latina. El impacto del neoliberalismo y las alternativas*, San José, Consejo Editorial, 2001.

HEINSOHN Gunar und STEIGER Otto, *Eigentum und Zins, Geld - Ungelöste Rätsel der Wirtschaftswissenschaft*, Reinbek bei Hamburg, Rowohlt Verlag, 1996.

HINKELAMMERT Franz, *As armas ideológicas da morte*, Ed. Paulinas, 1983.

_____, *Totalitarismo del mercado. El mercado capitalista como ser supremo*, México, Edicionesakal, 2018.

HOBBES Thomas, *Leviathan*, Middlesex, Penguin Classic, 1986[1651].

HORNE Thomas A., *El pensamiento social de Bernard Mandeville*, México, Fondo de Cultura Económica, 1982.

KURZ Robert, *La fine della politica e l' apoteosi del denaro*, Roma, Manifestolibri, 1997.

LIMA VAZ Henrique C., "Marx e o Cristianismo", em Leandro Konder e outros(org.), *Por que Marx?*, Ed. Graal, 1983, p. 133~146.

MACPHERSON Crawford Brough, *Democratic Theory: Essays in Retrieval*, Oxford, Clarendon, 1973.

_____, *Die politische Theorie des Besitzindividualismus. Von Hobbes bis Locke*, Frankfurt am Main, Suhrkamp, 1973[1967].

MANDEVILLE Bernard, *Die Bienenfabel oder Private Laster, öffentliche Vorteile*, Frankfurt am Main, Suhrkamp, 1968.

MARX - ENGELS - WERKE(MEW), Berlin, Dietz Verlag, 총 43권.

MARX Karl, *Grundrisse der Kritik der politischen Ökonomie*, Frankfurt, Europäische Verlagsanstalt.

MARX Karl e ENGELS Friedrich, *Obras Fundamentales*, t. I. México, Fondo de Cultura Económica, 1982.

RENOUX - ZAGAMÉ Marie - France, *Origines théologiques du concept moderne de propriété*, Paris, Librairie Droz, 1987.

RICHARD Pablo, "Nossa luta é contra os ídolos", in Pablo Richard(org.), *A luta dos deuses*, São Paulo, Paulinas, 1982, p. 9~66.

RICHARD Pablo, HINKELAMMERT Franz, ASSMANN Hugo *A e outros*, *A luta dos deuses. Os ídolos da opressão e a busca do Deus Libertador*, Ed. Paulinas, 1982.

RIFKIN Jeremy, *The Biotech Century: Harnessing the Gene and Remaking the World*, New York, J. P. Tarcher, 1998.

RITTSTIEG Helmut, *Eigentum als Verfassungsproblem. Zu Geschichte und Gegenwart des bürgerlichen Verfassungsstaats*, Darmstadt, Wissenschaftliche Buchgemeinschaft, 1975.

ROSENZWEIG Franz, *Der Stern der Erlösung*, Frankfurt am Main, Kaufmann, 1921.

SCHWEITZER Albert, *Die Ehrfurcht vor dem Lben. Grundtexte aus fünf Jahrzehnten*,

München, Verlag C. H. Beck, 2020[1966].

_____, *Respect et responsabilité pour la vie*, Paris, Flammarion, 2019.

SMITH Adam, *La riqueza de las naciones*, Barcelona, Bosch, 1983, p. 124.

STIEGLER Barbara, ≪*Il faut s'adapter*≫. *Sur un nouvel impératif politique*, Paris, Gallimard, 2019.

VAN LEEUWEN Arendt Theodoor, *Christianity in World History*, Edinburgh, House Press, 1964.

_____, *Critique of Earth*, New York, Charles Scribner's Sons, 1974.

_____, *Critique of Heaven*, New York, Charles Scribner's Sons, 1972.

_____, *De Nacht van het Kapitaal.Door het oerwoud vand de economie naar de bronnen van de burgerlijke religie*, *Nijmegen*, SUN, 1984.

_____, *The Development through Revolution*, New York, Charles Schribner's Sons, 1968.

ZINN Karl Georg, *Kanonen und Pest. Über die Ursprünge der Neuzeit im 14. und 15. Jahrhundert*, Opladen, Westdeutscher Verlag, 1989.